中国早期行政学史：
民国时期行政学研究

China's Early History of
Public Administration:
The Research of Public Administration
in the Republic of China

杨沛龙　著

社会科学文献出版社
SOCIAL SCIENCES ACADEMIC PRESS (CHINA)

摘　要

　　行政学是一门实践学科，应行政实践的需要而产生，随行政实践的发展而发展。中国行政学最早产生于民国时期。在大规模现代政府初建的历史条件下，应国内行政实践的需要，受西方政治学、行政学、市政学、科学管理等的影响，行政学于 20 世纪 30 年代开始在中国产生、发展，到 20 世纪中叶已经取得了相当多的成绩。

　　在行政学书籍方面，以江康黎的《行政学原理》、林叠的《行政学大纲》为肇始，民国时期的行政研究者撰写了大量有关行政学原理、地方行政、人事行政、行政组织等的著作，涌现出张金鉴的《行政学之理论与实际》《行政管理概论》《行政学提要》《人事行政学》《各国人事行政制度概要》、薛伯康的《人事行政大纲》《中美人事行政比较》、李楚狂的《行政管理之理论与实际》、罗志渊的《行政管理》、张天福的《普通行政实务》、甘乃光的《中国行政新论》、萧文哲的《行政效率研究》、茹管廷的《行政学概要》、刘百闵的《行政学论纲》等一大批著述。同时，民国学人还及时翻译出版了同时期外国行政学的重要著作，如怀特的《行政学导论》《美国行政动向论》、蜡山政道的《行政学总论》《行政组织论》等书籍，不断引介和学习国外行政学研究成果。

　　在研究团体方面，行政院行政效率研究会、中国行政学会、行政评论社、中国县政学会、中国行政问题研究会、地方行政研究所、中国人事行政学会相继成立，并编辑出版了《行政效率》《行政研究》《行政评论》《中国行政》《地方行政》《人事行政》等专门刊物，聚集了许多行政研究者，发表了大量行政研究文章，在传播行政效率观念、交流行政研究所得、促进行政研究本土化、研究解决本国行政问题等方面发挥了积极作用，产生了广泛影响。在这一过程中，也涌现出甘乃光、张锐、张金鉴、薛伯康、李公朴、富伯平、孙慕迦、孙澄方、沈乃正、谢廷式、谢贯一、张汇文、吕学海、韩朴文、邹文海等一大批专业的行政研究者。

在大学教学与研究方面，中央大学、北京大学、清华大学、交通大学、中正大学、中央政治学校以及苏皖联立技艺专科学校等均开设了行政学方面的课程，有的还设置了行政学专业，传播行政知识，培养行政人才。高等学校的教研人员还以参与政府组织的调查研究等形式，积极地开展行政实践专门问题的研究，丰富了行政学内容，深化了行政学研究，推动了行政学的本土化发展。

除了成果较多这一特点之外，民国时期的行政学还有另外一个显著特点，即密切联系行政实践。民国时期的行政学极为紧密地与本国的行政实际结合在一起。行政研究者在行政组织的科学设置、行政制度的建立完善、行政体制的合理顺畅、人事行政的建立健全、行政效率的讲求提高等方面做了大量研究，并对当时的各种行政改革措施，如文书档案改革运动、合署办公、裁局改科、行政督察专员制、"行政三联制"、分层负责制、幕僚长制、县政建设试验等进行了大量的研究分析，极大地丰富了行政学研究内容，使民国时期的行政学自觉走上了本土化的道路。而这一点的实现与大量的实际行政工作者积极参与行政研究，讨论行政问题，发表研究文章密不可分。他们发挥从事行政实践的优势，切合实际、细致入微、专门深入地研究某一行政问题，在学术探索和实践改进方面均发挥了积极作用。

虽然由于名词翻译和学科发展处于初始阶段等原因，民国时期对于有关"行政""行政学"概念的理解尚有含混和不一致的地方，但是，通过对民国时期行政学的研究，我们可以认识到，行政学是应建设大规模的、有效率的现代政府而产生的，与实践密切相关，具有鲜明的实践特色。同时，行政学自产生之初起就逐渐形成自己独特的研究视角和研究途径，并以之作为学科安身立命的根本。具体表现在：行政学主要通过研究改进政府自身的管理与运行进而改善各种具体行政，达成行政目的。因此，行政学研究行政问题经常从政府职能、规模、组织、人员、程序、方法等方面研究如何改进行政过程，使之变得更加符合实际的需要，更加取得突出的效率，从而更好地实现行政目的。也正因为如此，行政学必须解决本土化问题，必须与本国行政实际密切联系。本土化最基本的要求就是研究本国行政，准确认识本国的行政现象，寻找本国行政的特点，把握本国行政实践的需要，提出建设和改革之道。在这一过程中，非常重要的是，行政实践者要参与行政研究，行政研究者也要广泛积极地参与行政实践，这是行政研究的重要途径，也是为行政改革和可能出现的行政理论作出贡献的必由之路。

最后，对民国时期行政学的研究也提醒我们，行政本身带有天然的弊端，尤其是中国这样一个大国行政，经常容易产生和放大诸如机构叠床架屋、职责分散、有法不依、推卸责任、舞文弄墨、文山会海、形式主义、人才浪费等弊端，以致政府和行政本身成为问题的根源。因而，更加坚定我们建设一个职能优化、规模适当、效率突出的政府的信念，这也是行政学研究推动行政实践所要达到的最终目的。

关键词：行政，行政学，行政学史，民国行政学，行政效率，行政改革

目　录

绪　论 ……………………………………………………………… 001

　　一　研究选题与意义 ………………………………………… 001

　　二　已有的研究 ……………………………………………… 004

　　三　前人研究错误的检讨 …………………………………… 007

　　四　研究资料与方法 ………………………………………… 014

第一章　行政学在中国的产生 ………………………………… 021

　第一节　行政学的产生及发展 ……………………………… 021

　　一　西方行政学的出现 ……………………………………… 021

　　二　日本行政学的起步 ……………………………………… 024

　第二节　"行政学"在中国产生的背景及原因 …………… 026

　　一　建设现代政府与行政改革的需要 …………………… 027

　　二　政治学的较快发展和市政学的较早引进 …………… 029

　　三　"科学管理"的传播及科学化运动的影响 ………… 030

　第三节　"行政学"概念的传入和"行政学"的

　　　　　出现 ………………………………………………… 031

第二章 民国时期的行政学著作 ……………………………………… 037

第一节 基本情况 ………………………………………………… 037

一 行政学基础方面的著作 ……………………………………… 037

二 人事行政、公务员管理方面的著作 ……………………… 038

三 有关"行政三联制"的著作 ……………………………… 039

四 地方行政方面的著作 ……………………………………… 040

第二节 几种行政学著作简介 ………………………………… 041

一 江康黎的《行政学原理》与林叠的《行政学
大纲》 ……………………………………………………… 041

二 蜡山政道的《行政学总论》（译书） ………………… 042

三 怀特的《行政学概论》（译书） ……………………… 042

四 张金鉴的《行政学之理论与实际》 …………………… 044

五 张天福的《普通行政实务》 …………………………… 046

六 怀特的《美国行政动向论》（译书） ………………… 049

七 薛伯康的《中美人事行政比较》与《人事
行政大纲》 ……………………………………………… 049

八 甘乃光的《中国行政新论》 …………………………… 050

九 萧文哲的《行政效率研究》 …………………………… 051

十 张金鉴的《人事行政学》《各国人事行政制度概要》 …… 052

十一 富伯平的《行政管理》 ……………………………… 053

十二 刘百闵的《行政学论纲》与茹管廷的
《行政学概要》 …………………………………………… 053

第三章 行政研究团体及刊物出版 ……………………………… 055

第一节 行政效率研究会与《行政效率》《行政
研究》 …………………………………………………… 055

一 筹备与成立 ……………………………………………… 057

二 赞成与质疑 ……………………………………………… 061

三 刊物之发行 ……………………………………………… 063

四　尾声 ……………………………………………… 065
第二节　中国行政学会、行政评论社与中国行政
　　　　问题研究会 ………………………………… 066
　一　中国行政学会 ……………………………… 066
　二　行政评论社、中国县政学会与《行政
　　　评论》 ……………………………………… 067
　三　中国行政问题研究会与《中国行政》 …… 068
第三节　中国人事行政学会、地方行政研究所 …… 069
　一　中国人事行政学会 ………………………… 069
　二　地方行政研究所与《地方行政》 ………… 070

第四章　大学行政学教育及研究 ………………………… 073
第一节　各普通大学的行政学 …………………… 074
　一　国立中央大学 ……………………………… 076
　二　北京大学 …………………………………… 077
　三　清华大学 …………………………………… 079
　四　国立交通大学 ……………………………… 079
　五　西南联大 …………………………………… 081
　六　省立湖南大学 ……………………………… 082
第二节　专门政治行政学院的行政学 …………… 083
　一　中央政治学校 ……………………………… 083
　二　中正行政学院——中正政治学院——中正大学 …… 085
　三　苏皖联立技艺专科学校行政管理科 ……… 088
第三节　行政学教研群体及研究专题 …………… 091
　一　行政学教学研究群体 ……………………… 091
　二　行政学研究专题 …………………………… 093

第五章　民国时期行政学之定义、研究范围及其他 …… 096
第一节　张金鉴之理解 …………………………… 096
　一　《行政学之理论与实际》中的意见 ……… 097

二　《行政管理概论》中的意见 …………………………… 100

三　《行政学提要》中的意见 ……………………………… 105

四　其他文章中的意见 ……………………………………… 106

第二节　其他人之理解 …………………………………………… 107

一　江康黎的理解 …………………………………………… 107

二　张天福的"普通行政" ………………………………… 108

三　孙澄方的理解 …………………………………………… 109

四　茹管廷的理解 …………………………………………… 109

五　刘百闵的理解 …………………………………………… 110

六　谢廷式的意见 …………………………………………… 111

七　富伯平的"机关管理""行政管理" …………………… 112

八　甘乃光的认识 …………………………………………… 115

九　萧文哲的理解 …………………………………………… 116

第三节　研究团体及大专院校之认识 …………………………… 116

一　研究团体 ………………………………………………… 116

二　大学 ……………………………………………………… 118

第四节　行政与其他方面之关系 ………………………………… 119

一　行政与文化 ……………………………………………… 119

二　政治与行政 ……………………………………………… 119

三　行政与立法 ……………………………………………… 121

四　党政关系 ………………………………………………… 123

第五节　行政研究方法 …………………………………………… 123

第六章　民国时期对于行政基本问题的研究 …………………… 127

第一节　行政组织 ………………………………………………… 127

一　机关主管与总枢机关 …………………………………… 128

二　战时行政组织 …………………………………………… 129

第二节　财政与财务 ……………………………………………… 131

一　财政 ……………………………………………………… 131

二 财务 ·· 134

第三节 中央—地方行政 ·· 135

一 中央与省的关系 ·· 135

二 省县关系 ·· 138

三 县行政 ·· 142

四 乡镇行政 ·· 144

第四节 缩小省区的讨论 ·· 144

第五节 行政效率 ·· 149

一 理解行政效率 ·· 150

二 影响行政效率的因素 ·· 153

三 追求行政效率的困难与问题 ·· 155

第七章 民国时期的行政改革与研究 ······························ 158

第一节 文书档案改革运动 ·· 158

第二节 合署办公、裁局改科、行政督察专员制 ······················· 164

一 合署办公 ·· 164

二 裁局改科 ·· 170

三 行政督察专员制 ·· 172

第三节 行政三联制、幕僚长制、分层负责制 ·························· 180

一 行政三联制 ·· 180

二 幕僚长制 ·· 192

三 分层负责制 ·· 196

第四节 县政建设实验、新县制、分区设署 ···························· 198

一 县政建设实验 ·· 198

二 新县制 ·· 201

三 分区设署 ·· 205

第八章 民国时期对于人事行政的研究 ··························· 209

第一节 人事行政的起点 ·· 209

一 保障制度 ·· 210

二　确定职责 ……………………………………………… 213

第二节　人事行政组织 ……………………………………… 217

一　人事机构 …………………………………………… 217

二　人事工作者 ………………………………………… 221

第三节　考选 ………………………………………………… 223

第四节　职位分类 …………………………………………… 230

第五节　考绩 ………………………………………………… 234

第六节　俸给福利制度 ……………………………………… 239

第七节　干部训练 …………………………………………… 244

一　中央训练团 ………………………………………… 244

二　地方干部训练 ……………………………………… 247

第八节　公务员道德精神 …………………………………… 250

第九章　民国时期行政学的回顾与探讨 …………………… 254

第一节　认识"行政"与"行政学"概念 ……………… 254

一　"行政"的两种含义 …………………………… 257

二　两种含义之成因 ………………………………… 260

三　认识"行政学" ………………………………… 264

第二节　认识行政 …………………………………………… 267

第三节　行政实践与行政学科的关系 ……………………… 273

结　论 ………………………………………………………… 278

参考文献 ……………………………………………………… 289

后　记 ………………………………………………………… 311

绪　论

一　研究选题与意义

追溯行政学在中国的历史，其最早产生距现在不到一百年。当前的中国行政学，其发展到现在仅仅三十余年。民国时期，准确地说在20世纪30年代，一开始就被简称为行政学的公共行政学（Public Administration）在中国发生、发展，从而揭开了中国行政学史的序幕。自此以后，公共行政学在中国一直被简称为行政学，沿用至今。

> 在一般人的想象里，我国抗战了七八年，因交通的阻塞，印刷的困难，国外资料的难于获得，学术上必将退步，然事实恰与此相反，我们有见及此，特约全国专家学者将学术上的各部门作以总检讨，其结果使我们意外地兴奋，我国的各种学术，不但没有退步，而且有长足的进步，较之数十年来的学术进展有过之无不及。[①]

上面这段话是1946年时任中国国民党文化运动委员会主任委员的张道藩对抗战时期中国学术发展的总评价。虽然作为国民党主管文化事业的官员，其身份使得他对当时学术发展的程度难免有夸大之词，但是这一时期学术的繁荣和发展也是不能否认的事实。不只是时人感到出乎意料和惊讶，我们一直受传统教育、观念的影响，认为新中国成立前的旧中国内忧外患、积贫多弱、专制黑暗，当时的一切包括学术必定是稀缺和落后。但有很多事实与此看法恰恰相反，民国时期确是中国学术繁荣、大家辈出的少有时期。就本书所探讨的行政学来说，在1930年之后的十余年间，其产生、发

---

① 孙本文等编著《中国战时学术》，正中书局，1946，张道藩序。

展颇为迅速，一时非常兴盛，取得了不少可观的成绩。

但是遗憾的是，对于这一时期行政学整体发展状况的研究几近于无。除了各种辞书、教材中描述行政学在中国的发展时止于数行的轻描淡写、一笔带过之外，仅有一些其他研究对此问题有附带的提及和介绍，谈不上深入和全面。这种状况，使我们完全忽略了民国时期行政学的研究状况和成果。民国时期行政学成为一个研究空白。而更为严重的是，仅有的这些叙述，其中又存在很多错误，几乎到了有叙述就有错误的地步，可谓叙述不多，错误不少。这当然与忽视对此问题的关注有关。

对于民国时期行政学的忽视，究其原因，除了我们对这一时期学术整体发展水平的低估之外，还与1952年全国高等学校院系调整这一重大事件不无关系。1952年的学科调整，以苏联高校体制为蓝本，撤销了政治学系和相关专业，政治学领域的教学和研究人员纷纷改行，之前经常于政治学系开设的行政学也因此中断、消失。政治的变迁，学科长时间的中断，自然使后人忽略、遗忘民国时期行政学的发展状况。

对于民国时期行政学的遗忘，当然还有当前学人研究意识的偏蔽。行政学于20世纪80年代在大陆恢复后，经过了一个从研究解决实际行政问题出发、颇有本国特色的研究时期。但到了20世纪90年代之后，行政学人则越来越热衷于介绍和照搬套用西方行政学的发展成果，当然不必关心行政学在本土已经发生的过去。如果说20世纪80年代的行政学人限于学科重建初期解决实际问题的需要以及个人学术背景的偏缺，尚没有意识到也无暇顾及发生在几十年前、另一个时代的行政学，那么20世纪90年代的行政学人则因为既没有得到前辈们关注本国过去行政学的提点，又忙于与世界接轨，占领前沿，求新求外，因而更不会去注意民国时期行政学的发展状况。

除此之外，对民国时期行政学的研究资料之陌生，由于资料分散，寻找、查阅、拣选资料之难也往往令人望而生畏。没有前人研究的积淀，一切几乎完全要从头去摸索用功，许多学人无此功夫和耐心在故纸堆里讨知识。这种种情形，又产生和强化了一种误解——在中国，行政学没有过去，或者说新中国成立前的行政学无足观，没有什么东西，没有研究的必要，也没有研究的价值。

笔者的硕士学位论文《中国行政学史研究序说——民国时期行政学之

发展概况、定义及研究范围》① 对民国时期行政学的发展状况进行了整体上的简要叙述，探讨了当时对于行政学定义和研究范围的设定。笔者并由此开始了对民国时期行政学的研究。笔者认为这一研究的意义在于：

第一，弥补现有研究的不足。现有研究不足首先表现在研究匮乏方面，弥补这方面的研究空白是笔者研究此问题的首要原因。行政学在中国的发展，仅其作为一段历史来说，就有回顾的必要。学科发展的历史不应该被遗忘，民国时期行政学产生的缘由、行政学产生的种种表现、行政研究者群体的特点、所研究的主要问题等，都包含很多有意思、有价值的研究课题。而且，对于民国时期行政学研究匮乏的弥补，还有助于我们接续中国行政学的历史，从中吸收和借鉴有益的成果，丰富当前的行政学研究。民国时期行政学在学科发展之初遇到的问题往往也是今天学科发展面临的问题，民国时期行政学所取得的研究成果在今天依然有参考的价值。这些问题、成果对于丰富我们的行政学知识、参照思考行政学学科的发展都很有价值。其次，研究不足还表现在对民国行政学发展叙述的诸多错误上面，这些错误提示我们，民国时期的行政学需要我们全面、准确地加以介绍，消除误会和错误。这既是历史事实问题，也是学术研究的态度和规范问题。

第二，有助于加深对行政、行政学以及二者之间关系的理解。除了完整、准确、深入地再现民国时期行政学的发展状况之外，学习、借鉴民国时期行政学人对行政的理解与研究，了解、认识行政实践在学科产生、发展过程中的作用，判断、评价行政学在行政实践中发挥的作用与价值，对于我们加深认识行政、行政学以及实践与学科之间的关系也有重要的意义。行政学的发展总是与政府建设、行政改革伴生的，民国时期行政学的产生与较快发展是伴随着建设一个大规模的、现代化的政府和不断进行各种大大小小的行政改革而来的。仅从行政的角度看，民国时期是中国结束传统帝国时代，着手建设第一个现代化国家和政府组织的初探时期。尤其在民国时期行政学产生、发展的 20 世纪 30 年代到 40 年代，南京国民政府先后经历了十年建设时期、对日作战时期以及内战时期，既经历了较为平稳的国家建设，又遇到了政治社会的剧烈动荡和较大变革。这一时期，一个现

---

① 杨沛龙：《中国行政学史研究序说——民国时期行政学之发展概况、定义及研究范围》，硕士学位论文，北京大学政府管理学院，2006。

代政府初建、成长，传统的消极行政正在逐步转变为积极的行政，而且经历了和平与战争两种外部环境。在这一历史进程中，行政是什么样的？行政学是什么样的？行政和行政学之间的关系是什么样的？或者说，行政研究者如何认识自己所研究的对象？行政学对这种不同于传统政府和行政的新政府、新行政是一种什么态度？行政学在行政实践过程中发挥了什么作用？行政学有什么学科优势和缺憾？通过对民国时期行政学的研究，探寻这 时期行政学与政治、行政的关系，发现行政学在多变的行政实践面前所表现出来的特点，评价行政学作为一个和实践密切相关的学科所能起到的作用，可以从中探寻上述问题的答案，进而加深理解行政学的学科目的及意义。而且，回顾和研究民国时期行政学发展这一段已经过去、相当程度上已经尘埃落定的历史，更便于获得这方面的启示。

第三，有助于加深对行政学本土化问题的认识。行政学作为一门外来学科，本土化一直是一个贯穿始终的问题。行政学正是在民国时期引进中国并获得本土发展的。民国时期，国人如何理解"行政"与"行政学"概念？如何认识行政包含的内容与行政学研究的范围？行政学教材、刊物、大学教育及研究是如何本土化的？在本土化方面取得了哪些成绩以及存在什么样的问题？研究民国时期的行政学可以为我们提供答案。从这一研究中，我们可以得到一些规律性的认识，启示我们如何使行政学学科更加符合本国实际，富有本国特色，以指导本国实践。

二 已有的研究

1935 年 6 月，《行政效率》第 2 卷第 11 期发表了甘乃光的一篇题为《中国行政学者的使命》[①] 的文章。这篇文章是甘乃光代替蒋介石和张锐于 1935 年 4 月 6 日在武昌中华学艺社年会上所做的演讲的演讲稿。在这次演讲中，甘乃光对"中国行政研究的开始"进行了回顾，对当时国内的一些行政研究以及大学行政学的设置作了简单的介绍。1936 年 11 月，马奉琛在《行政研究》第 1 卷第 2 期发表了《北京大学政治系研究行政学之经过》[②] 一文，对北京大学政治系开设行政学课程的缘起、经过，以及该课程的研

[①] 甘乃光：《中国行政学者的使命》，《行政效率》第 2 卷第 11 期，1935 年 6 月。

[②] 马奉琛：《北京大学政治系研究行政学之经过》，《行政研究》第 1 卷第 2 期，1936 年 11 月。

究范围、研究计划、工作情形、研究成绩作了叙述。吕学海 1940 年 4 月在
《行政评论》第 1 卷第 3 期发表《我国行政研究之过去与将来》① 一文，从
政府研究机构、社会研究团体、大学教学与研究、个人研究论著等方面对
当时的行政学发展状况作了较为详细的介绍。这些文章是我们研究民国时
期行政学的宝贵资料，其主要内容将在后文中加以引用和介绍。

今人的研究，在研究著作方面，李琪的《"行政三联制"研究》一书，
专门研究 1940 年时任行政院长的蒋介石提出的，旨在将计划、执行和考核
连接一体的"行政三联制"。在叙述"行政三联制"提出的理论背景时，作
者简要记述了民国时期行政学教材的出版情况，又提到了《行政研究》和
《行政评论》两种行政研究期刊。② 孙宏云的著作《中国现代政治学的展开：
清华政治学系的早期发展》③ 以清华大学政治学系为个案，探究中国现代政
治学的起步和发展。在记述早年清华大学政治学系的课程时，介绍了该系
有关行政学课程设置的零星内容。由于本书以政治学为主要研究对象，而
且行政学在当时的政治系课程中只是众多课程中的一种，所以记述较少。
与孙宏云的《中国现代政治学的展开：清华政治学系的早期发展》一书相
类似，王向民的《民国政治与民国政治学——以 1930 年代为中心》一书研
究了 1930 年代前后，作为一门外来学科的政治学与中国政治现实之间的交
互作用。其中，"民国政治学的滥觞"一章研究了民国政治学的发展状况，
"效能与均权：政府的原则"一章探讨了南京国民政府的政制问题和中央地
方关系，对研究民国时期行政学的发展有一定的借鉴和参考价值。④ 此外，
张帆的《"行政"史话》一书有"中国早期的'行政学'研究情况"一
节，提到了多部行政学著作，而且简单介绍了民国时期行政学教学以及行
政研究团体的状况。作者所作的工作，应该是将几种教材、工具书中对此
问题的记述作了综合整理。⑤ 难能可贵的是，作者在探讨民国时期"行政
学"中的"行政"概念以及"行政管理""行政管理学"概念的出现时，
引用了较多民国时期行政学的原始材料，并进行了一定的对比分析。许康

① 吕学海：《我国行政研究之过去与将来》，《行政评论》第 1 卷第 3 期，1940 年 4 月。
② 李琪：《"行政三联制"研究》，上海人民出版社，1995，第 46、47 页。
③ 孙宏云：《中国现代政治学的展开：清华政治学系的早期发展》，三联书店，2005。
④ 王向民：《民国政治与民国政治学——以 1930 年代为中心》，上海世纪出版集团，2008。
⑤ 张帆：《"行政"史话》，商务印书馆，2007，第 120～124 页。

编著的《中国近代行政学教育史稿》一书，搜集了相当多的近代行政学教育史科，虽有较多疏误，但仍具有较高的参考价值。①

在研究文章方面，孙宏云的《行政效率研究会与抗战前的行政效率运动》一文，从背景、成立与活动、反响与成效几个方面介绍了1934年成立于南京的行政院行政效率研究会。② 在另一篇文章《抗战前行政学输入与行政研究的兴起》中，除了保留《行政效率研究会与抗战前的行政效率运动》一文介绍的部分内容外，增加了"大学行政学研究状况"一节，探讨了行政学在中国产生初期的本土化趋向。③ 遗憾的是研究时段界定在抗战之前。不过，作为一名研究中国近现代学术史和政治思想史的历史学者，能够关注到中国早期行政学的发展，并持续进行研究，确实让行政学修习者汗颜。类似的文章还有傅荣校的《三十年代国民政府行政效率运动与行政效率研究会》。④ 李俊清的文章《中国第一个行政学会及其相关问题的研究》⑤ 以及《古德诺关于创办中国第一所行政学校的构想》⑥ 利用较为珍贵的史料，研究了受国际影响，行政学在中国初显端倪的情形。毛桂荣的《关于"行政""行政学"概念的形成——兼答余兴安先生》⑦《"行政"及"行政学"概念的形成：中国与日本》⑧ 深入研究了"行政"与"行政学"概念在中日两国的产生和传播。夏书章的《关于我国行政学研究的历史概述、现状简析、前景初望并兼谈几个问题》⑨、《中山大学法政学科百年回顾——纪念校庆80周年暨法政学科100周年》⑩ 两文涉及了行政学在中国的早期发展，但两

---

① 许康编著《中国近代行政学教育史稿》，中国社会科学出版社，2007。
② 孙宏云：《行政效率研究会与抗战前的行政效率运动》，《史学月刊》2005年第1期。
③ 孙宏云：《抗战前行政学输入与行政研究的兴起》，《学术研究》2006年第12期。
④ 傅荣校：《三十年代国民政府行政效率运动与行政效率研究会》，《浙江档案》2005年第1期。
⑤ 李俊清：《中国第一个行政学会及其相关问题的研究》，《中国行政管理》2007年第1期。
⑥ 李俊清：《古德诺关于创办中国第一所行政学校的构想》，《云南民族大学学报》（社会科学版）第24卷第5期。
⑦ 毛桂荣：《关于"行政""行政学"概念的形成——兼答余兴安先生》，《中国行政管理》2011年第10期。
⑧ 毛桂荣：《"行政"及"行政学"概念的形成：中国与日本》，东亚公共行政改革国际研讨会，秦皇岛，2012。
⑨ 夏书章：《关于我国行政学研究的历史概述、现状简析、前景初望并兼谈几个问题》，《社会主义研究》1990年第3期。
⑩ 夏书章：《中山大学法政学科百年回顾——纪念校庆80周年暨法政学科100周年》，《中山大学学报》（社会科学版）2004年第6期。

篇文章尚有一定的矛盾之处，后文将分析甄别。

对民国时期行政学的整体发展状况较为全面的介绍，要数20世纪六七十年代张金鉴在《行政学研究》《行政学典范》两书中对民国时期行政学研究状况的追溯。作者从"私人的著作""大学的教育""政府的努力""团体的研究"四个方面介绍了民国时期行政学的研究状况。[1] 但即使这样全面的介绍，也才3000字左右。这段文字也为孙宏云和张帆所引用。

总的来看，以上这些资料，或是因为研究时段选取有限，或是由于研究角度不同，都不是对民国时期行政学专门的、全面的研究，只能作为笔者研究此一问题的资料和线索。

三 前人研究错误的检讨

笔者在研究过程中已经发现很多前人叙述的错误，而且这些错误多半已经以讹传讹，有必要进行及时的纠正。

1. 首先要指出，就连这段历史的亲历者张金鉴本人也有错误。在描述当时行政学研究方面的私人著作时，他讲道——

> 中国第一本内容较充实的行政学是张金鉴的《行政学之理论与实际》，由商务印书馆列为大学丛书，于民国二十四年出版。次年江康黎著《行政学原理》，由民智书局出版；林叠著《行政学大纲》由世界书局出版。怀德（White）所著《行政学导论》由齐鲁大学教授刘世传译为中文，二十六年由商务印书馆发行。日人蜡山政道著《行政学总论》由黄昌源译为中文，由中华书局于二十五年印行。[2]

实际上，1935年上海生活书店发行的《全国总书目》，已经有了江康黎《行政学原理》一书的记载[3]，所以江康黎此书不可能像张金鉴本人说的那

---

[1] 张金鉴：《行政学研究》，台湾商务印书馆，1966，第163～170页；张金鉴：《行政学典范》，三民书局，1979，第53～59页。

[2] 张金鉴：《行政学研究》，台湾商务印书馆，1966，第163页；张金鉴：《行政学典范》，三民书局，1979，第53页。

[3] 平心编《全国总书目》，生活书店，1935，第132页。

样是他的著作出版的"次年"（1936）出版的。事实上，江康黎的《行政学原理》出版于1933年11月，早于1935年8月出版的张金鉴的《行政学之理论与实际》约两年之久。林叠的《行政学大纲》出版于1935年5月，也早于张金鉴的《行政学之理论与实际》。① 而且江康黎的《行政学原理》共324页，分行政组织、吏治行政两编，参考英、美行政学著述写成，也应该是"内容较充实"的了。所以张金鉴有掠人之美之嫌。

而且，蜡山政道的《行政学总论》早在民国19年，即1930年就由罗超彦先于黄昌源译出，由上海新生命书局出版。这是中国出版的第一本行政学著作。此外，黄昌源的译本不是民国25年印行的，而是民国23年，即1934年出版的。还有，刘世传所译的怀特（Leonard D. White）的《行政学导论》是民国29年，即1940年由商务印书馆出版的。由于张金鉴将林叠的《行政学大纲》推后3年，将江康黎的《行政学原理》推后1年，将黄昌源的译书《行政学总论》推后2年，所以他的《行政学之理论与实际》就成为中国第一部行政学著作。在他本人的《行政学研究》一书末尾的参考文献中，他的《行政学之理论与实际》同样位列第一，其后才是标明出版年为1936年的江康黎的《行政学原理》、林叠的《行政学大纲》、黄昌源的译书《行政学总论》。② 各书均比他的《行政学之理论与实际》晚1年。③

除此之外，在叙述民国时期政府在行政学研究方面所做的努力时，张金鉴指出："民国二十三年内政部设立行政效率研究会，致力于行政管理问

---

① 北京图书馆编《民国时期总书目》（政治），书目文献出版社，1996，第31~34页。
② 张金鉴：《行政学研究》，台湾商务印书馆，1966，第219页。
③ 20世纪80年代初，《最后的儒家——梁漱溟与中国现代化的两难》一书的作者、美国芝加哥大学教授艾恺（Guy S. Alitto）曾在访谈梁漱溟时，问梁最佩服的中国人是谁。梁在谈完他最佩服的是章士钊、章太炎之后，转而谈到康有为和梁启超。梁漱溟说："中国的名人里头不是有康梁吗？我是很不喜欢康；我佩服梁任公，喜欢梁任公……"之所以不喜欢康有为的原因，"最大的问题是他这个人虚假，很多事他做假"。梁漱溟所举的康有为作假的例子是康有为"写文章，有倒填年月的事情，后来写的东西，他把它作为多少年以前写的东西"。见〔美〕艾恺采访，梁漱溟口述，一耽学堂整理《这个世界会好吗——梁漱溟晚年口述》，东方出版社，2006，第118~119页。因为这个"倒填年月"，康有为这样的中外闻名的历史人物居然为梁所"很不喜欢"，如此诟病，可见这种行为的恶劣影响关系到一个人做人、做学问的历史评价。张金鉴虽然我们不可妄评，但是他将别人的著作出版时间早于他的，篡改后置于他自己的著作之后，颠倒历史，其行为之恶劣不在康有为对自己的文章"倒填年月"之下，甚至更要严重。

题的研究……"① 实际上，行政效率研究会全称应该为"行政院行政效率研究会"，其筹备会设于内政部，而其本身直接隶属于行政院。

2. 张国庆主编的《行政管理学概论》一书叙述道——

> 19 世纪末 20 世纪初，几乎与西方国家行政学的形成同期进行，我国一些学者很快就开始了翻译和引进。……当时较有影响的出版译著有：《行海要术》、《行政纲目》、《行政学总论》、《行政法撮要》等。从 1930 年代开始，我国一些学者陆续发表了一些研究专著，其中最早首推 1935 年张金鉴的《行政学的理论与实践》，翌年，江康黎出版了《行政学原理》。②

> 在此书的第二版、第三版中，除个别字句做了调整以外，叙述上并没有实质变化。③

张国庆的这番论述屡次被他人引用。《中国大百科全书》政治学卷中可以见到同样的叙述。在周世述所撰的"行政学"词条下，"中国行政学的发展状况"一项是这样介绍的——

> 当行政学在西方国家产生之后，中国学者很快就予以重视，加以引进和研究。19 世纪末和 20 世纪初，翻译出版了美国学者所著的《行海要术》、《行政纲目》、日本学者蜡山政道所著的《行政学总论》、美浓部达吉所著的《行政法撮要》。……从 30 年代起，中国学者撰写的行政学著作陆续问世。其中最早、最系统的行政学专著是 1935 年出版的张金鉴所撰的《行政学之理论与实践》。④

李俊清大概也借鉴了上述说法，他在《中国第一个行政学会及其相关问题的研究》一文中介绍 20 世纪初中国的行政学研究时说："到 19 世纪末

① 张金鉴：《行政学研究》，台湾商务印书馆，1966，第 166 页；张金鉴：《行政学典范》，三民书局，1979，第 56 页。

② 张国庆主编《行政管理学概论》，北京大学出版社，1990，第 32 页。

③ 同上书，2000，第 57 页；张国庆主编《公共行政学》，2007，第 45 页。

④ 《中国大百科全书》（政治学），中国大百科全书出版社，1992，第 417 页。

20世纪初，西方的一些行政学著作如《行政纲目》、《行政学总论》、《地方行政要论》等均有中译本流行。"①

《行政管理学概论》一书很明显的错误是此书前后三版都将《行政学之理论与实际》误记为《行政学的理论与实践》。不过这种错误，张金鉴之子，同样从事行政学研究的张润书也同样存在。在他回忆其父的文章中，也将《行政学之理论与实际》误记为《行政学的理论与实际》。他叙述道："父亲钻研行政学术六十余年，中国第一本行政学著作，也就是父亲著的《行政学的理论与实际》早在民国二十四年就由上海商务印书馆出版。"② 而且，张国庆和周世述应该是根据张金鉴本人的说法，也误认为江康黎的《行政学原理》晚于张金鉴的《行政学之理论与实际》。除此之外，已经有张帆等人先后指出，根据梁启超1896年编定的《西学书目》，《行海要术》一书属于"船政"一类。③ 而《行政纲目》亦非行政学著作。

此外，张国庆说"19世纪末20世纪初，几乎与西方国家行政学的形成同期进行，我国一些学者很快就开始了翻译和引进"，以及周世述说"当行政学在西方国家产生之后，中国学者很快就予以重视，加以引进和研究。19世纪末和20世纪初，翻译出版了美国学者所著的……"他们随即都以《行海要术》《行政纲目》《行政学总论》《行政法撮要》为例，这样的说法是不妥的。首先，上文已经说过，《行海要术》《行政纲目》并非行政学著作。其次，上文已经指出蜡山政道的《行政学总论》最早于1930年在中国翻译并出版，行政法著作美浓部达吉的《行政法撮要》于1934年才由程邻芳、陈思谦译出。④ 而且行政法著作并不就是行政学著作。由于"20世纪30年代"和"19世纪末20世纪初"两个时间还是相距很远的，所以认为19世纪末20世纪初，几乎与西方国家行政学的形成同期，中国就翻译出版行政学著作的说法与事实有相当距离。

事实是，从罗超彦翻译的蜡山政道的《行政学总论》作为中国的第一

---

① 李俊清：《中国第一个行政学会及其相关问题的研究》，《中国行政管理》2007年第1期。
② 《张金鉴先生纪念集》编委会：《张金鉴先生纪念集》，1990，第280页。
③ 张帆：《"行政"一词流变考》，硕士学位论文，北京大学政府管理学院，2005；许康、匡媛媛：《〈行海要术〉不是行政学书籍——兼评"网络学术"的不求甚解、以讹传讹之风》，《湖南大学学报》（社会科学版）2010年第2期。
④ 〔日〕美浓部达吉：《行政法撮要》，程邻芳、陈思谦译，商务印书馆，1934。

本行政学译著，也是中国出版的第一本行政学著作开始，30 年代起中国又陆续翻译出版了蜡山政道的《行政组织论》（1930）、怀特（Leonard D. White）的《美国行政动向论》（1935）以及《行政学导论》（1940）。因此，中国开始翻译引进行政学著作的具体时间就应该准确定位在 20 世纪 30 年代，并且恰于 1930 年开始。

3. 民国时期，中国已经成立了多个行政研究团体。刘怡昌、许文惠、徐理明主编的《行政科学发展》一书指出："30 年代在国民党统治区许多专家学者即开始从事行政学的专门研究，出版一些专著和译著，当时还成立了两个研究行政学的行政学会（一个是以政府官员研究行政实践为主，一个是以学者研究行政学的学术为主）。"① 这个说法同样被张帆的《"行政"一词流变考》一文所引用。同样的说法还可见夏书章的两段论述——

> 1943 年成立以国民政府官员为主的中国行政学会，1944 年又成立了以学者为主的中国行政学学会。②

> 与学科引进较早相比，学会成立较晚，时间在 20 世纪 40 年代初、中期。值得注意的是与上述情况相适应，学会也竟然紧接着先后出现了两个。一个是 1943 年春成立的"中国行政学会"，会员多是政府机关高级行政人员，宣称侧重行政实务的研究；另一个是 1944 年夏成立的"中国行政学学会"，会员限定为大学教授，为纯粹的学术研究团体。"研究实务"和"纯粹学术"的标榜，显然把理论和实践截然分开，可能是世界学会发展史上的一大奇观。③

夏书章被称为"新中国行政管理学科的奠基人"④，从他的叙述可以看得出来，他借鉴了各种辞书上有关民国时期行政学研究团体的情况，但至

---

① 刘怡昌、许文惠、徐理明主编《行政科学发展》，中国人事出版社，1996，第 2 页。
② 夏书章：《关于我国行政学研究的历史概述、现状简析、前景初望并兼谈几个问题》，《社会主义研究》1990 年第 3 期。
③ 夏书章：《记一个真正实在的学术团体——中国行政管理研究会》，载《"建设服务型政府的理论与实践"研讨会暨中国行政管理学会 2008 年年会论文集》。
④ 任剑涛：《夏书章与中国行政管理学的重建》，《中国行政管理》2008 年第 4 期。

少不甚了解 20 世纪 30 年代的行政效率研究会。

夏书章的说法可能来自唐振楚为《云五社会科学大辞典》（行政学）撰写的"中国行政学会"词条——

> 抗日战争期间，杭立武、陈克文、吴祥麟等数十人于民国三十二年春成立了中国行政学会于重庆，会员多为政府机关高级行政人员，注重行政实务的研究。民国三十三年夏，张金鉴、张汇文、江康黎等成立了中国行政学学会于重庆，会员限定为大学教授，为纯粹的学术研究团体，出刊有《行政学季刊》。①

实际上，这种说法是不确切和不全面的。据张金鉴介绍——

> 在私人组织的学术团体中，如中国政治学会、中山文化教育馆、中国工商管理学会、上海人事管理协会等对行政学术问题，常有所研究。在抗日战争期间，成立的行政研究团体有以下几个：（一）中国行政学会，由杭立武、张忠拔（绂）、张金鉴等数十人所组织，为纯粹专门学术团体，以在大学曾任行政学教授者为会员，有《行政学季刊》的刊行。（二）中国行政问题研究会，系臧启芳、富伯平、娄学熙等所组织，……出版有《中国行政》月刊。（三）行政评论社，其宗旨在发扬行政理论，研究实际行政问题，促进行政研究兴趣及行政效率，出版有《行政评论》月刊，由张金鉴、孙慕迦等负责。（四）中国县政学会，以内政部所办县市行政人员讲习所受训者为会员，出版有《县政月刊》，由孙克宽主编。（五）中国地方自治学会，系李宗黄、余井塘等所发起组织，出版有《地方自治》月刊。②

由此可见，抗日战争时期，确有中国行政学会，但并无中国行政学学会。而且，考察这些研究团体的负责人，人员多有交叉，所以并无官员和学者分别研究行政学的不同组织。

---

① 王云五主编《云五社会科学大辞典（行政）》，台湾商务印书馆，1971，第 2 页。
② 张金鉴：《行政学研究》，台湾商务印书馆，1966，第 169 ~ 170 页；张金鉴：《行政学典范》，三民书局，1979，第 58 ~ 59 页。

虽然目前尚未发现"中国行政学学会"的有关资料，但笔者发现一个名为"中国行政管理研究会"的组织。在1942年1月1日出版的由位于福建崇安的地方行政研究所编辑的《地方行政》第3期中，有姚肖廉的《行政管理引论》一文，此文最后的参考资料中列入了一篇文章，即龚警初的《机关管理》，并指明是"中国行政管理研究会论文"①，但没有注明《机关管理》一文的发表刊物和时间，无具体情形可考。根据笔者初步判断，所谓的"中国行政管理研究会"要么具有地方性和短暂性，影响力较小，不为人所知，要么可能就是当时其他行政学会的误称。而且，后一种情形的可能性较大，因为地方性的研究机关轻易不会冠以"中国"字样，而当时"行政"一词和"行政管理"一词已经同时出现并含混使用，因此容易将"中国行政学学会"或其他类似名称的组织记为"中国行政管理研究会"。否则，一个"中国行政管理研究会"这样的组织居然没有任何其他的资料佐证，很是费解。当然，关于"中国行政学学会"或"中国行政管理研究会"的真实情形还有待于新的更多的资料的出现。②

4. 李琪在《"行政三联制"研究》一书中讲道——

与行政学著作热潮相应的是，一些行政学专业刊物相继问世，有代表意义的典型刊物先是1936年创办的《行政研究》月刊，后为1940年创办的《行政评论》月刊（前者停办后改办后者）。③

实际上，《行政评论》并不是《行政研究》停办后的改办刊物，《行政研究》倒是民国时期第一种行政研究刊物——《行政效率》停办后的改办刊物。正如后文将要讨论的那样，民国时期，《行政效率》《行政研究》《行政评论》《中国行政》等杂志，彼此接力，提供了一个个发表行政学文章、

---

① 姚肖廉：《行政管理引论》，《地方行政》（福建）第3期，1942年1月。
② 笔者在网络上发现一个今人整理的资料，提到"民国三十一年（1942年）10月，中国行政管理学会福建分会在福建省三元县成立，理事长孔大充，理事陈朝璧，监事崔宗埮、高柳桥。同年底，该会会讯创刊"。但是由于今人同样存在将"行政"与"行政管理"等同使用的问题，而该资料有较为明显的错误，因此还不能根据此资料贸然下结论。见福建省情资料库《社会科学志》第三章第一节"政治学研究"，http：//www.fjsq.gov.cn/show-text.asp？ToBook=223&index=33&，2011年7月20日引用。
③ 李琪：《"行政三联制"研究》，上海人民出版社，1995，第46~47页。

讨论行政实践问题的重要平台，积累了丰富的研究成果，极大地促进了中国行政学的发展。

上面已经花费了大量的篇幅来讨论前人对于民国时期行政学发展状况的叙述，除去以上列举的种种明显错误和不当之外，还有一些小的问题会陆续在下文中涉及，在此不一一指出。总之，对于民国时期行政学的发展，前人的叙述错误很多，而又研究很少，需要我们对此问题进行完整和准确的探究。

四　研究资料与方法

研究民国时期行政学，资料虽然算不上极其丰富，却也很是可观。这些资料主要为民国时期出版的行政学教材、专著、研究刊物以及散见在其他民国杂志、报纸如《独立评论》《大公报》《益世报》上的行政研究文章。此外，当代的政治学、行政学教材，各种辞书、文集、回忆录、纪念集，以及为数不少的研究民国时期行政问题的文章也成为研究民国时期行政学的重要资料。

行政学原始资料

行政学教材有：蜡山政道的《行政学总论》（罗超彦译，1930）、江康黎的《行政学原理》（1933）、蜡山政道的《行政学总论》（黄昌源译，1934）、林叠的《行政学大纲》（1935）、张金鉴的《行政学之理论与实际》（1935）、蜡山政道的《行政组织论》（顾高扬译，1934）、张天福的《普通行政实务》（1935）、甘明蜀的《行政理论及效率》（1939）、谭春霖的《各国行政研究概况》（1939）、怀特（Leonard D. White）的《行政学导论》（刘世传译，1940）、蜡山政道的《行政学原论》（何炯译，1940）、普菲诺（J. M. Pfiffner）的《行政学》（富伯平译，1942）、富伯平的《行政管理》（1945）、张金鉴的《行政学提要》（1946）、江康黎的《行政管理学》（1946）、李楚狂的《行政管理之理论与实际》（1947）、罗志渊的《行政管理》（1947）等。

行政研究专著有：威廉摩黎的《美国内务行政论》（胡朝梁译，1918）、黄绶的《地方行政史》（1927）、徐恩曾的《行政管理之科学化》（1934）、陈先舟的《整理人事问题》（1934）、张天福的《行政积压迟延之原因及其补救方法》（1935）、佚名的《关于公务员考绩的几个基本问题》（1935）、张天福的《国防与地方行政》（1936）、佚名的《考试制之商榷》（1936）、潘嘉麟的《人事登记》（1936）、尚传道的《非常时期之地方行政》（1937）、孙澄方的《行政三联制与行政权的运用》（1941）、周焕的《行政三联制研究》（1941）、孙澄方的《行政三联制与行政权的运用》（1941）、黄旭初的《干部政策》（1941）、宜永光的《吏治管见》（1942）、刘佐人的《行政三联制发凡》（1942）、广东省政府秘书处编译室编辑的《行政三联制浅说》（1942）、李桐罔的《行政效率学概论》（1942）、吴哲生的《行政三联制概论》（1943）、郑尧桦的《增进行政效率之方法》（1943）、甘乃光的《中国行政新论》（1943）、何伯言的《人事行政之理论与实际》（1943）、萧明新的《新县政之管理》（1943）、吴哲生的《行政三联制概论》（1943、1945）、刘佐人的《行政权责划分论》（1944）、刘佐人的《机关管理新论》（1946）、孙澄方的《中国计划行政论》（1946）、李飞鹏的《历代人事行政制度》（出版时间不详）、陈果夫的《机关组织论》（1946）、戴道骃的《考选铨叙教育联系方案》（1946）、黄伦的《地方行政论》（1947）、傅振伦的《公文档案管理法》（1947）、黄景柏的《中国人事问题新论》（1947）。一些具有半著作半工具性质的书籍也可以作为一定的参考，如杨绰庵编的《机关管理》（1947）、行政院新闻局编的《考选制度》（1947）、张达编著的《合作行政》（1943）。

行政研究刊物有：《行政效率》（1934～1935）、《行政研究》（1936～1937）、《行政评论》（1940～1942）、《中国行政》（1941～1946）以及《市县行政研究》（1933～1934）、《地方行政》（福建崇安，1941～1942）、《人事行政》（1942～1943）、《地方行政》（上海，1943～1945）等。

其他原始资料

民国时期出版的有关管理学的一些著作和刊物，对于研究民国时期行政学也有一定的价值。这些著作有：王抚洲的《工业组织与管理》（1934）、孙洵侯的《现代工业管理》（1936）、何清儒的《事务管理的实施》（1937）、夏邦俊的《人事管理之理论与实际》（1944）、黄炎培的《机关管理一得》（1944）、陆仁寿的《总务行政管理》（1945、1947）、赵宗预的《人的管理》（1946、1948）、何鲁成的《人事考核》（1946）、林和成的《科学管理》（1947）、伍瑞锴的《事务管理》（1947）、王云五的《工商管理一瞥》（1947）、萧孝嵘的《人事心理问题》（1947）、高武（Charles R. Gow）的《人事工程学》（张振铎译，1947）、陈述元的《工业组织与管理》（1948）、

黄炎培的《民主化的机关管理》（1949）、吾纪元的《工厂管理初步》
（1949）、祥云的《管理中之领袖人才问题》（出版年代不详）。刊物有人生
出版社的《工商管理》（1948）、中国工商管理协会的《工商管理月刊》
（1934～1937）。

　　行政学的早期发展好像与管理学的关系更为密切，因为一开始的"政
治—行政"二分就似乎将行政学与政治学拉开了距离。但是，每当讨论到
具体的行政问题时，行政与政治的关系又非常紧密，难以区分。因此，民
国时期一些以政治研究为业的学者也经常会讨论到行政问题，其中最著名
的要数陈之迈的《中国政府》、钱端升的《民国政制史》等，这些也是研究
民国时期行政学的重要资料。

　　通过校史资料可以研究行政学在高等教育中的发展状况。在这方面，
民国时期出版的各校资料有：《燕京大学一览》（1936、1937），《国立清华
大学校刊》（1926～1937、1947～1948），《国立浙江大学校刊》（1930～
1947），清华大学《社会科学》（1935～1948）、《清华周刊》（1914～1947）、《清
华政治学报》（1931～1932）、《国立清华大学一览》（1932、1935、1947），
北京大学行政研究室编的《国立北京大学五十周年纪念行政研究室简介》
（1948）等。今人选编的民国时期校史资料主要有：燕大文史资料编委会编
的《燕大文史资料（第5辑）》，王文俊、梁吉生等选编的《南开大学校史
资料选》，张思敬主编的《国立西南联合大学史料（三）》，清华大学校史研
究室编的《清华大学史料选编》，王学珍、郭建荣主编的《北京大学史料》，
南京大学出版社的《南京大学校史资料选辑》等。

　　民国时期行政官员、学人的日记、回忆录、自选集，对于了解民国时
期行政学的产生、行政研究的缘起以及行政研究的成果极为重要。目前所
能见到、较为重要的有曾任国民政府行政院政务处长的蒋廷黻的《蒋廷黻
回忆录》，对于当时行政的各问题、行政院的构成和运作以及他所参与的种
种行政研究、行政改革都有详细的记述。还有与蒋廷黻同时任行政院秘书
长的翁文灏的《翁文灏日记》、任教多所大学的萧公权的《问学谏往录》、
行政研究的重要人物甘乃光的《我的行政研究的开始》、龚祥瑞的《我的专
业的回忆》、张忠绂的《迷惘集》、钱端升的《钱端升学术论著自选集》
《钱端升自选集》等。

　　此外，李文裿的《北平学术机关指南》（1933）、周邦道的《第一次中

国教育年鉴》（1934）、南开大学经济研究所编的《十年来之南开大学经济
研究所》（1937）、桥川时雄编纂的《中国文化界人物总鉴》（1940）、孙本
文等的《中国战时学术》（1946）等，也直接或间接地提供了不少研究
资料。

二手资料

纪念民国时期重要行政学者、政治学者的文章，间接地提供了一些了
解早期行政学发展的资料。这些资料有：赵宝煦、夏吉生、周中海编的
《钱端升先生纪念文集》，《张金鉴先生纪念集》编委会编辑的《张金鉴先生
纪念集》，《张金鉴先生八秩荣庆论文集》编辑委员会的《张金鉴先生八秩
荣庆论文集》，王萍、官曼莉的《杭立武先生访问纪录》，刘梦溪主编的
《中国现代学术经典·萧公权卷》，李学通的《书生从政——翁文灏》，关中
的《杭立武与中国政治学会——纪念一位伟大前辈》。

燕京大学校友校史编写委员会编的《燕京大学史稿》，张宪文的《金陵
大学史》，南开大学校史编写组编的《南开大学校史》，萧超然等著的《北
京大学校史》，清华大学校史编写组的《清华大学校史稿》，清华大学校史
研究室编的《清华大学九十年》，方惠坚、张思敬编的《清华大学志》，南
京大学出版社的《南大百年实录》，中山大学出版社的《中山大学史稿》，
萧超然等主编的《北京大学政治学与行政管理系系史（1898～1998）》，苏
云峰的《从清华学堂到清华大学，1911～1929》以及《从清华学堂到清华
大学，1928～1937》，黄福庆的《近代中国高等教育研究——国立中山大学
（1924～1937）》等，同样提供了不少研究民国时期行政学发展的资料。

今人研究中国政治学发展的文章，对于了解早期行政学的发展具有一
定参考价值，如赵宝煦的《中国政治学百年历程》、俞可平的《中国政治学
百年回眸》、武汉大学政治学与国际关系学系的《政治科学与武汉大学》、
何子建的《北大百年与政治学的发展》、魏镛的《中国政治学会之成立及其
初期学术活动》。

此外，今人对于民国时期行政效率运动、文书档案改革、行政督察专
员制、"行政三联制"等问题的研究，零星可见有关民国时期行政学研究的
资料，这些资料在必要时也可引用参考。

研究方法

对一个学科某一时期发展状况进行历史研究，从哪些角度去研究？用

什么方式呈现一个学科发展的状况？也即设定什么样的研究内容？用什么样的方法组织材料？既关系到对于学科基本问题的判断，也关系到资料的选择和处理、文章的组织与结构。孙宏云在研究中国现代政治学的早期发展时，于治学方法谈道："治学科史有不同的路径，或先立论点，以外在的观念来组织材料，写成貌似系统而距离事实本相愈远的学术史论著；或专就学者论著内容进行研究，从学术思想的联系来勾勒学术发展的历史。"后一种方法虽然确实较为常见，但是往往也容易以偏概全——"事实上，并非所有的学者都热衷于著述，也有'述'而不作的，而且'述'而不作者有的恰是非常自重的高明学者。因此，在学术相承的链条中，如果仅从学者的论著来勾勒学术史，难免会出现缺漏与脱节，所谓系统，也就少不了自圆其说的成分点缀其间。"[①]

　　观察目前国内的几种西方行政学说史著作或者众多行政学教材中描述西方行政学史的篇章，大多采用后一种做法，即按照人物和著述，依次介绍。对于民国时期行政学的研究来说，按照人物和著述进行研究未尝不可，但是存在的问题也不少。首先，采用这种方法研究西方行政学史有一个前提，即西方行政学已经百余年，比较容易按照时间顺序依次就人物和著述加以介绍。而民国时期的行政学发展仅仅短短的十几年，行政学者都是同时代的人，不存在一个较长历史时期内的前后顺序和传承关系。其次，通过代表人物和著作研究西方行政学史，多半是因为在学科发展百余年的历史过程中，出现过较多对行政学发展产生重大影响的人物和文献，尤其经过历史的检验和选择，大浪淘沙之后留下来的更是这个领域公认的精华，可以顺理成章地加以介绍，用以描述这个学科发展的历史。而民国时期的行政学不是这样，时期较短，人物众多，加之相当一批行政学人在1949年后迁居台湾或海外，留在大陆的也因为学科调整而改行。经过了这样的历史断裂和遗忘，历史和今人都没有办法比较、选择得出某些重要人物和著述，用以介绍学科的发展历程。最后，专注于人物和著述的研究，还容易造成遗漏，缺失包括研究团体、研究刊物、高等教育等更为丰富的学科史实。出于这几点考虑，笔者研究民国时期行政学没有采取"按人论说"的

---

　　① 孙宏云：《中国现代政治学的展开：清华政治学系的早期发展》，三联书店，2005，第21页。

办法，而是通过研究这一时期的行政学著作、研究团体及刊物出版、大学教育及研究、研究主题等方面来进行，并且在这一过程中，尽量按照历史的先后顺序介绍各个方面的发展状况。

运用文献研究法研究历史问题，一方面需要大量占有历史资料，另一方面需要注意文献资料的处理。在占有历史资料的基础上，如何运用历史资料，也因此成为更关键的问题。萧公权在回忆个人求学、教学经历的《问学谏往录》中多次谈到他作学术研究的方法——

> 胡适先生谈治学方法，曾提出"大胆假设，小心求证"的名言。我想在假设和求证之前还有一个"放眼看书"的阶段。经过这一段工作之后，作者对于研究的对象才能有所认识，从而提出合理的假设。有了假设，回过来向"放眼"看过，以至尚未看过的"书"中去"小心求证"。看书而不作假设，会犯"学而不思则罔"的错误。不看书而大胆假设，更有"思而不学则殆"的危险。"小时不识月，呼作白玉盘"。不识月而作的白玉盘"大胆假设"，是无论如何小心去求，绝对不能得证的。[①]

他的看法，虽似就"假设""验证"这一具体方法而论，但却道出一个重要事实，即做任何研究最好不要事先形成某种先入之见，而是应该带着兴趣和疑问放眼读书，占有涉及研究题目的尽可能多的资料。在这一过程中，不断发现线索去探寻，探寻过程中发现新的线索又接着继续探寻。这样由小及大、由窄及广，逐渐了解研究对象较为完整的概貌，在了然于胸后确定研究的切入点和具体方向，依照历史的本来面目加以研究。这样可以避免对一孔之见的故意、无限放大，从而避免失去学术上应有的严肃和研究成果应有的价值。

综上所述，笔者对于民国时期行政学的研究，首先是大量占有材料，通过搜集、甄别和整理，形成对这一时期行政学发展状况的整体认识。其次，尽可能按照历史的本来面目和历史事实的时间顺序，确定研究的几个方面和先后顺序，形成研究的主体框架。最后，继续进一步分析材料，归

---

① 萧公权：《问学谏往录》，黄山书社，2008，第59页。

类整理，细心研读，尽可能忠实、全面地呈现民国时期行政学的基本状况，在此基础上，进行更为深入的研究和探讨。

需要说明的是，虽然有著作指出"中国行政学作为一个独立学科可追溯到本世纪30年代。当时革命根据地延安就曾建立过行政学院，并开设了行政学课程，根据革命根据地政权建设和政府管理的需要，讲授行政学课程"①，也有文章专门研究了延安时代的行政学院②，但本书的研究对象主要集中在国民党政权统治地区。

① 刘怡昌、许文惠、徐理明主编《行政科学发展》，中国人事出版社，1996，第2页。
② 栗时勇：《延安时代的行政学院》，《文史杂志》1991年第3期。

第一章　行政学在中国的产生

19 世纪前后，随着大规模工业生产和资本主义的成长，政府在经济社会发展中逐渐一改"守夜人"的角色，转而积极作为，发挥"看得见的手"的作用，弥补自由放任政策的不足，行政学因此得以在西方产生。行政学产生后，先影响到了东方的日本，又自日本转手渐为国人所知。随着"西学东渐"和国人留学欧美，行政学也在中国出现了。

第一节　行政学的产生及发展

"行政学"（Verwaltungslehre）一词由德国学者 L. V. 斯坦因（Stein, Lorenz von，1815～1890）首次提出。他于 1865 年到 1868 年发表的七卷本的《行政学》，成为与这一学科有关的早期巨著。斯坦因区分了"宪政"（Verfassung）与"行政"（Verwaltung）的概念。他认为，"宪政"是国家意志的形成，"行政"是国家意志的具体执行和实施，并认为行政相比宪政机构的成立、议会政治的展开更为重要。因为高度自律的行政机构、官僚组织等行政体系，在危机重重、阶级对立的社会更为重要。斯坦因强调，宪政国家的建设不仅仅是制定宪法，开设国会，更重要的是制度运转的具体行政机制，以及实现国家意志的组织建设和人才培养，并认为官僚的培养需要大学教育制度的建设，大学是培养官僚的重要国家机构。①

一　西方行政学的出现

一般公认 1887 年伍德罗·威尔逊发表的《行政之研究》（*The Study of*

---

① 毛桂荣：《石泰因（Lorenz von Stein）在日本》，《山西大学学报》（哲学社会科学版）第 35 卷第 3 期，2012 年 9 月。

Administration）一文标志着行政学的诞生。在这篇文章中，威尔逊指出行政学是一门实践科学，正在进入美国高等学校课程。并认为行政是政府最明显的部分，是行动中的政府，是一个事务性的领域，公共行政就是公法明确而系统的执行，每一次一般法律的具体实施都是一种行政行为。威尔逊认识到"执行宪法要比制定宪法难得多"，因此呼吁建立"一门行政科学，它将力求使政府不走弯路，使政府的事务减少不像事务的样子，加强和纯化政府组织，并使其各种职责履行都亨有负责任的美名"。他认为行政研究的目标在于两点，一是研究政府能够适当地和成功地进行什么工作，二是政府怎样才能在花费最少的金钱和资源的条件下，以最有效率的方式来从事这些活动。① 虽然该文中"行政位于政治的领地之外""虽然政治为行政确立任务，但行政机构不应受政治的操控之苦"等认识开启了"政治—行政"二分的传统，但是在19世纪最后的十几年间，行政研究并没有产生什么令人注目的成果，行政学的发展似乎并没有因为威尔逊的倡导而立即勃兴。

1900年，著名的政治学家古德诺（Frank J. Goodnow）出版了《政治与行政》（*Politics and Administration*）一书，该书经常被行政学者认为是行政学确立过程中的第二个重要文献。古德诺曾任美国哥伦比亚大学教授，主讲行政法学等课程，对法学、政治学均有研究，又曾担任美国政治学会首任主席及约翰·霍普金斯大学校长。1913~1914年，古德诺担任中国政府政治顾问，撰写《共和与君主论》主张帝制。实际上，古德诺是一个政治学家而非公共行政学家，《政治与行政》是一本政治学著作而非行政学著作。在这本书中，古德诺认为政府有两个截然不同的功能，即政治与行政，更加响亮地提出了政治与行政区分的问题。但是他在此书中并没有给"政治"与"行政"下定义，只是指明政治涉及的是政策或国家意志的表达，行政则涉及的是这些政策的执行。

在威尔逊和古德诺之后，行政学的发展还是没有取得什么明显的进展，美国政治学者这一时期的兴趣主要集中在市政管理方面。市委员会制和市经理制陆续在1900年、1914年出现，并得到推广。这一现象似乎也可以看

---

① 〔美〕杰伊·M. 沙夫里茨、艾伯特·C. 海德编《公共行政学经典》（英文版第四版），中国人民大学出版社，2004，第16页。

作"行政—政治二分法得以贯彻"①。也正是因为这种二分法，使得20世纪10年代"科学管理之父"泰勒（Fredrick W. Taylor）的"科学管理原理"以及法约尔（Henri Fayol）的"一般管理原理"得以顺理成章地影响行政学的发展。

在古德诺《政治与行政》发表20多年后，另一位行政学家、美国芝加哥大学教授怀特（Leonard D. White）的著作《行政学导论》（*Introduction to the Study of Public Administration*，1926）出版，成为行政学领域的第一本专著。因此，有人认为"美国公共行政理论诞生的准确日期被认为是1926年"②。《行政学导论》一书共21章，除了前后6章，主体部分有6章探讨组织问题，9章探讨人事问题。组织与人事被认为是行政研究的主要内容。怀特以行政与近代国家、行政与外界的关系、行政组织、人事行政、行政法规、行政监督、现代行政趋势共7个部分为行政研究划定了主要的研究体系和研究范围。在此书中，怀特介绍了泰勒的科学管理对政府行政的影响，介绍了法约尔的著作供大家参考，并认为公共行政就是公共事务的执行，行政活动的目的就是使公共计划得以最迅速、最经济、最圆满地完成。怀特不止是一位学者，也是一位实践的积极参与者，他参与过美国文官制度的改革工作，曾经担任美国文官委员会主席一职。

紧接着怀特的《行政学导论》，美国普林斯顿大学教授魏洛比（William F. Willoughby）的《行政学原理》（*The Principle of Administration*，1927）出版，成为这个领域第二本专著。《行政学导论》《行政学原理》，加上1930年美国加州大学教授费富纳（John M. Pfiffner）所著的《行政学》，成为早期这一领域最重要的三本著作。在《行政学原理》一书中，魏洛比认为财政、预算和物资管理是行政研究的主要范畴之一，而这些内容常常被人忽略了。"支加哥大学行政学教授怀特White之研究行政，注意组织和人员两个问题；后来卫尔比Willoughby氏在组织人员之外加上财务与物料两项"③。

如上所述，威尔逊1887年的呼吁并没有引起学者们对行政研究的重视，这一状况直到20世纪早期才得以改观。这是与以下的一些事实密切相关的。

---

① 张梦中：《美国公共行政学百年回顾》（上），《中国行政管理》2000年第5期。
② 〔美〕理查德·J. 斯蒂尔曼二世编著《公共行政：概念与案例》，竺乾威、扶松茂等译，中国人民大学出版社，2004，第28页。
③ 行政效率研究会：《行政效率研究会设立之旨趣》，《行政效率》第1号，1934年7月。

那时候行政学者（学术界）和行政官员（实践者）之间的关系十分接近，两者之间几乎没有什么差别。1906 年，纽约市政研究局成立，目的是为了促进地方政府的管理运动。这些来自研究机构的描述性的、带有改革目的的调查报告是行政研究"这一领域第一批真正的文献"①。1914 年，密歇根大学创办了第一个市政管理方面的硕士项目。1916 年在华盛顿，一个由布鲁金斯（Robert Brookings）领导的政府研究所成立，1927 年该所更名为"布鲁金斯研究会"，魏洛比担任该会的主席。作为公共行政在政治科学中具有重要性的一个标志，美国政治学会于 1912 年成立了公共服务职业培训委员会，这个委员会是 1914 年成立的公共服务培训促进协会的核心，而后者正是 1939 年建立的美国公共行政学会的前身。

最早，行政学进入校园和课堂，目的是为政府准备合格的职业人才，因此早期的课程设置重点是预算、人事、管理和组织。这些课程培养学生的实际操作能力，往往围绕案例开展教学。教师多数专长于政治学。教师中有一部分是来自在政府工作多年的官员，还有一小部分来自商学院。纽约市政研究局在 1911 年建立了美国第一所公共行政学校，即公共服务培训学校。1924 年，这个培养出国家第一批受过训练的行政官员的学校变成锡拉丘兹（Syracuse）大学的一部分，这便是美国大学开办的第一个公共行政教研项目——麦克斯韦尔公民与公共事务学院（Maxwell School）。1924 年随着麦克斯韦尔公民与公共事务学院的成立，行政学（Public Administration）被引入了美国的高等教育。1924 年，该院开创了第一个公共行政硕士项目。② 1929 年，美国南加州大学设立了第一个独立的公共行政职业学院。就这样，政府实践的需要以及学界的努力共同使得公共行政在 19 世纪 20 年代获得合法的学术地位，行政学终于站稳了脚跟。

二　日本行政学的起步

1882 年，伊藤博文率团赴欧考察宪政。考察期间，伊藤博文一行先访问柏林，此后奔赴维也纳大学求教于斯坦因，并听取了斯坦因宪法学等的

---

① 〔美〕O. C. 麦克斯怀特：《公共行政的合法性——一种话语分析》，吴琼译，中国人民大学出版社，2002，第 140 页。

② 张梦中：《美国公共行政（管理）历史渊源与重要价值取向——麦克斯韦尔学院副院长梅戈特博士访谈录》，《中国行政管理》2000 年第 11 期。

讲解。随之，斯坦因的"行政学"也被引入日本国内。①

　　"1880 年代，日本开始了行政学教育"②。1882 年，东京大学文学部以讲座形式开设行政学，率先将行政学纳入大学课程。开设讲座的德国人卡尔·莱斯根（Karl Rathgen）便是由斯坦因推荐的。其后，早稻田大学的前身"东京专门学校"也在政治专业讲授行政学，并于 1888 年将其改为与政治、法律并列的独立学科。"创始期的日本行政学极大（地）吸收了以斯坦因为代表的德国行政学的内容"③。1884 年文部省翻译出版了斯坦因的《行政学教育篇》，1887 年渡边廉吉翻译出版了斯坦因的《行政学》，1890 年有贺长雄出版了自己撰写的《行政学》，1892 年鹤冈义五郎编撰卡尔·莱斯根的讲义出版了《行政学》。同时期，东京、京都等地还出现了许多行政学会，陆续发行了许多"行政学"杂志，包括《行政学丛书》《宪法行政学》《地方行政学讲习杂志》《行政机关》《行政》等。④

　　然而，到 19 世纪末，日本的行政学（官房学）教育以及研究暂时中断了。⑤ 卡尔·莱斯根于 1892 年回到了德国。私立的东京专门学校、庆应大学的行政学教学科目讲授内容也均由行政学转而改为行政法学。直到 1921 年，以东京大学和京都大学两个帝国大学为代表，一些大学增设了行政课程。因此有研究者认为："在日本的大学，行政学这门课程真正诞生是在 1921 年。"⑥ 1928 年，东京帝国大学的蜡山政道所著的《行政学总论》出版。30 年代以后，随着日本法西斯的兴起和对外侵略扩张，行政学被禁止。在这一时期，派遣留学生去欧美研习行政学渐成风气，例如在蜡山政道的《行政学总论》中，已经相当多地引用了法约尔、怀特、魏洛比、马克斯·韦伯等人的研究成果。1929 年，早稻田大学曾派遣吉村正去美、英、德学习行政学。⑦

---

①　张帆：《"行政"史话》，商务印书馆，2007，第 78~79 页。
②　毛桂荣：《石泰因（Lorenz von Stein）在日本》，《山西大学学报》（哲学社会科学版）第 35 卷第 3 期，2012 年 9 月。
③　张帆：《"行政"史话》，商务印书馆，2007，第 105 页。
④　同上书，第 106~107 页。
⑤　毛桂荣：《日本行政学的研究与教育：百年回顾》，第二届"21 世纪的公共管理：机遇与挑战"国际学术研讨会，澳门，2006。
⑥　〔日〕水口宪人：《日本行政学研究的历史与现状》，毛桂荣译，《中国行政管理》2006 年第 4 期。
⑦　同上书，第 108 页。

虽然日本以"行政学"为名的研究体系盛行较早，但是按照蜡山政道的意见，由于受斯坦因行政法角度的影响，"日本最初盛行的'行政学'实际是'行政法学'，真正意义上的'行政学'于 20 世纪 20 年代后期出现"①。

第二节　"行政学"在中国产生的背景及原因

西方行政学的产生和发展是中国行政学产生的重要背景和原因之一。除此之外，其他的一些因素也促成了行政学在中国的出现。1935 年 4 月 6 日，甘乃光在武昌中华学艺社年会上作了题为《中国行政学者的使命》的演讲。在这次演讲中，他这样认识行政学在中国产生的背景和原因："最近数年，一方面市政的发达，使国人对于行政的技术渐加注意，他方面省县改革新试验的企图，使行政的研究成为事实上的需要。重以科学管理方法经王云五等提倡后，对行政的方面亦不无影响，中国行政研究逐渐萌芽。"②

吕学海 1940 年 4 月在《行政评论》第 1 卷第 3 期发表《我国行政研究之过去与将来》一文，用较大篇幅分析了中国行政学产生的背景和原因。他说，"行政研究之兴起，还是最近十年的事"，并详细指出——

> 近数十年来，欧风美雨，滚滚而来，使我国社会发生了数千年未有之巨变。民国成立，在政治建设与学术方面，本宜因潮流所趋及建国需要，对行政研究而注意，乃当时全国所皇皇翘望者，正在于政体的改革与宪法的颁行，这些所谓行政的积极条件或前提既未得相当解决，则对于行政问题的研究自未遑顾及。国民政府成立的初期，亦以政局未安，统一基础未固，国人所发生兴趣者仍偏重于政制的形式，宪法的理论，与主义的派别，至于政府规定的法令或政策应如何为圆

① 张帆：《"行政"史话》，商务印书馆，2007，第 110 页；〔日〕蜡山政道：《行政学总论》，罗超彦译，新生命书局，1930，第 1~2 页；〔日〕蜡山政道：《行政学总论》，黄昌源译，中华书局，1934，第 1~2 页。
② 甘乃光：《中国行政学者的使命》，《行政效率》第 2 卷第 11 期，1935 年 6 月。

满的执行，各级行政机构与人事制度应如何作合理的组织与有效的运用等实际行政问题，反极少人注意。①

而到 1929 年、1930 年后，尤其是到了"九一八"之后——

> 我国为时境所迫，一面要准备攘外，一面要从事安内，一面要励行训政，一面要积极建设，政府职责浩繁，使命奇重，故在这批工作开展及进程中，许多行政问题都发生了，原来的行政制度与人事都感觉不能胜任了，行政改革便觉得极端急需了，加以我国的政治贪污，尤非从行政方面确立对策以谋铲除不可，而此时西方国家的行政，则已相当进步，尤其是他们，特别是英国的文官制度，经已树立良好楷模，英美诸国的行政研究事业，亦正在蓬勃发展，更予国人以不少的警惕与鼓励，所以我们的政府与学者，由是对于行政研究也便逐渐发生积极的兴趣。②

孙宏云认为，中国"行政学与行政研究于 20 世纪 30 年代开始兴起"的主要背景或者原因是：对美国行政研究与行政改革成效的效仿；中原大战后南京国民政府统治趋于稳定，以及"九一八"事变引发的国难危机促使国民政府有精力也必须扩张政府职能、提高政府效率；1930 年前后英美留学生对国内社会、政治乃至知识界的影响。③

应该说，以下一些因素促成了行政学在我国的出现。

一　建设现代政府与行政改革的需要

长期以来，研究者往往强调行政学的产生是由于国家干涉主义的兴起、社会经济的变迁、政府活动的扩大以及国际竞争的激烈等。与其说这些因素是行政学产生的原因，不如说大规模政府的产生或者行政的扩大，才是

---

① 吕学海：《我国行政研究之过去与将来》，《行政评论》第 1 卷第 3 期，1940 年 4 月。
② 同上。
③ 孙宏云：《行政效率研究会与抗战前的行政效率运动》，《史学月刊》2005 年第 1 期；孙宏云：《抗战前行政学输入与行政研究的兴起》，《学术研究》2006 年第 12 期。

行政学产生的直接、确切的原因。

行政学的产生直接缘于实践中政府机构自身运行与管理的需要，也就是威尔逊所说的要进行人事、政府的组织结构以及工作方法的改革，建立"一门行政科学，它将力求使政府不走弯路，使政府的事务减少不像事务的样子，加强和纯化政府组织，并使其各种职责履行都享有负责任的美名"①。旨在倡导行政研究、提高行政效率的南京行政院行政效率研究会认为："欧美科学技术发达，行政机构的运用已有大部分工商业化，行政同于工商业的管理，或竟独立自成制度，故问题较为简单，公文程式，档案管理，专门行政等在欧美已不成为问题。中国则不然……"②

的确，民国肇始，百废待兴，经历了几千年帝制的中国刚开始建立一个大规模的现代政府，任重而道远，在一些基础的方面还有很多事情要做。比如，国民政府运行弊病很多，仅文书档案一项，各部门管档方法参差不齐，缺乏统一管理，混乱不堪。内政部档案"收发文无总号数""遗失文书不易查考""新旧档案整理不能划一""管理上费时费力而效率又很低"。而且，这些弊端"并不是内政部所独有，一般机关的情形，相差不多"。③这些基本的管理问题，再加上国民政府机构臃肿、层次繁多、事权分散、相互推诿，滥发公报、文牍盛行，导致庞大的国民政府机构运转不灵，深为自身所累和被外界所诟病。

这种情形，迫切需要行政学的出现。早在民国18年、19年前后，国民党中央创立了"中央政治学校"，各省也有了训政学院的设置，从这时起"国人亦渐感行政研究的需要了"④。1932年6月，江康黎就谈到当时行政问题广受重视的情形："迩年以来，国人对于行政问题的兴趣，日益浓厚；如考试制度的实行，预算制度的采用，行政制度的研讨，均足以证明这种倾向。"⑤尤其是20世纪30年代之后，出于"剿匪"和中央集权的需要，国民政府从上到下进行了一系列、多层次的行政改革，诸如中央部会文书档

①〔美〕杰伊·M.沙夫里茨、艾伯特·C.海德编《公共行政学经典》（英文版第四版），中国人民大学出版社，2004，第16页。
②《行政效率研究会设立之旨趣》，《行政效率》第1号，1934年7月。
③甘乃光：《文书档案改革运动的回顾与展望》，《行政研究》第2卷第5期，1937年5月。
④吕学海：《我国行政研究之过去与将来》，《行政评论》第1卷第3期，1940年4月。
⑤江康黎：《行政学原理》，民智书局，1933，自序。

案改革、省府合署办公、行政督察专员制度、县府裁局改科、分区设署等。这些行政改革实践极大地调动了各方面行政研究的热情，促进和丰富了行政学的发展。

二　政治学的较快发展和市政学的较早引进

在 20 世纪 30 年代之前，应该说中国行政学的发展始终处于一种"有职无学"的状态，有行政事务、行政官吏而无行政学科。20 世纪 30 年代之后，在中国的大学教育研究中，政治学院、政法学院以及文法学院借鉴和移植西方高等教育的课程设置，在政治类课程中设置了"行政学"一课。

当时地位较高、发展较快的政治学，极大地带动了行政学的产生和发展。例如，1935 年 6 月和 1936 年 7 月，中国政治学会在南京举行两届年会。第一届年会，时任行政院长的汪精卫设宴款待。第二届年会，与会人员出席时任行政院院长蒋介石准备的茶会，并由外交部长张群宴请。中国政治学会第二届年会关于"宪法草案""地方行政""外交策略""非常时期之国民政治教育"的会议决议案，经整理齐备后密呈行政院，行政院认为颇多可供参考之处，并让行政效率研究会参考。

此外，行政学在中国出现之前，市政学已在中国出现。美国 1894 年成立了"全国市政联合会"（National Municipal League），1910 年左右各大学开始了对市政问题的研究。而在中国，1922 年公民书局即出版了黄维时编的《新市政论》，1925 年亚东图书馆就出版了张慰慈的《市政制度》。[1] 1926 年美国市政学界鼻祖孟罗（W. B. Munro）的《市政原理与方法》就在中国翻译出版。20 世纪二三十年代，孟罗的《美国市政府》《市政府与市行政》《欧洲政府》等书都被译成中文。而且，民国时期相当一部分学者既是行政学者又是市政学者，如张金鉴、江康黎、张锐、臧启方等人，都有市政学方面的著述。

在大学教育方面，《市政制度》的作者张慰慈 20 年代起就在清华学校等大学教授市政方面的课程。复旦大学政治学系在 1927 年就成立了市政组，1929 年成立了市政学系，开设市政学大纲、美国市政组织、欧洲市政组织、

---

① 北京图书馆编《民国时期总书目》（政治），书目文献出版社，1996，第 53 页。

中国市政沿革、中国地方政制以及市公安、市教育、市卫生等课程。① 1933年，董休甲、殷体扬还创立"中国市政协会"，出版有《市政问题》周刊以及《市政研究》月刊，研究中国市政问题，促进中国都市建设。

虽然市政学与行政学有区别，市政学"一为就政治学之观点分析市政府之组织及运用；一为就行政学之立场探测市府之工作及推动"②，不过，市政学一方面研究市的政治，即城市与省政府或国家关系、城市之权限与责任、城市之选举方法、政党之势力等；另一方面研究城市管理的具体问题，比如城市的公安行政、卫生行政、工务行政、公用事业行政等，自然涉及了行政问题，促进了行政学的产生。

三 "科学管理"的传播及科学化运动的影响

"十九世纪末叶，欧洲经济复兴，加以欧战告终，欧美各国产业界群相力求生产管理效率化，期以最少限度之成本，获得最高限度之出品，此种运动，在欧洲以德国产业界领袖所倡导之合理化运动（Rationalization）为其代表，在美国方面则为提供工厂科学管理之泰来主义（Taylorism）。"③

"科学管理"对于行政学产生和发展的影响在西方和中国都是不可忽视的。1911 年，科学管理之父泰勒（Frederick W. Taylor）出版了《科学管理原理》（*The Principles of Scientific Management*）一书。因为科学管理运动风靡西方，短时间内也很快为中国知识分子所熟知。1914 年，留美农学硕士穆湘玥（字藕初，1876～1943）致信泰勒，请求许可将《科学管理原理》一书译成中文。穆湘玥留学期间对管理学很是注意，曾登门拜访过泰勒及其弟子吉尔布雷斯（Frank Gilbreth）。他的翻译请求得到了泰勒的热情回应，泰勒还随信附赠了该书的日文版。穆湘玥的译本 1916 年由中华书局出版，译名为《工厂适用学理的管理法》。穆湘玥还在自己的纱厂对科学管理法进行实践。④ 与此同时，1917 年，耶鲁大学硕士，历任上海高等实业学堂（交

---

① 《复旦大学志》，复旦大学出版社，1985，第 117 页；管效民《中国政治学的开拓者——张慰慈》，天涯社区，http://bbs.tianya.cn/post - no01 - 114439 - 1.shtml，2014 年 7 月 5 日引用。
② 张金鉴编著《美国之市行政》，正中书局，1937，序 1 页。
③ 杨裕芬：《训练人才之管见》，《人事行政》创刊号，1942 年 12 月。
④ 张生：《穆藕初：科学管理先行者》，《中欧商业评论》2010 年第 10 期。

通大学）教务长，北京大学英文科科长、预科学长，唐山路矿学校（唐山交大）教务长，民国大学、中国大学、朝阳大学教授的徐崇钦（1876～1957）正在进行《最近发明之科学的商业及工厂管理法》课题的研究；1918年，曾在哈佛大学学习工商管理、经济学和统计学的商学博士杨杏佛则开始在国内宣传"科学管理法"。"科学管理法"开始被有识之士加以推广使用。

此后，20世纪30年代，中国工商管理协会连续出版了《科学管理法的原则》（1930）、《科学管理之实施》（1931）等小册子。该协会的理事王云五积极宣传推广科学管理，并取得了积极成效，为政府人员所重视并请教仿效。

随着"科学管理"在中国的广泛传播和影响，以及国人对科学事业认识的加深，一些政界及学术界名流还发起过一个"科学化运动"。陈立夫、张道藩、张其昀、吴承洛等人参与其中。1932年11月，中国科学化运动协会在南京成立，最初会员有50余人，次年出版《科学的中国》半月刊，系统宣传科学化运动的宗旨。科学化运动协会成立后，"致力于中国社会之科学化"，先后组织工业生产、农业生产、商业经营研究改进会等组织，推广先进的科学技术，展开科学知识的普及与宣传。当然，由于当时中国整体文化及科学水平的限制，科学化运动推广、发展受到很大限制，虽然协会会员到20世纪30年代末发展到3000人，但运动始终局限于科学界本身，未能如发起者期望的那样真正推向社会。[1] 不过，"在'科学管理'的推广过程中，宣传者总是刻意地将其与'军政机关'、'行政机关'或'官厅'的工作相联系"[2]，其对行政学在中国的出现起到了很大的助推作用。

民国时期的行政学就在这种现实的需要以及朝野上下的热情努力之下产生了。自此之后，行政研究方面的探索开始有了，大学的行政学教育、学界的行政学著作、政府的专门研究机关、社会上的研究团体都一一出现。

第三节 "行政学"概念的传入和"行政学"的出现

如何判断一个学科得以产生？对于西方行政学的诞生，公认以威尔逊

---

① 李新总编《中华民国史》第3编第2卷（下册），中华书局，2002，第1065页。
② 张帆：《"行政"史话》，商务印书馆，2007，第140页。

的《行政之研究》（*The Study of Administration*）一文为标志。那么中国的行政学产生以什么为标志？在中国，缺少一个像威尔逊一样做过教授、校长、州长以及美国总统，并和行政学联系在一起的身份特殊的人，可以因为其一篇文章而被认定是一个学科产生的标志。

以中国政治学的产生发展为参照，俞可平认为："作为一门独立学科的政治学，在我国产生于清末民初，肇始于译介西方近代政治学著作。"① 他还详细阐述了政治学得以基本形成的种种表现，比如政治学在大学成为一门独立的社会科学学科，开始出现从事政治学研究的专业学者，涌现出一批著名政治学家；出版了一批中国学者撰写的政治学专门著作；政治学专门人才开始逐渐为社会所接受和重视，一些政治学者成为著名的政治活动家和政府的决策参谋，直接将政治学知识运用于社会实践；全国性专业政治学术团体形成。这种对学科产生的认识周延较广，涉及大学教育、专门研究人员、著作出版、实践影响以及专门团体的产生等，可以较有说服力地使人相信某一学科产生了。这一认识，正好与民国时期行政学的产生、发展情状较为一致，民国时期的行政学也正是在这些方面体现了自己的产生。

甲午之后，中国朝野上下对日本这个昔日眼中的"蕞尔小国"刮目相看，学习之心渐生，"要学西方、先学日本"几乎成为国人的共识。维新派大力倡导翻译日书，留日运动也逐渐兴起。1896 年，清政府新任驻日钦差大臣裕庚带领唐宝锷等 13 名学生抵日，开始了中国公派留日学生的历史。从此，中国学生赴日留学络绎不绝，人数逐年增加。1906 年，在日本的中国留学生已达 12000 人。② 自 1896 年首派留日学生起，至 1937 年抗日战争爆发全面停派，42 年间，国人留学日本者总数不下 5 万人，蔚成中国史上空前的留学运动。③ 据张帆、毛桂荣的考证，随着甲午以后日译新名词的大量输入，"行政学"一词在 1897 年前后与国人见面。康有为的《日本书目志》（1897）收入了 27 种"行政学"书目，其中就有有贺长雄的《行政学/内务篇》。④ 梁启超在《读日本书目志书后》中也提到"愿我公卿读政治宪

① 俞可平：《中国政治学百年回眸》，《人民日报》2000 年 12 月 28 日。
② 汪向荣：《日本教习》，中国青年出版社，2000，第 59 页。
③ 〔日〕实藤惠秀：《中国人留学日本史》，谭汝谦、林启彦译，三联书店，1983，译序。
④ 毛桂荣：《"行政"及"行政学"概念的形成：中国与日本》，东亚公共行政改革国际研讨会，秦皇岛，2012。

法行政学之书"。但由于当时并无译本，所以"行政学"在国人心目中只有其名。"20世纪30年代以前，中国国内几乎只见'行政法'著作而不见'行政学'踪影"①。

王乐夫在介绍中山大学行政学发展时讲道："中山大学行政管理学科研究与教育传承久远，最早可以追溯到1906年广东法政学堂的行政本科；1924年，孙中山创办广东大学时将法政学堂并入，使之成为后来中山大学的政治学系，直至1952年'院系调整'才告中断。"② 夏书章也就此叙述道——

  "行政"一词在中国不仅古已有之，而且列入教育计划也已有百年历史，不应不知其事。在这方面，北京大学的前身因地处清末首都还略早一二年，前不久已举行过纪念活动。这里且以中山大学的前身之一的广东公立法政学堂为例，就足以说明已果有百年。后者在废科举制后于1905年由广东课吏馆改建，初办学制两年的速成科，很快就有学制四年的行政本科。辛亥革命后1912年改为广东公立法政专门学校，仍有学制四年的法律和政治经济两科。1923年，又改为广东公立法科大学。稍后便与另外两所高校合并成为孙中山手创的国立广东大学。孙中山逝世后为纪念创办人定名为国立中山大学。校名虽几经改变，但法科或法学院一直有包括行政课程在内的政治学系。在抗日战争以前，已开始与国外有关流行学科暇接。③

由于笔者没有见到有关此的更为详尽的资料，而且由于"行政"一词，中国自古就有且使用广泛，而行政学（Public Administration）是一门外来学科，加之1924年行政学才进入美国的大学课程，所以不能确定1906年广东法政学堂的行政本科是否与今天我们所说的行政学是一回事。

而且在夏书章的叙述中，他谈到北京大学的前身在百年以前就有行政学的设立，这与民国时期学者的叙述不同。1936年，民国时期学者介绍北京大学行政学研究和教学时，提到北京大学自民国20年即1931年设"行政

---

①　张帆：《"行政"史话》，商务印书馆，2007，第111页。
②　王乐夫：《中山大学行政管理中心学术文库总序》，见文库各书总序部分，2004。
③　夏书章：《百年回顾》，《中国行政管理》2005年第1期。

学原理"一课。① 张金鉴 1979 年记述行政学在中国的发展时，也提到中国国内大学于民国 20 年后即 1931 年后，"始有行政学一课的开设"。② 夏书章在后来修正了自己的看法，他提到行政学属于引进学科，且"引进较早，约在学科出现后不久的 20 世纪 30 年代初或 20 年代末"③。

根据笔者目前所见另一资料，在中国较早倡导行政学研究的是中华政治学会（The Chinese Social and Political Science Association）。中华政治学会成立于 1915 年冬，是由当时美国驻华大使芮恩施（Paul Samuel Reinsch）提议，仿效美国政治学会（The American Political Science Association）成立的。根据原始章程，政治学会的宗旨第一条即为"鼓励法学、政治学、社会学、经济学和行政学的科学研究"。但是，行政学在中国并没因此而形成。1926年，中华政治学会修改了章程，第一条修改为"鼓励社会和政治科学研究"④，已经不见了"行政学"字样。

还有部分零星史料，从中可以想见在 1931 年北京大学设立"行政学原理"课程左右中国大学有关"行政学"的一些信息。1927 年 11 月 25 日成立的"清华政治学会"于 1930 年 10 月间计划编辑出版政治学半年刊，应邀答应为第一期刊物撰文的教授有"关于行政管理"的翟俊千。⑤ 虽然似乎后来出版的《清华政治学报》第一期未见翟俊千关于行政管理的文章⑥，但是那个时候"行政管理"受到关注已是事实。在国立清华大学 1928 年下学期课程大纲中，政治学系科目中有"行政管理"一项，虽然 1929 年政治学系决定开班的科目中已不见"行政管理"一项，但这亦能作为"行政管理"已受关注的佐证。⑦

此外，民国时期的知名政治学者、行政学者沈乃正留学归国后，先在南开大学任教，后又去浙江大学讲授政治学，同时在浙江财务人员养成所

---

① 马奉琛：《北京大学政治学系研究行政学之经过》，《行政研究》第 1 卷第 2 期，1936 年 11 月。
② 张金鉴：《行政学研究》，台湾商务印书馆，1966，第 164 页；张金鉴：《行政学典范》，三民书局，1979，第 54 页。
③ 夏书章：《记一个真正实在的学术团体——中国行政管理学会》，中国行政管理研究网，http://www.cpasonline.org.cn/gb/readarticle/readarticle.asp?articleid＝442，2012 年 4 月 16 日引用。
④ 孙宏云：《中国现代政治学的展开：清华政治学系的早期发展》，三联书店，2005，第 275、276 页。
⑤ 同上书，第 267 页。
⑥ 同上书，第 268 页。
⑦ 同上书，第 104~106 页。

兼课。他在浙江大学先后讲授过"政治学原理""比较政体""行政学"以及"文明史""中国政府"。① 由此也可以得出，20 世纪 30 年代初，浙江大学已有"行政学"方面的课程。

还有，1929 年 4 月 30 日，南京国民政府决议清华大学基金会全部移交中华教育文化基金会董事会管理，此后，清华大学每年设置赴美公费留学生若干名，公开考试，其选拔范围遍及全国，于 1933 年至 1943 年共举办六届留美公费生考试。1930 年 9 月，英国政府退还中国庚款后，即于 1931 年4 月设董事会管理，先后举行八届留英公费生考试。在 1933 年举行的第一届留美考试中，就有"公共行政"专科考试。六届留美公费考试中，只有前四届设有政治学方面的名额，"且偏重应用性的公共行政、公务员任用管理或社会立法等"②。由此亦可见，此时学界已经开始注重政治的实用方面即行政的学习和研究，这与当时的大学开设"行政学原理""行政学"方面的课程不无关系。

王向民认为："作为学科的现代政治学，是指区别于传统政治研究的、由职业政治研究者组成的以系科院所建制为平台的学科学术化的政治学。"并认为："当政治研究成为一种'职业'（profession），出现专业研究者的时候，现代意义的政治学诞生了"。③

按照这种理解，在北京大学第一次正式开设"行政学原理"课程的时候，中国的行政学就开始了。如果再加上后文将要提到的 30 年代的各种行政研究团体、期刊的出现以及行政学专业大学生、研究生的培养，包括研究者对诸如档案文书、行政组织、人事行政、财务行政、行政效率等问题的研究，都可以确切地认为，20 世纪 30 年代初行政学在中国产生，这与1930 年中国出版第一本行政学译著《行政学总论》，以及 1933 年出版国人撰写的第一本行政学著作《行政学大纲》也相吻合。

虽然此时距离以 1887 年威尔逊发表的《行政之研究》为标志的美国行政学的诞生已经 40 多年，但当时的美国，行政学也处在一个停滞阶段。美

① 孙宏云：《中国现代政治学的展开：清华政治学系的早期发展》，三联书店，2005，第200 页。
② 同上书，第 155～156 页。
③ 王向民：《民国政治与民国政治学：以 1930 年代为中心》，上海世纪出版集团，2008，第8 页。

国学界 1910 年之后的市政学所注意的主要是民主问题而非行政事项，是城市的政治学，而非城市的行政学。直到第一次世界大战爆发后，各大学才移其目标于行政问题。1920 年以后，一些大学才陆续设置行政学班，行政研究至此才风起云涌。① 当行政学研究在美国于 20 世纪 20 年代再度活跃后不久，行政学在中国也出现了，而且很快融入了世界行政研究的集体中。1936 年 6 月 8 日比利时世界地方行政协会在德国柏林召开第六届世界地方行政会议，主要议题是地方政府救济失业以及地方事业文化建设，来自中国的姚定尘博士参加了会议。②

---

① 〔美〕Leonard D. White：《美国行政动向论》，孙澄方译，商务印书馆，1935，第 32 章。
② 姚定尘、石冲白：《第六届世界地方行政会议报告书撮要》，《行政研究》第 1 卷第 1 期，1936 年 10 月。

第二章 民国时期的行政学著作

学术著作是一个学科研究成果的集中体现，其数量多少和质量高低能够反映该学科发展的速度和水平。民国时期，出于学科发展的需要以及行政研究者个人的学术抱负，受诸如"大学丛书"和"行政效率丛书"等集中出版的推动，与行政学有关的著作非常丰富，到今天依然可以成为我们研究行政学的重要资料，可以弥补今天行政学研究资料的不足。例如，西方行政学早期的几种重要著作，今天我们尚未有人翻译，但在民国时期这些书籍基本上都已经在国内翻译出版，其中著名的就有怀特的《美国行政动向论》《行政学导论》、普菲诺的《行政学》、蜡山政道的《行政学总论》《行政组织论》、莫希而（W. E. Mosher）和金斯莱（J. D. Kingsley）的《公共人事行政学》等。此外，民国学人研究行政学基本理论、行政改革问题的著作也很多，为我们提供了丰富的参考、学习资料。

第一节 基本情况

一 行政学基础方面的著作

对于民国时期行政学著作的出版状况，前面已经引述了张金鉴的部分回忆，对此他还回忆道："在抗战期间及胜利后的行政学有下列三种：（一）张金鉴《行政管理概论》，三十二年重庆中国文化服务社。（二）茹管廷《行政学概要》，三十六年上海正中书局。（三）刘百闵《行政学论纲》。"[①] 但实际上民国时期的行政学著作远远不止这些，张金鉴只是就以"行政"字样命名的著作择而记之。按照《民国时期总书目》（政治）记

---

① 张金鉴：《行政学典范》，三民书局，1979，第53页。

载，单以"行政"字样命名的行政学基础方面的著作就有三十多种。① 其中有顾高扬译蜡山政道的《行政组织论》（1934）、张天福的《普通行政实务》（1935）、甘明蜀的《行政理论及效率》（1939）、富伯平译美国普菲诺的《行政学》（1942）、富伯平的《行政管理》（1945）、张金鉴的《行政学提要》（1946）、江康黎的《行政管理学》（1946）、李楚狂的《行政管理之理论与实际》（1947）以及罗志渊的《行政管理》（1947）等。

二 人事行政、公务员管理方面的著作

民国时期出版的有关人事行政、公务员管理方面的著作相当多，有20多种。② 在此值得指出的是，此方面的著作在北洋军阀统治时期就已经出现了。例如，1914 年上海中华书局出版了宋铭之编译的《文官考试模范》，内容"包括应试指南、日本文官试验问题答案集、民国现行试验规划等"③。龙裔禧于 1919 年刊行了《官学》一书，"介绍各国对'官'的语义解释，并对官的成立、效果、解消等相关问题进行说明"。1920 年内务部编译处出版的吴源瀚译日本星一著的《官吏学》（第一卷），"论述官吏的概念、语义、成立、效果及消解"④。而且，此后有关吏治的研究文章也大量涌现。例如，仅罗隆基于 1928 年到 1930 年在《新月》上发表的相关文章就有《美国未行考试制度以前之吏治》《美国吏治与吏治院》《美国官吏的分级》《现代国家的文官制度》《美国官吏的考试》等。

到了 20 世纪 30 年代，主要在 30 年代后期，大量人事行政著作问世，首推薛伯康的《人事行政大纲》（1937）。此后，主要有吴胜己的《人事行政之原理与实施》（1939）、屠哲隐的《人事管理的实施》（1939）、张金鉴的《人事行政学》（1939）、杨礼恭的《人事行政与组织》（1941）、王世宪的《人事管理》（1943）、何伯言的《人事行政之理论与实际》（1943）、夏邦俊的《人事管理之理论与实际》（1943）、张金鉴的《人事行政原理与技术》（1945）、谢天培的《人事考核》（1944）、赵宗预的《人的管理》（1946）、韩城的《人事考核》（1949）等。此外，还有相当数量的比较公务

---

① 北京图书馆编《民国时期总书目》（政治），书目文献出版社，1996，第 31~34 页。
② 同上书，第 34~36 页。
③ 同上书，第 553 页。
④ 同上书，第 34 页。

员制度方面的著作，如龚祥瑞、楼邦彦的《欧美员吏制度》（1934），张云伏的《欧美公务员制》（1935），陈乐桥的《英美文官制度》（1935），张金鉴的《各国人事行政制度概要》（1943）等。

在这些著作中，已经有了主要针对中国人事行政问题的研究专著或文集，如周焕的《人事行政问题》（1941）、沈松林的《战时人事制度述要》（1941）、黄景柏的《中国人事问题新论》（1945）、吴裕后的《用人与行政》（1946）。

还有资料显示，国人张国键、郑庭椿此时正在翻译美国 W. E. Mosher 和 J. D. Kingsley 所著的《公共人事行政学》一书。1941 年时，"此书 50 余万字，正在赶译当中"①，虽不知道此书是否最终译成并出版，但可以肯定的是此译书至少出版了一部分。

三　有关"行政三联制"的著作

1940 年 3 月，时任行政院长的蒋介石在中央人事行政会议上作了长达 15000 字的题为《行政三联制大纲》的训词。"这是他首次提出'行政三联制'"②。"行政三联制"就是将行政过程中的设计（计划）、执行、考核三个环节加以连接。设计是行政活动的开始，执行是对于设计的实施，考核既是对执行的检验，又是对下一个设计的反馈。如此首尾相连，形成一个有机的行政系统。虽然以今天的眼光来看"行政三联制"，似乎平常无奇，但在当时却颇有新意。为此，1940 年 7 月 1 日至 8 日举行的国民党五届七中全会决定专门设立"中央设计局"和"党政考核委员会"，以促成"行政三联制"的实现。

"行政三联制"受到了朝野内外的关注与吹捧，学界也出版了许多与此相关的著作。如孙澄方的《行政三联制与行政权的运用》（1941）、周焕的《行政三联制研究》（1941）、刘佐人的《行政三联制发凡》（1942）、广东省政府秘书处编译室编辑的《行政三联制浅说》（1942）、吴哲生的《行政

---

① 张国键、郑庭椿：《人事机关的功能与性质》，《地方行政》（福建）第 2 期，1941 年 10 月。

② 徐矛：《中华民国政治制度史》，上海人民出版社，1992，第 324 页；李琪：《"行政三联制"研究》，上海人民出版社，1995，第 50 页。

三联制概论》（1943）、郑尧桦的《增进行政效率之方法》（1943）①、孙澄方的《中国计划行政论》（1946）。

而在"行政三联制"提出后出版的行政研究著作中，几乎毫无例外都有相当篇幅讨论"行政三联制"问题。如甘乃光的《中国行政新论》（1943），刘佐人的《行政权责划分论》（1944）、《机关管理新论》（1946）。《行政权责划分论》② 一书被列为"民族文化丛书学术丛书"，内分"行政三联制"要领、首长制度与行政分工、分层负责及办事细则拟定的要点、各级政府权责划分问题、各级机构和调整问题等9章。

四　地方行政方面的著作

地方行政方面的著作，早在行政学产生之前就已经出现。例如，1927年，北京的永华印刷局出版了黄绶所著的《地方行政史》③。该书又名《唐代地方行政史》，分13章，共486页，论述唐代各级地方官吏的设置、奖惩、任免、考核方法，以及内务、财务、农工商、军事、教育、司法、交通等方面的行政制度，并附录《亲王宰相兼领地方之军民长官及其因果》一文。

从20世纪30年代开始，陆续有尚传道的《非常时期之地方行政》④（1937），黄伦的《地方行政论》⑤（1942），刘中南的《新县制地方行政事业推行方法》⑥（1946），余汉华、杨政宇的《我们的政府》⑦（1939），张金鉴的《均权主义与地方制度》（1948）等。其中，《我们的政府》一书还被列为周佛海主编的"中国青年丛书"，讲述国家与政府、现代政府的各种形态，中国中央及地方政府演变史略及现状。

以上从几个方面呈现了民国时期正式出版的行政学著作方面的情况。但实际上民国时期还有相当一部分出于训练行政人员的需要而编辑发行的

① 此书虽名为《增进行政效率之方法》，但主要内容实为介绍推进"行政三联制"的方法、措施及主管人员自我检讨的方法等。
② 刘佐人：《行政权责划分论》，韶关民族文化出版社，1944。
③ 黄绶：《地方行政史》，永华印刷局，1927。
④ 尚传道编《非常时期之地方行政》，中华书局，1937。
⑤ 黄伦编著《地方行政论》，1942，初版；正中书局，1947，沪一版。
⑥ 刘中南编著《新县制地方行政事业推行方法》，振兴文化学社、东北文化服务社，1946。
⑦ 余汉华、杨政宇编著《我们的政府》，正中书局，1939。

讲义，如 1938 年由中央训练委员会、内政部审定，雷殷编著的《行政述要》（县各级干部人员训练教材），以及 1940 年发行的鲍必荣编讲的《行政概论》（西川省训练团讲义）。此外，还有并不发行、只供内部使用的讲义，如福建省县政人员训练所印的徐汉豪编的《行政学纲要》。

第二节 几种行政学著作简介

一 江康黎的《行政学原理》与林叠的《行政学大纲》

江康黎的《行政学原理》一书作为"政治丛书"的一种于 1933 年 11 月由上海明智书局出版。此书是中国第一本由国人自己编著的行政学著作。作者江康黎为留美政治学博士，曾在暨南大学和中央政治大学任政治学教授。早在 1929 年，江康黎就有写作《行政学原理》一书的想法，但因为当时留学海外，所以直到 1932 年受友人邀请，才动笔写成此书。写作此书的原因是由于"迩年以来，国人对于行政问题的兴趣，日益浓厚，……然以坊间缺乏参考书籍，留心行政问题的人，虽具有研究之热忱，但不能得到有系统的研究资料，间或有之，亦复一鳞半爪，其能以整个的行政为研究之对象者，殆不经见"①。江康黎在自序中说该书共分 4 编，分上下两册，上册研究行政组织和吏治，下册研究财务行政和物料。但《行政学原理》一书只有行政组织和吏治两编，大概下册未能按预想出版。在江康黎的眼中，行政是一种"专家政治"，行政学是一种"现代政治学说"，专门研究行政的科学方法。《行政学原理》一书介绍了政府行政之新的演进、立法机关与行政的关系、执行首领和政府行政的关系、独任制与委员制以及公务人员的训练、任用、官职、俸给、升职、免职、退休等内容。该书每章之后均有参考书目，在书后也附有部分与行政有关的民国法律，但对于中国行政情况则鲜有论及。

林叠的《行政学大纲》出版于 1935 年 5 月。作者林叠为美国纽约大学博士，编著此书时任交通大学教授。《行政学大纲》一书作为大纲性质的行政学教材，论述了行政学的性质和目的、行政学与其他政府部门的关系以及总务行政、财务行政、行政组织、人事行政、公务员的任用与考核等。

---

① 江康黎：《行政学原理》，民智书局，1933，自序第 7 页。

"研究著述时间仅 8 个月，也无法关照到本国事实"①。

二 蜡山政道的《行政学总论》（译书）

蜡山政道的《行政学总论》一书，早在 1930 年就由罗超彦翻译，在上海新生命书局出版，这是中国出版的第一本行政学著作。在 1934 年，该书又由黄昌源译出，在上海中华书局出版。

《行政学总论》一书带有非常浓厚的思辨和法理分析的味道，其中多是概念名词学理上的辨别分析，或者制度架构在政治法律关系上的探讨，所引用的材料也多是欧洲国家行政法学、国家学、政府学方面的著作，对于行政学各问题的研究是零散、不系统的。这大概正是蜡山政道本人所说的"这本行政学总论，大体是行政学之方法论的研究及行政诸现象之总论的观察"。他计划"此后如有机会，拟再发表一本行政学各论。合此两书，以成行政学原理"。② 在《行政学总论》中，蜡山政道引用和介绍了法约尔、怀特、魏洛比、韦伯等人的研究成果，这说明 20 世纪 20 年代末日本的行政学已经逐渐摆脱之前沿袭德国行政法学的传统，开始受美国行政学的影响。

三 怀特的《行政学概论》（译书）

怀特的《行政学导论》（*Introduction to the Study of Public Administration*）一书 1940 年 3 月由商务印书馆出版，译名为《行政学概论》。该书指出了一些今天看来对行政学仍然很紧要的基础性、前提性认识问题，比如，对于行政学研究的四种假定——

第一，假定行政为单一之程序，无论何处所见到之重要特征，均大体相同，并因此免除市行政、邦行政或联邦行政等之分别研究。第二，假定行政之研究应始自管理之基础，而不宜始自法律之根据，并因此搜罗美国管理协会之材料，较多于各级法庭之判决。第三，假定行政在大体上，仍系一种技术，但于转变之为一科学之重要趋势上，

① 孙宏云：《抗战前行政学输入与行政研究的兴起》，《学术研究》2006 年第 12 期。
② 〔日〕蜡山政道：《行政学总论》，黄昌源译，中华书局，1934，作者原序。

极端着重。最后，假定行政业已成为，且将继续为现代政府问题之中心。①

　　这四个假定，实际分别道明了行政在各个层次的共通性、行政研究偏重管理路径、行政以追求科学化为目标以及行政已经成为现代政府的中心问题等重要认识。紧接此，怀特继续论述道："公共卫生行政学者，公路工程学者，所得税征收学者，教育行政学者，可参阅有关此等专门题材之若干优良卷帙。惟在行政各支系之中，均有数种根本问题：组织、人事、监督、财政，此即本书所极欲揭示者也。"② 作者非常清楚地指出，行政学的研究对象既不是各个层次上的行政，也不是各个行政分支的行政，而是各个层次、各种行政事务中的共通因素。作为行政学创始著作的《行政学导论》，对于行政学研究对象或者研究范围的这种确定，极具科学性和示范性，影响很大。其科学性在于，虽然我们经常习惯于认为行政学研究政府对各种行政事务的管理，但实际上各国的行政学无一例外都是在研究各种专门行政中的共通因素，如组织、人事、财务、考核、监督等问题。这是因为各种专门行政，如卫生、交通、教育等，不只涉及管理问题，还涉及更多的业务和技术问题，都非行政学所能涵盖。因此，怀特对行政学研究对象的认识，具有切实的科学性。而其示范性在于，长期以来不论哪国哪位学者的行政学著作，虽然结构和章节安排会略有不同，但实际内容不出各种专门行政中"共通因素"的范畴。

　　值得一提的是，除了《行政学导论》之外，国人还在及时翻译另一本行政学的重要著作，即费富纳（John M. Pfiffner）的《行政学》。由于笔者目前尚未找到此书最终翻译出版的证据，但从《中国行政》杂志的启事中，可以得知确有翻译此书一事，并取得了相当进展——"本会副总干事、历在各大学任教、中西文字均有修养的富伯平翻译。John M. Pfiffner 所著《行政学》，十月底出版，每部三十二元。南加利福尼加大学行政学教授，共五编，24 章，论组织；论人事；论财务行政；论行政法；论公共之关系。"③

----

① 〔美〕怀特：《行政学概论》，刘世传译，商务印书馆，1940，原序。
② 同上。
③ 《中国行政问题研究会出版组启》，《中国行政》第 3、4 期，1942 年 8 月。

四 张金鉴的《行政学之理论与实际》

1932 年，商务印书馆选聘学科权威和著名校长组成编委会，组织编译出版"大学丛书"。张金鉴的《行政学之理论与实际》一书被列为"大学丛书"的一种，于 1935 年 8 月出版。对于此书的缘起和成书过程，张金鉴回忆道——

> 中国在这一方面的研究，比较落后，截至民国二十年前，出版界尚无行政学专著，亦未闻有此专才。著者乘此时代虚乏，即不揣绵薄，经立志从事于是学之研究。……民国二十四年返国后，曾就研究所得，写就《行政学之理论与实际》一书，计三十余万言，由商务印书馆列为大学丛书印行，为中国第一部有系统之行政学巨著，亦系著者对行政学的初期刍献。发行后流传颇广，谬享时誉，至二十九年销行凡七版。[1]

怀特的《行政学导论》，主要研究组织、人事。张金鉴的《行政学之理论与实际》，除了组织、人事之外，加上了财政与物料两编，这应该是借鉴魏洛比的《行政学原理》一书而来。《行政学之理论与实际》一书综合怀特和魏洛比两家行政学的特点分绪论和本论两部分。绪论论述行政学的意义、范围、重要性、行政效率等，本论论述普通行政、行政组织、政府财政、公务人员、行政研究等问题，洋洋洒洒几十万言，成为整个民国时期篇幅最大的行政学著作，无人能出其右。

虽然谭春霖直接批评《行政学之理论与实际》一书时说，"著者在引述各家学说，每未能融会贯通，故时呈囫囵吞枣之象"。有的地方生硬拼凑，"令人看来满头雾水，不知所云"。[2] 也有怀特《行政学导论》一书的译者、齐鲁大学的刘世传指出："中国方面，对行政研究之忽略与落伍，乃不可否认者。时至今日，国中尚乏专门讨论行政之书籍；有之，亦仅系取材于西

---

[1] 张金鉴：《行政学典范》，三民书局，1979，序第 2 页。
[2] 谭春霖：《各国行政研究概况》，岭南大学政治学系，1939，转引自孙宏云《抗战前行政学输入与行政研究的兴起》，《学术研究》2006 年第 12 期。

书，或就国外书籍编译者而已。"① 但客观地讲，张金鉴的《行政学之理论与实际》在契合本国实际方面也做了一些努力，显而易见的是在部分篇章的最后，专设一小节，谈论中国实际。

行政学提倡研究行政效率，但当时有人认为行政效率是政府问题的末节，要想拯急救亡，必须从根本上进行政治改革。张金鉴不同意这种意见，在《行政学之理论与实际》一书中，他认为政治问题的解决和行政效率的研究，是互为因果的关系，不用合理的、科学的、经济的原则和方法解决和改革行政问题，政治纷争还将继续。而等到政治问题解决再来改革行政问题，是舍近求远。他认为，虽然政治问题的解决可以有助于行政研究，但是在政治问题解决之前，国人应当脚踏实地、实事求是地对实际的、浅近的行政事务作以改进，使政府的工作日趋效率化、经济化。而且，吏治可以因此清明，行政道德可以因此日见提高，政治上的问题也会因为行政的改进而容易解决。这些分析，是对行政学这一新生学科的号召和辩护。

在全书的最后一节"对于未来的展望"中，张金鉴总述了他对于中国行政研究和改进的展望。这些认识与他对于现代行政重要趋势的认识有关。他认为："就历史之观点论，政府行政之趋势，是由个人主义，放任主义时代而进于集合主义，干涉主义时代，由紊乱无序之浪费时期走向科学管理之经济时期，由副业的从事时代走向专业的任职时代。"② 他认为："吾国年来行政上之最大缺点，不在于无较完善之决议与规定，而在于未能将此决议与规定施诸实际事实耳。"③ 比如，中国的考试制度和监察制度均制定得非常先进，但是执行运用得不好。因此中国今后研究行政改革，第一步应该注意已有制度的实际运用与发挥。他还指出，政府工作性质日趋专门化和技术化，行政研究应当利用科学上之新知识、新方法帮助推进、解决行政问题，比如心理学上的新发明和试验可以运用到公务人员考试和军队人员招募中，工商事业中的科学管理方法也可以运用到政府行政中。

张金鉴认识到富有专门知识和实际行政经验的公务员与热心行政改革

---

① 〔美〕怀特：《行政学概论》，刘世传译，商务印书馆，1940，译者序。刘世传这段话写于1937年夏，当时国内可以见到的行政学书籍，仅蜡山政道的《行政学总论》、江康黎的《行政学原理》、林叠的《行政学大纲》以及张金鉴的《行政学之理论与实际》几种。

② 张金鉴：《行政学之理论与实际》，商务印书馆，1935，第21页。

③ 同上书，第512页。

者对于行政研究一样重要。他认为"知识即能力""组织即力量"，国人想要提高行政改革的能力，增强其力量，就应当从知识和组织两个方面加强研究。他热切呼吁——

> 国内各学术及教育机关应对行政问题特设专科或专系而为有系统之深切研究，培植此项专门人材。政府机关亦当拨款成立特别之研究团体，罗致专家，刘各种行政上之实际问题为切实之研究。至于私人方面如行政学者热心行政改革者，机师，会计师等亦当分别组织学术研究会，以探讨各项行政问题。……除上述各项专门性质的团体，以为行政知识之研究外，另应组织普通性质之改进团体，以促进政府对行政效率之注意，并唤起民众对政府活动之认识。吾人今后对行政改革问题当从知识与组织上为兼程并进之努力，双管齐下之入手，萃群策群力以赴之，务期能力充裕力量坚实，则吾国之行政改革在不久之将来自可望为一日千里之飞腾猛进也。①

五 张天福的《普通行政实务》

《普通行政实务》写成于 1934 年 11 月，正式出版于 1935 年 11 月，1939 年再版发行，实际上成书早于张金鉴的《行政学之理论与实际》。该书的目的，在于供普通行政人员随时浏览，供一般初进社会的学生阅读，以及作为研究行政学的参考资料。作者自陈——

> 普通行政人员指政府机关中担任普通行政的人员，及政府以外如教育工业商业等机关中担任普通行政职务的人员。本书虽然着重政府方面，然其中普通行政的原则，上下级人员间的关系，与处理事务的方法，以及属员的选择、监督、惩奖，工作的分配，工人的福利，财产的管理等等，均可适用于非政府的行政机关。②

---

① 张金鉴：《行政学之理论与实际》，商务印书馆，1935，第 514 ~ 515 页。
② 张天福：《普通行政实务》，商务印书馆，1935，序。

因为书名为"实务"，因此该书特别关照行政实践。作者在序中就开宗明义地讲道："本书虽属研究工作之一种，但只着重于实际与经验的方面，对于哲学与历史方面，则不注意，把社会上已有普通行政方法与经验，作有系统的叙述。"① 所以该书的内容主要为：行政人员应遵守的原则，共有廉洁、谨慎、忍耐、系统、精细、敏锐的判断力、勇毅、谦和、自尊、机变、熟识人情物理、科学思维、效率13条；人事，如对上级人员、同级人员、下级人员的不同态度，属员的监督，升降的标准，业余的生活等；事务，如财产的保管、物品的登记、处理文件的手续、文件的保管、收支的程序、政府簿记式样、预算决算等。

为了突出实务的特点，张天福不嫌繁难，尽可能详细地讲述了行政实务中的点滴事项。比如，他讲对待上级的态度，除了言语上注重称呼、不可打岔、不用令人不悦的语气和不可巧言令色之外，还要注意举止——

关于进退之节，不可不好好学习，关于坐的上下，应当知晓，又如同行不可争先，言谈时应该端庄肃穆，到长官办公室时，目不可偏睨斜视，行同偷手。于未见长官时，衣履须特别注意，是否清洁整齐，袒胸露肩而见长官，表明不敬，于此不可不慎。②

再如，他讲到对同级人员要谦和，但不是卑躬屈节，要分清可为不可为，可忍不可忍——

譬如同事有私件，请你派役去送，这是属私事，在可能范围内，如公家恰巧有公事，要送到相同或相近的地址，无妨顺便代办。于公无损；于私有益。假使无顺便的人，只对他说："现在无顺便的人，未能照送，实对不起。"在这种情形拒绝他人的要求，只稍微表示不得已，不能照办及抱歉的意思，叫被拒绝的人明白已足了，且不可多说，因为多说明拒绝的原因，要叫被拒绝者，觉得难以为情；因难以为情，

---

① 张天福：《普通行政实务》，商务印书馆，1935，序。
② 同上书，第15~16页。

要转成羞怒。但又不可过于表示抱歉，因为他来请求，已是不合，你的拒绝为理所当然，应该由他抱歉，而不应该由你抱歉；你所以表示歉意，不过是客气，免得被拒绝的人难以为情，如果表示的太过，反见得你懦弱，做事没有分寸。不过有些不识相的人，一被拒绝，以为自己受了莫大的耻辱，反大兴问罪之师，此惟有把不照办的原因，一五一十地说给他听。又切戒有盛气凌人的态度，如果他表示已心服，最后可向他说："这实出不得已的，请原谅！"以免伤害彼此感情，假使他的态度，仍然自是骄傲，最好置之不理，始终不代办理，因此人已属于"不可以理喻"的一种。①

此外，该书对公务人员的业余娱乐形式、如何对待工役人员，乃至办事簿的尺寸、大小以及装订办法，公用桌椅编号牌的大小、样式以及钉在座椅上的位置，稿纸的稿面、稿心、稿尾样式，索引片、指引片的样式、宽窄以及纸条的颜色等都详加说明。全书图文并茂，文字叙述之外，又加图表予以说明，仅在第二第三两章，使用图表82幅，翔实具体、细致入微。因此，《普通行政实务》是一本特别的书，在内容与形式方面，确属原创，独一无二。

张天福是行政研究的有心人，总是能够在自己的工作生活中观察行政现象，进行学术的讨论。他曾为已故的某位同事的家属向某政府机关领取三百元一次性的抚恤金，前后往返奔走七八次，费时两个月，其中痛苦不堪言状。他回顾思考，写了《行政积压迟延之原因及其补救办法》一文，发表于《民族杂志》第3卷第10期。该文作为《普通行政实务》的补充，后经上海商务印书馆出版。写作此文时，张天福在上海第一特区地方法院任职，他痴心行政研究，实际工作和学术研究两不忘，可以称得上是一位原创型的研究者、研究型的实践者。

除《普通行政实务》和《行政积压迟延之原因及其补救办法》，张天福还著有《国防与地方行政》（上海，汗血书店，1936）以及《希伯来法系之研究》（上海，大东书局，1946）两本小书。

---

① 张天福：《普通行政实务》，商务印书馆，1935，第25～26页。

六　怀特的《美国行政动向论》（译书）

1929年，美国胡佛总统鉴于世界经济恐慌的振荡、社会组织的松懈，召集成立了一个名为"总统社会动向研究委员会"（President's Research Committee on Social Trends）的组织，研究美国各种社会问题的趋向，研究人员多是大学教授。到了1932年，研究工作结束，调查和研究所得被编撰为《近年美国社会动向》（Recent Social Trends in the U. S.）2册共29章。其中部分又被分门别类印成单行本13种，上自国家行政，下至教育、卫生、妇孺、娱乐等。怀特的《美国行政动向论》（*Trends in Public Administration*）就是其中一种。该书对美国的行政集权、财政、教育、卫生、公路、农业、选举、警政等问题均作了研究。

孙澄方翻译了《美国行政动向论》一书，作为行政院行政效率研究会丛书的一种，于1935年6月由上海商务印书馆出版。虽然甘乃光在译书的序言中说："美国最近的行政动向，乃工业革命后百余年之结果，实不是中国所得仿效的。"但孙澄方倒也指出："斯书之为用，不仅于研究美国行政者有极大之帮助，而于研究专门问题如教育，卫生，公路者，亦有甚多之佐导。"①

七　薛伯康的《中美人事行政比较》与《人事行政大纲》

1934年8月，薛伯康的《中美人事行政比较》一书作为"行政院行政效率研究会丛书"的一种由上海商务印书馆出版。大概因为此书很受欢迎、"风行海内"②，很快1935年3月再版发行，并出了精装本。

薛伯康曾在美国研究人事行政，并在行政院行政效率研究会从事研究工作。鉴于《中美人事行政比较》对人事行政的普通原理论述较少，甘乃光嘱托他继续进行这方面的研究，薛乃在公余著成《人事行政大纲》一书。虽然此后甘乃光和薛伯康相继调离行政效率研究会，但薛伯康继续了这方面的工作，在1936年撰成此书，于1937年6月在重庆出版，1947年2月又作为"社会科学丛书"的一种由上海正中书局再次出版。该书共分10章，

---

① 〔美〕Leonard D. White：《美国行政动向论》，孙澄方译，商务印书馆，1935，译序。
② 薛伯康编著《人事行政大纲》，正中书局，1947，甘序。

分述人事行政学的含义、目的、范围、沿革以及与其他学科的关系，讨论人事机关组织及其职掌，介绍中、英、美等国人事机构的概况，并对职位分类以及公务员的俸给福利、考选任用、考核奖惩、退休恩俸、工会组织等进行了研究。

八　甘乃光的《中国行政新论》

甘乃光的《中国行政新论》，是作者十年研究行政问题文章的汇总，分别于 1943 年 1 月和 7 月在陪都重庆初版、再版发行，1947 年 5 月又再次在上海出版。全书共 10 章 65 篇文章。这些文章是作者 1932 年至 1935 年在内政部发起行政效率研究委员会，以及 1942 年前后参加中央设计局工作时期所写的研究文章，内容涉及中国行政概论、行政研究的开始、行政组织、人事问题、政令推行、省行政、县行政、经济与建设、禁烟行政、计划政治的发端等。

作者认为，自己读书作文生涯，不是为了读书而读书，不是为了写文章而读书，而是为了做事而读书，所写的文章也是一种做事的文章，因此把读书、做事、做文章联系在了一起。这也是《中国行政新论》一书取舍文章的原则——

> 这样的文章，和纯粹的学者的著作，自然有些不同。况且我不想融经铸典，也不想旁征博引。因为我觉得有合时代需要的思想，有相当实际的经验，就把他老老实实地写出来，这种文章，也可以叫做事的文章。我不想采取一般所谓学者的标准和方式来选择取舍，但是大体都是读书做事作文章三者联在一起的产物。①

甘乃光最初学习、教授经济学，后来又到美国研习行政学，受过一定的学术训练。虽然《中国行政新论》所收录的文章并不注重注释、参考文献等形式要素，但除了较少几篇类似"社论"的文章外，其他文章的内容、写作方法以及学术价值与严格的学术文章不相上下。甘乃光是中国行政学领域的一位重要人物，他作为公务人员，身居要位，无论在内政部还是在

---

① 甘乃光：《中国行政新论》，商务印书馆，1943，自序。

中央设计局，其工作与中国行政学、行政研究的兴起与发展都直接相关。他所关心研究的问题，始终是民国时期整个行政学界所关心研究的热点，他对于行政学的理解和对于中国行政问题的研究是非常深刻和广泛的，他人无出其右。因此，《中国行政新论》一书异常重要，读此书便可明了民国时期行政学、行政研究的兴起、关注焦点、研究进程等整体状况，是研究民国时期行政学的必读书，具有很高的学术价值。

九　萧文哲的《行政效率研究》

1941 年起，行政效率促进会开始编辑"行政效率丛书"，发起者为孔祥熙。他认为如何改善行政组织、行政区域、行政人员、财务管理、庶务管理、文书处理、时间支配、行政考核，"使行政妥速进展，及早完成训政事业，建立现代政治，其法多端，其言纷纭，何去何从，孰兴孰革，非有详密研究，何能善作权衡，此邀集专家合力编撰行政效率之所由起也"。

该丛书的研究计划内容颇丰，计划编撰的各书有行政效率研究、内务行政研究、外交行政研究、军事（兵役）行政研究、财务行政研究、教育行政研究、经济行政研究、交通行政研究、社会行政研究、农林行政研究、粮食行政研究、边疆（蒙藏）行政研究、侨务行政研究、赈济行政研究、水利行政研究、卫生行政研究、司法行政研究、人事行政研究、警察行政研究、机关管理研究 20 种。丛书特别注重行政实践者的参与，其中拟由巴黎大学法学博士、时任司法行政部部长的谢冠生编写《司法行政研究》，由约翰霍普金斯大学公共卫生硕士、时任内政部卫生署长的金宝善编写《卫生行政管理》，由罗马皇家大学政治经济学博士、时任公路局副局长的薛光前编写《交通行政管理》，由内政部政务次长张维翰编写《内务行政管理》，由匹斯堡大学矿科硕士、时任教育部长的陈立夫编写《教育行政管理》，由日本警察大学毕业、时任中央警官学校教育长的李士珍编写《警察行政研究》。

萧文哲受政府之托担任"行政效率丛书"的主编。他本人的《行政效率研究》一书作为丛书的一种于 1942 年 8 月出版，1944 年于重庆又再版发行。该书分别讲述行政效率运动的意义、情况、方略以及行政组织、行政区域、人事管理、财务管理、庶务管理、文书处理、时间支配、行政效率考核等。他认为行政效率——

亦不外施政所获结果与所付代价之衡比也。……行政效率者，乃政府机关以一定时间空间及一定之人力财力物力，执行国家政策的作业对其所获"有效功"之衡比，亦即行政工作所费对于行政工作之成就之衡比，其方程式如下：行政效率＝行政成就／行政所费。[①]

对于如何提高行政效率，《行政效率研究》一书介绍：行政组织能尽其合理而便于运用、行政区域能尽其合理而便于治理、人事管理能尽其合理而便人尽其才、财务管理能尽其合理而便财尽其用、庶务管理能尽其合理而便物尽其利、文书处理能尽其合理而便事尽其功、时间支配能尽其合理而便时尽其效、效率考核能尽其合理而便效率增加。

十 张金鉴的《人事行政学》《各国人事行政制度概要》

张金鉴的《人事行政学》是南开大学"经济研究所丛书"的一种，分上下两册，共7万余页，蔚为大观。由于"惟寻诸坊间书馆欲求一册范围完备内容新颖之《人事行政学》尚不可得"，因此作者自称参照各家著述200余本，编著成此书。其目的在"研究应用何等之原理、技术、方法、制度及经验，对大量公务人员做有效之科学管理，期以最经济之手段获得最大之效果"[②]。

《人事行政学》全书分为四编，第一编绪论总述人事行政的意义、范围、目的、特质、起源、发展及趋势。第二编为原理与技术，分述人事行政机关的组织及公务员的甄补、分级、定薪、考绩、升迁、纪律、惩戒、抚恤、休退等，并重点对当时最新的人事行政原理与技术进行介绍。第三编为外国公务制度，介绍了英、美、法、德、日、意、苏俄、瑞士等国的公务制度实施状况，并进行比较评价。第四编为中国吏治制度，分上下两篇对中国吏治制度的历史和现状进行分析。该书一大特色是有100余个中外古今人事行政表，资料性较强。

1946年，张金鉴又编著出版了《各国人事行政制度概要》一书，列为"社会科学丛书"的一种。全书共分五章，分别介绍了英、美、法、日、

---

① 萧文哲：《行政效率研究》，商务印书馆，1944，第5～6页。
② 张金鉴编著《人事行政学》，商务印书馆，1939，序言。

苏、德及瑞士等国的人事行政制度。实际上，该书写成于 1942 年 9 月，当时张金鉴在中央政治学校任教，在序言中他对民国时期的公务员数量做了一个估计——战前 70 余万名，1942 年左右已经超出 200 万。大约 5 年时间，膨胀了近 3 倍，扩展迅速，可谓突飞猛进。①

十一 富伯平的《行政管理》

富伯平的《行政管理》出版于 1945 年 7 月。富伯平认为："不问其主体如何——或为中央行政或为地方行政，亦不问其目的如何——或为卫生行政或为教育行政，而努力体验超越此种区别的'一般行政'之存在，就是研究行政管理学之出发点。"②

根据这一认识，该书的内容主要包括行政管理与行政效率、行政法、行政组织与行政机关、人事管理、文书管理、档案管理、物材管理等几部分。

十二 刘百闵的《行政学论纲》③ 与茹管廷的《行政学概要》④

按照张金鉴的说法，抗日战争胜利之后，他的《行政管理概论》、刘百闵的《行政学论纲》与茹管廷的《行政学概要》是当时国内三本主要的行政学教材。刘百闵的《行政学论纲》一书，是作者在中央政治学校讲授行政学时所用的讲义的基础上，修改行政程序部分、增加财务行政部分写成的，有组织、人事、财务、物料、行政程序几编，被列为中国文化服务社出版的"青年文库"的一种，于 1947 年 10 月出版。在"行政程序"部分，主要讲述计划、执行与考核，明显受到"行政三联制"的影响。

茹管廷的《行政学概要》一书，是作者根据 1944 年在国立英士大学行政专科授课的讲稿改编的，于 1947 年 9 月出版。该书较多参考了蜡山政道的《行政学总论》、怀特的《行政学导论》、张金鉴的《行政学之理论与实际》，以及蒋介石的《行政三联制大纲》等。此书在组织、人事、经费、物料几章外，又增加了"行政文牍"和"行政业务的管理"两章，前者大概

---

① 张金鉴:《各国人事行政制度概要》，正中书局，1946，序言。
② 富伯平:《行政管理》，商务印书馆，1945，第 5 页。
③ 刘百闵:《行政学论纲》，中国文化服务社，1947。
④ 茹管廷编著《行政学概要》，正中书局，1947。

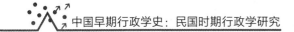

是受"文书档案改革运动"的影响，后者则是对"行政三联制"的论述。

　　以上，就民国时期行政学的重点著作作了大致的介绍。当然，一个学科的发展不仅仅表现在著作方面，研究团体和刊物的出版更能反映一个学科的现实关怀和生命活力。民国时期行政学这方面的发展状况，是下一章将要介绍的内容。

第三章　行政研究团体及刊物出版

行政研究团体在中国的出现，与行政学一样，也是到了 1930 年后才有的事。最初成立的行政研究团体基本上是官方性质，逐渐地又出现具有官方和民间双重性质或单纯民间性质的学术研究团体。这些团体及其所出版的刊物，成为来自政界、学界有志于行政研究和行政学发展的人们持续交流的园地。通过这些团体和刊物，他们不断交流具体实践中的工作思考或行政研究中的学术成果，不断丰富国人的行政学知识，不断加深对中国政府和行政的认识，不断探寻改进中国行政的方法，具有很高价值。

第一节　行政效率研究会与《行政效率》《行政研究》

早在 20 世纪 10 年代初，国际性的行政研究组织就已经出现。"20 世纪初，人口快速增长和科学技术的迅猛进步，使欧洲的社会生活发生了巨大变化，并对公共管理的结构、职能及程序提出了新的要求。为了应对由于国家职能扩张引发的问题，研究解决行政权力的合理配置以及行政技术和程序的改进，1910 年在比利时首都布鲁塞尔召开了第一届国际行政科学大会，有 30 多个国家的代表参加了这次会议。会议决定以后每三年召开一次国际会议，并成立了一个常务国际委员会（Permanent International Commission），作为国际行政科学大会的常设机构，负责沟通信息、协调事务和组织会议，是为国际行政学会的前身"。[①] 1930 年的马德里大会又将常务国际委员会改造为国际行政学会（International Institute of Administrative Science，IIAS）。

---

① 李俊清：《关于中国第一个行政学会及其相关问题的研究》，载《政治与行政史论集》，人民出版社，2008，第 225～226 页。

　　有研究者认为，1923 年，为了参加在比利时首都布鲁塞尔举行的行政学国际会议，按照入会国均应在本国内组织相应机构的规定，北洋政府在当时的国务院法制局附设成立了中国第一个行政研究机构——"行政研究会"。该会会长由法制局长易宗夔兼任，研究会人员由会长在法制局参金事、编译以及政府各部院荐任以上高级文官中选拔。最终，有两位中国政府代表参加了在布鲁塞尔举行的第二届国际行政科学大会。① 查看该研究和相关资料，与其说"行政研究会"是　个行政研究机构，不如说是一个应景的政府组织，其章程短短 9 条规定对研究内容只字未提。而且，到了1927 年在法国巴黎召开的第三届国际行政科学大会上，已经不见中国代表的踪影。

　　民国时期的学人在谈论行政学的产生时，经常提到在正式的行政研究机构成立之前，国内学术研究机关对于行政问题也有稍加注意的。例如，北平社会调查所对于北平市的捐税制度进行了调查，南开大学经济学院对河北省的农村组织及县政进行了部分调查，天津于 1934 年左右成立的社会科学研究所在行政方面也有研究的目标，"然多只限于附带的研究"②。而在行政效率研究会成立之前，旨在提高行政效率的文书档案改革在中央和地方都已零散地进行。这些改革的主持者都是当时的政要，他们在自己的职权范围内各自探索提高行政效率的途径。比如，陈立夫在国民党中央党部、蒋梦麟在教育部、黄柏樵在上海市公用局都进行了改革文书档案的尝试。

　　行政上的问题自然不是一两个机关独有的问题。国民政府也逐渐认识到有进行行政改革、提高行政效率的必要，于是决定"各级政府人员感觉最敏而人人有关的文书档案改革为入手之初步运动，问题比较的小，而范围与普通性比较广大，故遂用二年的功夫，从事研究试验"③。1933 年 6 月，行政院召集改革公文档案会议，各部会都拿出了自己的具体方案，所取得的最大成绩，即公文从此有了标点，档案中开始使用卡片。这些成绩为政府所注重，此后不久便酝酿成立具体负责行政改革的机关——行政效率研究会。

————————————

① 李俊清：《中国第一个行政学会及其相关问题的研究》，《中国行政管理》2007 年第 1 期；李俊清：《政治与行政史论集》，北京，人民出版社，2008。
② 张锐：《促进市行政效率之研究》，《行政效率》第 1 号，1934 年 7 月。
③ 甘乃光：《文书档案改革运动的回顾与展望》，《行政研究》第 2 卷第 5 期，1937 年 5 月。

孙宏云认为："行政效率研究会的行政研究对抗战前南京国民政府的行政改革起到了一定的作用，也促进了行政研究在中国的发展。"① 的确如此，甚至可以说该会对民国时期中国行政学的发展起着最主要的作用，因为它编辑发行了中国第一种行政研究刊物，出版了多种行政学著作，引起了人们对行政效率和行政研究的广泛关注，普及了行政学知识，推动了行政学在中国的发展。

一　筹备与成立

行政效率研究会是"抗战前中国研究行政规模最大、最有影响的机关"②。行政效率研究会的成立基于这样的认识——

> 近年中国之研究行政者未尝无人。然以缺乏行政经验之故，多偏于学理之探讨，而很少能够提出具体的实行的方案，在他方面，负行政责任者也有不少想认真从事行政之刷新，然以缺乏实践与科学的训练之故，大抵头痛医头，脚痛医脚，事倍而功半。因此我们现在所需要的不单是空空洞洞的行政研究，而是理论与经验相参，专家与实际行政者相辅的行政研究。

对于该会成立的缘起，该会自陈——

> 行政效率研究会成立的导线，本与行政院改良公文及其他中央机关行政改良试验有关。我们鉴于这些试验的成绩，认为有成立一个永久机关约同各机关人员及行政专家研究各种行政问题的必要。当时汪院长非常赞同此种意见，各方面亦认为研究会在理论上事实上均有设立之必要。③

然而，由于这种机关在中国的设立本属创举，经费短缺，人才缺乏，

---

①　孙宏云：《行政效率研究会与抗战前的行政效率运动》，《史学月刊》2005 年第 1 期。
②　谭春霖：《各国行政研究概况》，岭南大学历史政治学系，1939，第 14 页。转引自孙宏云《行政效率研究会与抗战前的行政效率运动》，《史学月刊》2005 年第 1 期。
③　《行政效率研究会设立之旨趣》，《行政效率》第 1 号，1934 年 7 月。

所以该会先成立了一个筹备处，打算看筹备处的成绩如何，来决定研究会之成立与否。先行成立的筹备处规模很小，经费只有来自行政院的一两千元，筹备处的职员由行政院就有关各机关之主管人员及有专门学识经验者遴选聘任。筹备处设在内政部，由内政部政务次长甘乃光兼任筹备主任。

筹备处制定了《行政效率研究会暂行规程》，指出行政院为增进中央及地方之行政效率，设置行政效率研究会。并规定其组织状况如下：该会以会长、秘书长、委员及专门委员若干人组成。会长由行政院长兼任，总理会务；秘书长由会长派充；委员由院属各部会部长、委员长，行政院秘书长，政务处长，以及各部会次长、副委员长充任；专门委员由行政院就有关系的各机关荐任以上公务员，以及有专门学识经验者遴选聘任。同时设文书主任 1 人，干事 8 人至 12 人，均由会长派充。

可以看出，筹备中的行政效率研究会规格很高，直接下设于行政院，会长由行政院长兼任，直接总理会务，而且组成人员均为部长副部长级人物。再加上《行政效率研究会暂行规程》第九条、第十条又分别规定："本会应将研究结果，建议于行政院或通知关系机关。各关系机关试办之事项，著有成效时，应将其经过报请本会研究推行。""本会为明瞭行政实况起见，得派员至各机关调查，或请各关系机关代为调查，必要时，并得请各机关派员列席说明。"① 所以筹备会雄心勃勃——"将来研究会所决定的方案和办法，呈请行政院通过以后，就可以通令施行。所以研究会不单是一个学术团体，而是一个权力机关。"②

对于研究事宜，《行政效率研究会暂行规程》规定有："关于组织运用者"，即"机关之官制官规，机关之纵横联系，直属机关与附属机关之组织与运用等"；"关于行政人员者"，即"公务员之名额分配，待遇，考核，训练，任免，保障，休假及荐举方法等"；"关于材料整理者"，即"档案，统计，图书，报纸专门家登记，出版物调查报告等"；"关于政令推行者"，即"公文行政报告，行政计划，以及监督指导视察方法等"；"关于财务整理者"，即"会计部分之组织预算之编制与审查，经费之分配，报销收文方法，及交代等"；"关于材料管理者"，即"公物保管，器具物品购资与消

---

① 《行政效率研究会章程》，《行政效率》第 1 号，1934 年 7 月。
② 《行政效率研究会设立之旨趣》，《行政效率》第 1 号，1934 年 7 月。

费，汽车管理。消防及卫生设备，建筑物及保险等"；"关于各级政府行政者"，即"省市县政府与中央各部会之关系，及省市县政府各种行政问题等"；"关于各项专门行政者"，即"内政，外交，军政，海军，财政，实业，教育，交通，铁道，司法，蒙藏，侨务，禁烟，等行政"。① 不过由于人力、物力的限制，研究会在筹备会成立时，研究对象暂以中央机关行政为限，并先分组织人员组、文书档案组两组开展研究。

此外，筹备会所做的工作还有，聘请一些会外的学者或行政专家，如梅思平、张忠绂、江康黎、蒋廷黻、张汇文、张锐、蒋复聪、王云五、黄伯樵为专门委员，并编译"行政效率丛书"，以有系统地编述行政理论与实际问题，介绍国外行政学名著。丛书前两种为薛伯康的《中美人事行政比较》和日本人渊时智的《文书整理法之理论与实际》。前者于1934年8月由商务印书馆印行，后者似因故未能出版。

经过近半年的筹备，因为"成绩卓著"，行政院认为有必要正式成立该会，于是行政效率研究会于1934年12月1日正式成立。② 并且每月经费提升为3600元。③ 同时，《行政效率研究会暂行规程》经行政院制定公布。与原规程不同的是，研究会改设主任1人总理会务，副主任1人协助主任处理会务，均由行政院院长派任。最初，前筹备会主任甘乃光任研究会主任，张锐为副主任，后因甘乃光因事请假，行政院派徐象枢暂行代理。

1935年7月，行政院又将档案整理处与行政效率研究会合并，裁减两机关经费和人员，《行政效率研究会暂行规程》也相应作了修改，由主任制改为委员制，设常务委员3人，以其中1人为主任委员处理会务，由行政院长派任。并设总干事1人、干事14人、办事员4人，由常务委员委派。在研究事项方面，新增"关于档案整理者"。

在行政效率研究会成立之后，地方也上行下效陆续设立此种组织。实

---

① 《行政效率研究会暂行规程》，《行政效率》第1号，1934年7月。
② 《本会消息》，《行政效率》第2卷第5期，1935年3月。不过，另一说为研究会1935年2月正式成立——"行政院的行政效率研究会经汪院长的提倡，甘乃光先生的赞襄，从去年六月开始筹备，今年二月正式成立。"见张锐《行政效率是否高调》，《行政效率》第2卷第7期，1935年4月。按理，张锐本人为研究会副主任，应该不会记错，但与研究会的"本会消息"说法相异，不知何故。孙宏云的《行政效率研究会与抗战前的行政效率运动》一文取1934年12月1日成立一说，也未指出此相异之处，大概未曾留意张锐此文。
③ 张忠绂：《政治理论与行政效率》，《行政效率》第2卷第3期，1935年2月。

际上，在行政效率研究会正式成立之前，"1934 年 7 月底成立的江苏省考察各县行政效率委员会，虽与行政院行政效率研究会的组织、实行方法有异，但精神与宗旨不无相通之处"①。行政院成立行政效率研究会后不久，北平市政府与南京市政府均成立类似机关。青岛市市长沈鸿烈，原来为了提倡公务人员有正当消遣，修养身性，曾通令所属机关组织各种体育和智育团体。在行政院行政效率研究会成立后，青岛市府秘书处组织了行政效率研究班，研究行政改进问题。并为此专门召开成立大会，制定规约 12 条，规定每周开研讨会两次，研究员每人拟提案一件交会讨论，研究所得每月制成报告一次，而且不能无故缺席，没有特殊情况不能连续请假 3 次，颇为认真。② 在县一级，江宁县成立"行政效率研究会"，指定县政府秘书为研究会主任委员，财政与民政两科科长为当然委员。其研究的内容，与行政院行政效率研究会一致，分为人事、财务、物品会计、庶务、文书。③ 直到行政效率研究会成立两年后，部分省县还在继续成立相应机构。湖北武昌县于 1936 年 9 月"参照行政院行政效率研究会办法，设立行政效率研究会，对于地方行政，分组研究"④。山东省于 1936 年 10 月成立了"行政效率研究委员会"。⑤

值得一提的是，作为筹备会主任和研究会首任主任的甘乃光对于行政效率研究会的成立功不可没。在该会成立之前，甘乃光在任职的内政部就主张改革文书处理办法，改进会议程序，提高行政效率。他倡导人人做行政研究，提出改进工作的研究报告，改进行政实践。他提出由有关行政实践人员编写相关的行政教科书，既避免外国资料之不易短时获得，又能契合中国实际，符合实践需要。当这些举措取得一定成绩之后，甘乃光信心倍增且踌躇满志，他说："要促成行政业务的整个革新，非发动多数人员从事研究不可。于是更呈准设立行政效率研究委员会，以为推动全国行政改革的大本营。"⑥ 应该说，成立行政效率研究会进行行政改革，甘乃光至少

① 孙宏云：《行政效率研究会与抗战前的行政效率运动》，《史学月刊》2005 年第 1 期。
② 《青市府组行政效率研究班》，《行政效率》第 2 卷第 8 期，1935 年 4 月。
③ 《江宁县成立行政效率研究会》，《中央日报》1935 年 7 月 27 日。
④ 《武昌县政府设立行政效率研究会》，《行政研究》第 1 卷第 1 期，1936 年 10 月。
⑤ 《鲁行政效率研究委员会在省府成立》，《行政研究》第 1 卷第 2 期，1936 年 11 月。
⑥ 甘乃光：《行政效率概论》，载《中国行政新论》，商务印书馆，1943，第 11 页。

是创始者之一，而且他本人志不仅在内政部，而是放眼全国。

二　赞成与质疑

行政效率研究会在筹备期间，就引起了社会各界的极大关注，并报以了极大的期望。舆论认为——

> 行政院筹设行政效率研究会，这个消息，自为国人所乐闻。因为中国行政的没有效率，本为我国政治上最大的缺陷。将来若能籍此研究会而得一改进之道，岂非中国一大幸事?[①]

> 顷见报章行政院将有行政效率研究会之设立，此实为促进行政效能之根本方法……[②]

> 现在行政院成立的行政效率研究会正是研究行政问题最合适的一个机关。揣其意当与美国联邦政府一九一零年所组织之经济与效率委员会及一九一六年所成立之政府研究所相仿佛。[③]

而且，各界热情地向研究会和政府提出建议。《大公报》建议——

> 行政效率研究会第一步，应研究机关组织法，及办事程序，使任何机关皆可运用，第二步应改良公文程式，务去其繁冗之形式，而求其有效之实质。信能如是，则效率自可立见。

> 尤希望政府既设立该会，便当尊重该会意见，凡所建议，必当采纳，然后方不失设立之初意，而行政机关之改善，肇基于是矣。[④]

《华年周刊》直言——

---

① 《向行政效率研究会进一言》，《华年周刊》1934 年 6 月 30 日。
② 江康黎：《关于行政效率研究会之我见》，《中央日报》1934 年 5 月 16 日。
③ 张锐：《促进市行政效率之研究》，《行政效率》第 1 号，1934 年 7 月。
④ 《组织与效率》，《三民导报》1934 年 5 月 17 日转载。

行政效率研究会的设立，其自身也必须讲求一点行政效率才好。关于这点，我们愿意贡献两种意见。第一，向来南京政府所创设的任何会议，其中组成人员，类多不出十八尊罗汉，因此一个比较红一点的人物，一身便往往要兼十多个职位，要知道这种现象，是与行政效率绝不相容的。行政效率研究会自身便至少应该绝对免除。第二，行政在西洋各先进国中，早已成为一种专门的学术，要研究行政效率，本非专门人才莫属，故行政效率研究会如真以研究行政效率为目的，其中专门人才的成分自应该尽最（量）增多，官僚政客的成份应尽量减少，庶几将来行政研究工作，才可收事半功倍之效，愿当事者注意及之。①

但是，行政效率研究会的成立也引发了不同的声音。《大公报》在行政效率研究会正式成立不久就发表《"卑而高"的行政改革论》一文，指出当时的中国政治谈不到效率不效率，讲行政效率不过是"唱唱高调""说说好听"，结果仍是"在粉饰门面上下敷衍的老套，无裨益于实际"。并认为中国政治的症结在于分赃与贪污的问题，只有在解决此问题后方能再谈到行政效率。②此文发表立刻引发一场论争，研究会在《行政效率》杂志上连续刊出该会专门委员薛伯康的《读大公报社评"卑而高的行政改革论"以后》、副主任张锐的《行政效率是否高调》以为回应。薛伯康指出提倡行政改革、提高行政效率的意义在于"采用科学行政方法，将办事手续，删繁就简，行政组织，由松及密，于财政庶务方面，绝对实行监督，使办事人员无从施其舞弊伎俩"③。张锐则指出行政效率并非高调，不但要谈，要研究行政效率，要提出增进行政效率的具体方案，而且政府当局和一般民众还要站在一条战线上同心协力早日促其实现。④

直到行政效率研究会成立近两年之后仍然存在不少非议。比如，有人认为政府的行政只是顾到政府自身的利益，而抹杀甚至损害民众的利益，因此政府行政效率越高，民众所感受的损失与痛苦却会越大，因此政府提

---

① 《向行政效率研究会进一言》，《华年周刊》1934 年 6 月 30 日。
② 《"卑而高"的行政改革论》，《大公报》1935 年 2 月 14 日。
③ 薛伯康：《读大公报社评"卑而高的行政改革论"以后》，《中央日报》1935 年 2 月 21 日。此文被《行政效率》第 2 卷第 5 期转载。
④ 张锐：《行政效率是否高调》，《行政效率》第 2 卷第 7 期，1935 年 4 月。

高行政效率固然重要，但保障个人权利也同样重要。① 不过，这些质疑所针对的实际上并不是研究会和行政改革，而是意在批评当局，不影响研究会及其工作的意义。有人肯定"行政效率研究会，先事调查研究，出版刊物书籍，为之倡导鼓吹，未及一载，风起云涌，'行政效率'之名词，普遍全国，此未始非吾国政治上之一线曙光也"②。

三 刊物之发行

行政效率研究会的一项主要工作，就是编辑行政研究刊物。早在筹备之时，筹备会就刊行了《行政效率》期刊。研究会正式成立之后，又继续刊行《行政效率》，后更名为《行政研究》③。直到抗战爆发，政府迁渝，研究会裁撤，才停止了此项工作。

刊行《行政效率》的目的"在于增加各级政府机关的行政效率"④。起初，《行政效率》为半月刊⑤，逢每月1日、16日出版。1934年7月1日出版了第1号，时任行政院长的汪精卫为刊物题写了刊名。1935年7月，《行政效率》改为月刊，到12月停办。停办多半年之后，1936年10月5日，行政效率研究会继续编辑刊物，出版《行政研究》月刊，逢每月5日出版，直到1937年8月才告停止。难能可贵和超前的是，《行政效率》的英文版 *Chinese Administration* 于1935年1月创刊，"内容及形式，颇得外报（如《华北明星报》、《大陆报》、《北平时报》）之好评"⑥。

《行政效率》主要刊载行政研究论文、调查报告、行政改革消息，以及关于行政研究的报章论文索引。后来又陆续增加了编后记、各地通讯、书报介绍以及读者意见等栏目。刚开始的时候，《行政效率》没有引起太多的注意。后来，因为各级行政长官如省长、厅长在总理纪念周讲演或训话时，秘书经常拿《行政效率》上的研究文章提供给长官做材料，"所说的话既时

---

① 吕学海：《行政效率与民众利益》，《独立评论》第224号，1936年10月25日。
② 林炳康：《江宁县行政效率研究委员会组织概况》，《行政效率》第3卷第6期，1935年12月。
③ 《行政研究》封面由梁思成、徐敬直设计。
④ 《行政效率研究会设立之旨趣》，《行政效率》第1号，1934年7月。
⑤ 孙宏云在《行政效率研究会与抗战前的行政效率运动》一文中认为《行政效率》"初为不定期刊，从第3期起改为半月刊"的说法有误。
⑥ 《本会消息》，《行政效率》第2卷第5期，1935年3月。

髦，而又切合实际"，《行政效率》就变得广受欢迎，并使行政效率运动不胫而走，成为一个全国的运动。很多人来内政部学习，各行政机关、人员之间交换行政改革意见和信息变得"尤为踊跃"。[1]

再加上《行政效率》为当时"全国公务员之唯一读物"[2]，一开始就行销甚广、供不应求。起初《行政效率》每期印2000份，但"以索者纷纷，代售处请求添配者日有增加，此数已不敷分配"，以至当时的广西省府主席都亲自来电索要此刊。[3] 不得已，《行政效率》停止赠阅，宣告"各期均已无存，增阅者有一小部份竟逼须暂停寄发，而各机关及公务员具公函索寄，私人订阅，代售处添配以前各期者仍纷纷，本刊无以应命，深以为歉"[4]。除了加印刊物之外，第1卷前6号均在发行不久便再版印行，但仍旧是"索阅之函固如雪片之至，备价定阅者亦纷至沓来，虽一再添印，亦不敷供应"[5]。

经常在《行政效率》和《行政研究》上发表文章的有薛伯康、江康黎、孙澄方、张锐、张忠绂、甘乃光、苏松芬、区家英、李朴生、谢贯一等，他们也是行政效率研究会的专门委员。清华大学的陈之迈、沈乃正，南开大学的张纯明、张金鉴，中央大学的张汇文、王季高，金陵大学的马博厂也经常有文章发表。这些作者多留学归来，任职于政学两界，不少具有学者和官员的双重身份，如行政效率研究会副主任张锐为留美硕士、市政学专家，曾担任东北大学教授，清华大学、南开大学的市政讲师，还担任过天津市政府秘书、内政部参事。此外，其他一些学科的学者也为刊物著文，如经济学教授朱通九等。当时在南京国民政府任职的外国人也为刊物提供了不少文章，如英国顾问、受聘于经济委员会又曾到行政效率委员会研究公文档案处理的政治专家沈慕伟（W. G. Somervell）为文《公文登记》《整理档案问题之意见》，经济委员会的德国顾问、文官制度专家晏尼克（Wlofgang Jaenrcke）为文《公务员退休养老办法》《政制建议书》。

---

① 甘乃光：《行政效率概论》，载《中国行政新论》，商务印书馆，1943，第12页。
② 1935年2月1日出版的《行政效率》第2卷第3期封面始有"全国公务员之唯一读物"字样。
③ 《桂省府主席电索本刊》，《行政效率》第5、6号合刊，1934年9月。
④ 《本刊启事》，《行政效率》第7号，1934年10月。
⑤ 《本刊停止赠阅启事》《本刊第一号至第六号各期再版出版了》，《行政效率》第1卷第11号，1934年12月及第12号，1934年12月，封内。

　　行政效率研究会办刊的宗旨是"专以研究介绍行政之理论与实际问题，并提供具体的解决方法，籍以促进行政效率为主旨"，尤其"欢迎学者及从政人员，发表意见，报告经验"①。因此，具有专业知识、从事实际工作、掌握实际行政经验的公务员也是刊物的主要作者。如《官厅图书馆之研究》的作者为内务部图书馆主任周连宽，《促进统计行政效率之意见》的作者为在汉口市政府任事的绍博，《谈公务员补习教育》的作者为公务员静友，连续发表《关于公文——小官章，另行写，书明月日》《批与指令之程式》的为历任东海、南汇等县县长的孔充，《改革公文程式的一点意见》的作者为在浙江民政厅任职的沈松林，《海关人员任用办法》一文的作者是曾留学美国多年、在关务署任职并任行政效率研究会专门委员的孙澄方，《邮政机关之人事制度》一文的作者为哥伦比亚大学政治学博士、供职于邮政总局的沈惟泰。

　　多方面研究群体的参与，使《行政效率》和《行政研究》所涉及的内容具体而丰富，不少今天才引起我们关注的问题，在当时已进入研究视野，《中央机关车辆之使用与管理》一文就主要研究首都南京的公车管理问题，而彼时南京市的公私车辆总共才 1466 辆，政府机关车辆不过 500 余辆。②

四　尾声

　　1937 年抗战爆发，"行政院迁重庆办公，（行政效率研究会）改设为行政效率促进委员会③，秉承院长掌：（一）考核各行政机关的组织与职权分配并调整其相互关系。（二）考核各行政机关之财务收支，并促进其合理化与经济化。（三）考核各行政机关之官吏任用奖惩办法及办事效率，并督促其改进。（四）编印行政效率研究刊物，以广播行政效率之知识与技能"④。但事实上，迁都重庆之后，更名为"行政效率促进委员会"的行政效率研究会并未再发行刊物。不过"行政效率促进委员会"仍旧是"政府中最高和较有规模的行政研究机关"⑤。

-----

① 《本刊征稿启事》，《行政研究》每期封后。
② 谢贯一：《中央机关车辆之使用与管理》，《行政效率》第 2 卷第 1 期，1935 年 1 月。
③ 孙宏云认为："抗战发生后，因时局非常，行政效率研究会曾一度裁撤。至国民政府迁渝，当局为提高行政效率，复设立行政效率促进委员会。"见孙宏云《行政效率研究会与抗战前的行政效率运动》，《史学月刊》2005 年第 1 期。
④ 张金鉴：《行政学典范》，三民书局，1979，第 56 页。
⑤ 吕学海：《我国行政研究之过去与将来》，《行政评论》第 1 卷第 3 期，1940 年 4 月。

行政效率研究会更名为行政效率促进委员会与 1938 年的国民参政会第一次会议有极大关系。在此次会议上，罗隆基提交一项得到秦邦宪、董必武、史良、张申府、许德珩等 23 名参政员联署的提案，建议调整行政机构，集中人才，以增加行政效率，为达到此目的，应成立"调整行政委员会"。该提案经行政院各部讨论后，行政院于同年修正公布《行政效率促进委员会组织规程》。大概因为在已有行政效率研究会的基础上成立行政效率促进委员会比较容易，不用大费周章，因此顺理成章，行政效率研究会更名重组。

行政效率研究会和行政效率促进委员会的成立运作使"效率"观念影响广泛、深入人心。1941 年，世界书局出版了张光复翻译、美国人马尔顿（Orison Swett Marden）所著的《效率增进法》（*Training for Efficiency*）[1] 一书，该书类似于今天的所谓"成功学"著作，叙述了许多名人成功的事迹与方法，讲述了潜能开发、工作应具备的精神和态度、失败后怎样、怎样补救缺陷等教人做事的内容，被列为"青年成功丛书"。虽是"成功学"方面的内容，但该书冠以"效率"的字眼，将人生的成功视由个人效率的高下所决定，广受欢迎，出版达 4 次之多。

第二节　中国行政学会、行政评论社与中国行政问题研究会

上文说到，行政效率研究会更名为行政效率促进委员会后，未能出版相关刊物，一定程度上对交流行政研究产生影响。1940 年前后，"多位对于行政研究素有兴趣的人，因感于我国研究行政者之没有组织和缺乏联络，先后成立中国行政学会及中国行政评论社"[2]。

一　中国行政学会

中国行政学会由杭立武、张忠绂、张金鉴等数十人组织，为纯粹专门学术团体，被时人誉为"全国最有名望的行政学者所设立的行政研究

---

① 〔美〕马尔顿：《效率增进法》，张光复译，世界书局，1946。
② 吕学海：《我国行政研究之过去与将来》，《行政评论》第 1 卷第 3 期，1940 年 4 月。

团体"①。据张金鉴回忆，该学会出版有《行政季刊》（或《行政学季刊》）。②

二 行政评论社、中国县政学会与《行政评论》

行政评论社成立于战时陪都重庆。行政评论社认为，"近数十年来，中国谈政治改革，不知经过多少论争，除了每次介绍些新的名词和口号外，结果往往流于文字障里，在诡辩中讨生活"，因此"与其谈不切实际的空泛的政治问题，倒不如埋头来研究实际行政问题，以期少补于实际问题的改造"③。评论社特别强调专家的作用，认为"近代政治的进展，以逐渐注重到专家政治"，尤其在中国抗战建国的伟大工程中，进行统制、计划来发展经济建设必须依靠专家的力量。

评论社于1940年1月20日创办《行政评论》月刊，由张金鉴、孙慕迦等人负责，以"阐扬行政理论，研究实际行政问题，促进行政研究兴趣，及行政效率为宗旨"④。不久，《行政评论》成为与"中国县政学会"的合作刊物。中国县政学会"以研究县政之理论与实际，俾利新县制之推行为宗旨"⑤。其会址设于国民政府所在地，各省建立分会，在偏远行政督察区设通讯处。《行政评论》是目前可见的继《行政研究》停办后的第一种行政学刊物，被称为"专门研究行政方面问题的最好刊物"⑥。

《行政研究》一刊的研究内容主要为行政组织、人事行政、文书管理、财务行政、物材管理、战时行政、县市行政等。并且对外特别宣告："为集中客观舆论改进行政效率起见特公开征求行政学者公务员及社会人士等对于下列事实大胆暴露：（1）各种贪污事实及其发生之客观的原因（2）目前行政机构与机能之缺点（3）现行人事制度之不合理现象（4）行政上浪费

① 吕学海：《我国行政研究之过去与将来》，《行政评论》第1卷第3期，1940年4月。
② 而时人吕学海写于1940年2月6日的《我国行政研究之过去与将来》一文只是说中国行政学会"准备出版《行政季刊》"，但查《全国中文期刊联合目录》（1833～1949），无此刊的记录。由于《全国中文期刊联合目录》（1833～1949）是联合全国50家省市以上大型图书馆馆藏编撰，遗漏的可能很小。所以此刊要么并未真正出版，要么已经无存。
③ 《刊前献词》，《行政评论》第1卷第1期，1940年1月。
④ 《征稿简则》，见《行政评论》每期封后。
⑤ 《中国县政学会章程》，《行政评论》第2卷第1期，1941年1月。
⑥ 吕学海：《我国行政研究之过去与将来》，《行政评论》第1卷第3期，1940年4月。

之统计。如能针对上列弊端提出改革方案尤为欢迎。"① 该刊的作者也多为"学术界的同人"和"参加实际行政的工作者"。张金鉴、谢廷式、孙慕迦、孙澄方、江康黎、李朴生都是该刊的经常作者。

《行政评论》一直刊行到1942年。和《行政效率》《行政研究》一样，此刊备受读者青睐，"转瞬销尽因此常有要求增印之函"。评论社不得不一面发表启事，表明"既感热忱……不克加印为憾"，一面申明"以一万户为悬额"，尽最大努力限量发行。②

此外，地方也有个别省市成立了类似中国县政学会的研究机构，如河南省成立县政研究月刊社，社长为高应笃，于1947年6月出版《县政研究月刊》第1期。在沦陷区北平，1943年成立《市县行政研究》月刊社，于1943年8月1日出版《市县行政研究》第1期，编辑兼出版人为朱枕薪。该月刊社还附设有市政县政专门图书室。③ 在《市县行政研究》第1卷第1期封后广告中提到南京内政部县政研究月刊社出版有《县政研究月刊》，可惜尚未见到实物。

三　中国行政问题研究会与《中国行政》

中国行政问题研究会1939年1月12日在成都成立，系臧启芳、富伯平、娄学熙等所组织，实际负责人为总干事臧启芳。该会以研究中国行政问题、促进行政效率为宗旨，其最高目的"在新制度学说之创造，非仅补偏救弊，述而不作而已"。该会"研究工作，可分为研讨现有制度与学说，融会中外制度与学说，及创造新的制度与学说三目，而研究之对象，又不外机构人事方法与工具四项"④。

1941年1月31日，也就是在该会成立2年之后，该会《中国行政》月刊创刊，规定每月月底出版发行。此刊到1943年12月31日共出三卷后停刊。1945年7月又复刊，持续出版到1946年8月才告停止。

在该刊经常发表文章的除了臧启芳外，还有曾在各大学任教的该会副总干事富伯平，以及该会组织者之一、东北大学政治系教授娄学熙。杨佑

---

① 《行政评论社征求意见、定户、通讯——万户启事》，《行政评论》第1卷第3期，1940年4月。

② 《本刊启事》，《行政评论》第1卷第4期，1940年6月。

③ 《本刊启事》，《市县行政研究》第1卷第1期，1943年8月。

④ 《本会研究工作计划》，《中国行政》第1卷第3期，1941年3月。

之、王先强、韩朴文、周连宽也是该刊的经常作者。由于该刊"在研究上，则根据实在资料，详细检讨，决不稍涉空泛，致有隔靴搔痒之讥，庶所创之新制度与学说得以详体事实，针对实际，当不至有闭户造车门外不能和辙之情"①。所以该刊特别强调研究实际问题，作者群也涵盖多个领域，比如为该刊撰文的还有国立四川大学农学教授曾省之，留德经济博士、在各大学任教的王绍成，留德经济博士、"政学两界均负时誉"的陈鹤声，农业专家李先闻，从事金融业的韩朴文，"知名作家"、从事粮政的彭善承，以及参与四川省粮政实施工作的陈大维等。

第三节　中国人事行政学会、地方行政研究所

一　中国人事行政学会

中国人事行政学会成立于重庆。该会认识到，对于当时的中国来说，正处于抗战建国并存的时期，政府职能范围更是空前庞杂，需要的工作人员大量增加，因此需要合理的人事制度、专门的人事机构和科学的人事管理方法。为了适应这种需要，此时政府在各级机关设置了人事专管机构，又在中央举办人事行政人员训练，人事行政学会则以成立专门学会的方式来推动人事行政的发展。该会以"研究人事行政之理论与实务为宗旨"，具体任务为：研究与促进人事行政之推行、交换与检讨人事行政之意见、搜集人事行政有关之图书杂志及其他有关系材料、出版有关人事行政之刊物、人事行政业务之统计与调查以及协助政府机关设计有关人事行政之事项、办理会员委托有关人事行政事项等。

学会以考试院院长戴传贤为名誉会长。② 学会规定，曾受人事行政训练者、对于人事行政学有专门研究或特殊兴趣者、曾任或现任政府及其他机关主管人事行政事务者，都有资格成为会员。为了扩大学会的影响力，人

---

① 《本会研究工作计划》，《中国行政》第 1 卷第 3 期，1941 年 3 月。
② 该会名誉副会长为陈果夫、李培基、吴铁城、陈大齐、吴思豫、贾景德。并有 42 位名誉理事，包括陈立夫、朱家骅、谷正纲、张道藩、甘乃光、张厉生、贺耀祖、王世杰、王东原、蒋廷黻、谢冠生、周铁成、许崇灏、马超俊、沈士远、洪兰友、段锡朋、吴国桢、徐恩曾、马洪焕、张忠道、潘公展、张金鉴、钱卓伦、陈仪、何健、王芸生、萨孟武等人。常务理事为明仲祺、苏雷、熊东皋、张啸尘、韦尹耕，均为政界要员或社会名流。

事行政学会还在地方省市成立了分会，并为此制定了《中国人事行政学会各省市分会组织通则》。

该会于1942年12月出版了《人事行政》第1期，由戴传贤题名，又于1943年10月出版了第2期。《人事行政》发刊词中讲道："公务员吏为行政之灵魂，为政府实际上之治理者……故政府事务推行绩效之高低，与国民所受政府福利之多寡，大率以其公务员服务道德与工作效率如何为转移。人事行政者之任务即所以谋道德之提高与效率之增进……"① 出于这样的认识，《人事行政》的办刊使命为：依据国父遗教与总裁言论阐扬三民主义化之人事行政原理；整理先哲之旧典籍与义理，以见国人对于人事行政之传统观念与精神；适应时代环境之需要创立以中国为本位之人事行政学术；介绍欧美学者新著述与学说以鉴新知而为实际设施之指引；在实际上为：就现有之法令与实施，做建设性的批评，明其利害，辨其得失，以为改进之张本；调查并搜集有关人事行政客观事实之各项资料，加以整理分析，以见其因果关系与法则；就中国历代吏治之设施加以整理，究其优劣，以为今日建制之借鉴；对外国人事行政制度施行之实况加以介绍与评判，以为中国之参考。

虽然《人事行政》出版间隔较长，但是内容丰富，除了发表大量行政实践者的文章外，还附录了许多重要的人事行政法规，成为人事行政实践和研究的重要工具和参考。在《人事行政》上发表文章的，基本上为中央要员或从事人事行政的实际工作者，如孔祥熙、甘乃光、贾景德、朱家骅、李培基、徐恩曾等，来自基层的人事行政干部傅骅昌也撰文谈自己人事行政的经验与感想。遗憾的是，《人事行政》收到的来稿很多，限于篇幅，许多稿件没有及时刊出，又因为制版费用昂贵，考选委员会拟刊的很多有价值的统计资料也未能同时完全刊出。②

二　地方行政研究所与《地方行政》

1940年10月，地方行政研究所在福建崇安成立，所长朱华，副所长孔大充、高柳桥。该所的研究内容主要为地方政制、地方行政机关业务与地

---

① 《发刊词》，《人事行政》第1期，1942年12月。
② 《编后》，《人事行政》第1期，1942年12月。

方行政技术。开展研究的方式为：搜集材料，实地调查，介绍欧美各国地方政治的建设，发行刊物，开办研究班招收研究生研习，训练地方业务人才，实验、接受行政机关委托解决专门问题，以及与国际各地方行政研究机构取得联系共同合作研讨。按照《地方行政研究所章程》，该所"置研究导师，研究指导员，研究员，助理研究员，及事务员若干人，均由所长聘任之。……为研究便利起见，得分设各部，各部置部长一人，由研究导师兼任之"①。

该所自称是一个民间的、私立的机构，认为：

> 研究地方行政，一面固然非具有地方行政的实际经验不可，但一面又不可不离开各级政府当局。所以我们的地方行政研究所是私立的，与各级政府无隶属的关系。我们希望站在政府的侧面能有一点贡献；我们愿意站在时代的前面与地方行政学者专家共同努力；我们准备站在不良的地方政治的对面，努力研讨，使切合中国国情的理想地方政治得以实现出来。这是我们的使命。②

为了突出自己的民间和私立身份，该所曾认真指出："现有若干人认为本所是某一省的机关，这可给他们一个解答，本所是位置在福建崇安，但确是一个私立的社会机构。"③

地方行政研究所编辑季刊《地方行政》，于1941年7月1日出版了第1期，顾祝同题词"地方行政之津梁"。目前所见的《地方行政》共有3期，第3期出版于1942年1月1日。有特点的是，《地方行政》特意征求"行政困难自述"，内容包括：撰稿人的职位及其职掌、所发生的困难和不能克服的困难、如何克服这些困难、从困难发生想到几个改进的问题等。

不知道是否受地方行政研究所的影响，1941年6月，福建省研究院设置了科学研究室，致力于人事行政方面的研究。7月30日，该室主办的《人事管理汇报》创刊，主编为崔宗埙。9月，该室又出版了崔宗埙主编的

---

① 《我们的地方行政研究所》，《地方行政》（福建）第2期，1941年10月。
② 朱华：《研究地方行政的使命》，《地方行政》（福建）第1期，1941年7月。
③ 《编者的话》，《地方行政》（福建）第2期，1941年10月。

《行政论丛》第一辑。①

　　附带一提的是，民国时期还有另外一种《地方行政》杂志，出版于上海，于1943年10月15日创刊。② 该刊物大概由陈公博领导的汪伪上海市政府编辑，在上面发表文章的有董休甲、沈观准、周匡、李时雨、谭庶潜、莫国康、周佛海、张梦熊等人。根据目前所见的资料，该刊物至少发行到第19期，截止日期为1945年4月30日，发表有大量行政研究的文章。

---

① 见福建省情资料库《社会科学志》第三章第一节"政治学研究"，http：//www. fjsq. gov. cn/showtext. asp？ToBook＝223&index＝33&，2011年7月20日引用。该文有较多错误，例如将地方行政研究所的成立日期记为1940年11月。此外，还记录道："民国三十六年（1947年）7月，福建地方行政研究所主办的《地方行政》创刊。该刊共出3期。邹文海在创刊号上发表《官吏制度与吏治》一文。"实际上《地方行政》创刊于1941年7月，邹文海在创刊号上发表的文章名为《员吏制度与吏治》；侯利标编写《厦门大学法学教师传略（1940～1953）》，厦门大学法学院校友网，http：//law. xmu. edu. cn/xyw/LTIntro. asp？PID＝232，2012年7月20日引用。

② 《本刊启事》，《地方行政》（上海）创刊号，1943年10月。

第四章　大学行政学教育及研究[①]

1913 年 5 月，政治学家古德诺受袁世凯之聘来华担任宪法顾问；1914
年 8 月，返美任约翰霍普金斯大学校长；1915 年 7 月二度来华，为时 6 周，
先后在中国工作一年半左右。在这期间，古德诺撰写了《中华民国的议会》
（1914）、《中国的改革》（1915），发表在《美国政治科学评论》上。此外，
还写有《共和与君主论》《中国地方官制说》，以及建议创设中国第一所行
政学校以培养符合社会需求的行政官员的《中国官吏教育论》[②] 一文。在
《中国官吏教育论》一文中，古德诺为中国创设专门的行政学校做了详尽的
设计，对专业方向设置、入学考试、课程结构、课时安排、教学方法、外
语、就业、学生经费补贴、图书馆建设都进行了具体筹划。古德诺认为，
根据中国当时的实际情况，行政学校的主要任务是培养外交、财政和普通
行政三类人才，因此分设 3 个专业。在课程结构设计中，普通行政专业学生
第二年的 5 门课程中，除了开设"中国语言及中国文学""英文""中国法
律""中国伦理学及哲学" 4 门课程之外，还开设"中国及欧洲政治行政之
历史"一课，第三年的 4 门课程中，除了开设"中国语言及中国文学""英
文""中国法律"之外，再开设"中国行政"一课，具体教授本国的行政。

虽然古德诺关于中国设立专门行政学校的设想认真而富有洞见，但除
了《共和与君主论》一文被鼓吹利用之外，其余关于议会改革、地方行政

---

① 研究民国时期大学的行政学教育，绕不开前人的贡献，尤其是许康编著的《中国近代行政
学教育史稿》，对本章的撰写有较大的参考价值。《中国近代行政学教育史稿》一书在资料
罗致方面下了很多功夫，虽然名为《中国近代行政学教育史稿》，但全书兼及大学校史、
管理学史，甚至政治学史。由于该书集合了师生众人的力量，资料来源多样，因此存在许
多不完善和疏误的地方。对于《中国近代行政学教育史稿》一书中纷繁芜杂的材料，本书
在使用过程中进行了提炼和补正。

② 古德诺：《中国官吏教育论》，《东方杂志》第 11 卷第 5 号，1914。转引自李俊清《古德诺
关于创办中国第一所行政学校的构想》，载《政治与行政史论集》，人民出版社，2008。

的研究和建议均被弃若敝屣，其关于创设中国行政学校的建议也因"为政事堂各参议所反对而止"①。民国时期行政学在高等教育中出现，是在20世纪30年代。

第一节 各普通大学的行政学

对于民国时期大学行政学教研的有关情况，当时的行政学人也多有叙述。甘乃光在《中国行政学者的使命》的演讲中曾介绍："最近，大学的行政学功课也渐渐充实起来，上海交通大学有行政系，有四年完备的课程，北京大学对于中国行政的历史方面，加以特殊的钻研，中央大学有行政资料室之设立，天津新成立一个科学研究所，也以行政的问题做研究的目标。"②

朱华也回顾道："民国二十四年秋我国北京北平清华等各大学政治系，虽皆有创设行政各系之动机，然当事者亦仅注意于现行制度之一部分，二十九年江西省建设厅长杨绰庵条陈委座，请积极提倡研究行政管理技术，深蒙赞许，经电熊主席在中正大学附设一科从事研究训练，但至今仍在准备中，尚未实现。中央政治学校虽设有行政系，但未入于教育部所属教育系统之内，且所授课程亦未专注于行政管理方面。"③

刘百闵1947年在其著作《行政学论纲》中这样评价当时行政学的发展："行政学的成立，在我国则尚为最新之学科。少数大学，虽有行政学一科，大率都仅注意西洋行政学入门知识之输入，缺乏专门的研究，多数大学，则仅设行政法一科。"④

张金鉴在1966年曾回忆道——

国内大学于民国二十年后，始有行政学一课的开设，二十五年夏，中国政治学会在南京开年会讨论大学政治系课程标准，经通过以行政

---

① 李俊清：《政治与行政史论集》，人民出版社，2008，第239页。
② 甘乃光：《中国行政学者的使命》，《行政效率》第2卷第11期，1935年6月。
③ 朱华：《教育系统上的一个新学科：行政管理科》，《地方行政》（福建）第3期，1942年1月。
④ 刘百闵：《行政学论纲》，中国文化服务社，1947，第20页。

学为选修课程。……在大陆时，国立北京大学由陶希圣、张忠绂教授的主持，以助教及研究人员多人对行政问题作专题研究，出版著作不少。国立清华大学政治教授对这一方面的研究亦有成就，沈乃正对地方政府有专攻的研究，并搜集有关的丰富资料，陈之迈著《中国政府》一书，堪称佳构。国立中央大学政治系教授张汇文江康黎均系专门研究行政学者，对这一方面的教育颇为重视。私立天津南开大学经济研究所对于行政问题屡有教授做实地的考察与研究，研究报告刊行不少，且编著有大学用书，何廉李锐之《财政学》，张金鉴之《人事行政学》，即其著例；并招考大学毕业生研究财政经济及地方行政授予硕士学位。中央政治学校（三十七年一月改为国立政治大学）设有行政系及行政研究资料室，在张金鉴主持下，行政课程较多，资料搜集亦广；该校研究部复设有行政组，对行政实际问题作有系统的研究，专著问世者不少，马大英之《中国财务行政论》，张金鉴的《县政论》即其举例。[①]

以上回忆虽较全面，但也有遗漏，例如没有提到上海交通大学的行政学系，而除中央政治学校之外，中央大学也设立了行政研究资料室。[②]

以上的回顾均限于 20 世纪 30 年代之后，而根据孙宏云的《中国现代政治学的展开：清华政治学系的早期发展》一书，早在 1928 年，清华大学课程大纲有关政治学系的科目中就有"行政管理"一项。[③] 但不知此"行政管理"具体何指以及是否最终开设。不过可以肯定的是，1930 年，由于专任教师的不足，清华大学欧洲外交史、行政管理、议会制度等课程分别由北京大学政治系教授张忠绂、邱昌渭担任。[④] 1931~1937 年，清华大学政治学系开设的大学本科课程中亦有"行政学原理"一课。[⑤] 其间，1935 年哈佛大学政治学教授何尔康（Arthur Norman Holcombe）还在清华大学作了《公

① 张金鉴：《行政学研究》，台湾商务印书馆，1966，第 164 页；张金鉴：《行政学典范》，三民书局，1979，第 54 页。
② 刘百闵：《行政学论纲》，中国文化服务社，1947，第 20~21 页。
③ 孙宏云：《中国现代政治学的展开：清华政治学系的早期发展》，三联书店，2005，第 105 页。
④ 同上书，第 122、137 页。
⑤ 同上书，第 138 页。

共行政之新趋势》的演讲。①

以上的资料，对民国时期行政学在大学教研情况的介绍较为分散、有限。实际上，民国时期大学行政学教研状况要比以上资料所反映的内容丰富得多。

一 国立中央大学

国立中央大学位于南京，国民政府希望将其办成中国最高学府。1935年，该校已发展成为有文、理、法、医、农、工、教育 7 个学院的综合大学。1938 年 12 月，中央大学成立研究院，设理科、法科、农科、工科 4 个研究所。1939 年 9 月开始招生。1947 年，中央大学已经拥有 7 院 41 系（科组）、23 个研究机构，全校教职员 1266 人，学生 4066 人，学科、师资数量均居全国各大学之首。此时，中央大学已设立政治经济研究所和法律研究所。1946 年时，政治经济研究所、法律研究所分别有研究生 11 名、6 名。此时，政治经济研究所分行政组、经济组、国际政治组，所主任由黄正铭担任。②

1927～1937 年，中央大学法学院下设法律、政治、经济等系。法学院全院共设 57 门课程，其中，必修课程有社会学、经济学原理、政治学、法理学、统计学等。第二学年起，学生开始分系，并同时认定一辅修学系。为造就各科专门人才起见，又于各系内分为数组，各系学生自第三学年起，即认定一组专修。例如，政治系分公法及行政组、外交组，分别开设外交史、政治思想史、宪法、政治学、欧美政治制度、国际公法、行政法、政治史等必修课，教授有周鲠生、乔万选、吴建邦、赵谦、程天放、雷沛鸿等人。③

考察 1929 年中央大学政治系课程设置，必修课程中有行政法课程，每周授课 3 小时。该课讲授立法与执行、司法与行政、政府机关及公益法团无形人格研究、公务员研究、中央行政与地方行政、行政元首、行政分区、

---

① 孙宏云：《中国现代政治学的展开：清华政治学系的早期发展》，三联书店，2005，第234 页。

② 中央大学编《中央大学之最近四年》，1936，转引自许康编著《中国近代行政学教育史稿》，中国社会科学出版社，2007，第 154 页。

③ 王德滋：《南京大学百年史》，南京大学出版社，2002，第 180 页。

自治行政等。^① 从该课程的具体设置来看，包含了不少行政学的内容。

1935 年春，中央大学法学院政治系创设行政研究资料室，搜集各级政府行政资料。1936 年秋又将其扩充，设立行政研究室，招收各大学成绩优良的毕业生 6 人，致力于研究中国行政制度沿革。其目的在"现从事研究中国的一般政治制度，将来更将对于各实际的行政问题，分别进行精深的研讨；冀于中国行政之改良，能有所贡献，而于大学之行政学教材亦可有所补充"^②。钱端升在 1936 年至 1937 年一年间，"倾全力于行政研究室工作"，在他的组织领导下，该室同仁完成了两卷本《民国政制史》^③，成为该研究室最早也最著名的学术成果。

二 北京大学

北京大学政治系在有关行政学的讲授与研究方面起步较早，师资力量也好于国内其他大学。实际早在京师大学堂政法科时期，就有"各国行政机关学"一课。^④ 有研究者将京师大学堂政法科与日本东京帝国大学政法科相比较，认为前者对后者的课程设置与办学形式有所效仿。^⑤

民国元年，京师大学堂改名为北京大学。1917 年，蔡元培出任北京大学校长，全方位改革旧制。此时，虽然北京大学政法科在全校最大、最完备、招生人数最多，但尚无行政学踪影。不过在 1917 年政法科政治学门学生的毕业论文选题中，可以见到《行政首长论》（余国桢）、《政府组织论》（朱锡怡）这样的颇具行政学特点的选题。^⑥ 这也从一个侧面反映出，随着现代政治的移植和现代政府的建立，"行政组织""行政领导"等问题已经成为国人关注和研究的对象。

---

① 许康编著《中国近代行政学教育史稿》，中国社会科学出版社，2007，第 156～157 页。
② 南京大学校庆办公室校史资料编辑组：《南京大学校史资料选辑》，1982，第 271 页。
③ 《中央大学法科研究所政治经济部行政组报告》，1940，中国第二历史档案馆，中央大学档案，案卷号：648-001008（16J.3064），转引自《钱端升学术论著自选集》，北京师范大学出版社，1991，第 697 页。
④ 北京大学校史研究室编《北京大学史料》第一卷，北京大学出版社，1993，第 102 页。
⑤ 张雁：《西方大学理念在近代中国的传入与影响》，浙江大学出版社，2009，第 114～116 页。
⑥ 许康编著《中国近代行政学教育史稿》，中国社会科学出版社，2007，第 96 页。

1930 年，蒋梦麟任北京大学校长，采取英美大学教育模式办学。1931 年，北京大学法学院成立，周炳琳为院长，下分法律、政治、经济三系，著名教授有王赣愚、周纬、张忠绂、龚祥瑞等。早于国人第一本行政学专著问世，法学院政治系"自民国二十年设行政学原理一课，要在介绍实用政治之基本理论"。而且，基于"行政是有地方特色的。各国行政之基本理论，尽管相同，一到实际的运用，就有彼此出入的所在了。再说中国旧时的政治问题，不注意纯政治，却重视实用政治，君臣上下所讲，多是些用人，行政，理财，一类的经验和理论"的认识，此时的政治系已经开始探索行政学的本土化。在这方面，研究者感到中国古代行政制度有研究和借鉴的必要，因此一方面于 1932 年增加"中国行政制度研究"课程，另一方面又于 1933 年添设"中国政府"一课，内容"对于纯政治和实用政治并重"[①]。其中，"行政学原理"和"中国政府"两门课程每年开班，列为政治系学生选修课，分别由系主任张子缨和教授陶希圣讲授，"中国行政制度研究"则由张、陶合任指导。所采用的教学方式大致为：自每年开学始，先由指导教授作理论、方法和材料的讲述，然后选定研究问题，再由各生进行搜辑材料，随时同指导教授研讨。学年之末，提交研究报告。

北京大学政治系的行政学教学具有自身特点，主张政治系的学生不能只学政治学的专业课，因此课程设置中还包括了历史学、社会学、经济思想等内容。而且，"北大教授既不喜欢照本宣科，亦不要求学生硬背死记，例如张忠绂教授为'行政学原理'试卷命题，题目有'关于本课程之参考书曾念过何种，能简略叙述其内容否？'，完全是敞开式试题，任由学生自行发挥"[②]。

此外，在抗战前的 10 年间（1927～1936），北京大学法学院法律系也有有关行政课程的设置，如张映南讲授的"行政法总论""行政法各论"，包含有行政基础原理、行政组织、行政行为等内容。[③]

---

① 马奉琛：《北京大学政治学系研究行政学之经过》，《行政研究》第 1 卷第 2 期，1936 年 11 月。

② 何子建：《北大百年与政治学的发展》，《读书》1999 年第 5 期。

③ 李连贵等编《百年法学：北京大学法学院院史（1904～2004）》，北京大学出版社，2004，第 118、120 页。

三　清华大学

前文论及，早在1928年，清华大学课程大纲有关政治学系的科目中就有"行政管理"一项。但不知此"行政管理"具体何指，且该课似未能最终开设。1930年左右，由于专任教师的不足，清华大学欧洲外交史、行政管理、议会制度等课程分别由北京大学政治系教授张忠绂、邱昌渭担任。张忠绂被连续聘任讲授行政管理。[1] 1931～1937年，清华大学政治学系开设的大学本科课程中亦有"行政学原理"一课。[2] 其间，1935年哈佛大学政治学教授何尔康（Arthur Norman Holcombe）还在清华大学作了"公共行政之新趋势"的演讲。[3]

随着国内社会科学界呼吁学术独立，实现大学课程内容本土化，从1934年起，清华政治学系特别注重本国实际问题的教学与研究，尤其在地方政府方面，多次邀请校外从政已久、经验宏富者向学生作经验谈话，如"中国地方政府"一课，就曾请浙江兰溪、江苏江宁两个实验县的县长梅思平、胡次威来校，给学生讲演"公文改革"和"书生从政经验"，内容包括县政府施政之困难及其补救方法、公务员的必需要素等。[4]

四　国立交通大学

1918年，交通部上海工业专门学校经交通部批准设立了"铁路管理科"（四年制），被认为是"中国高校有管理系科的开始"[5]。1928年，交通部上海工业专门学校改称铁道部交通大学，其"铁路管理科"升格为"交通管理学院"，后又更名为"铁道管理学院"。1931年，"铁道管理学院"改组为"管理学院"，设铁道管理、财务管理、公务管理、实业管理四科。该院院长钟伟成是伊利诺大学的商学士，他认为管理学是"从社会立场研究如何运用诸种科学原理与实验方法以支配事业中之'人''物''财'三项，

---

① 孙宏云：《中国现代政治学的展开：清华政治学系的早期发展》，三联书店，2005，第104～105、122、137页。
② 同上书，第138～139页。
③ 同上书，第234页。
④ 《国立清华大学校刊》第606期，1934年10月，转引自孙宏云《中国现代政治学的展开：清华政治学系的早期发展》，三联书店，2005，第137页。
⑤ 许康编著《中国近代行政学教育史稿》，中国社会科学出版社，2007，第147页。

而到达提高效率，节省费用，以利人群为之目的"①。

按 1932 年编写的"学院概况"可知："本院宗旨，期在培养成各项科学管理专门人才，以应政府及社会各界建设之需要。……在公务管理科，注重官厅管理、社会组织及公用事业等各学系。"② 1934 年，交通大学管理学院的公务管理科"多以美国伊利诺大学和宾夕法尼亚大学等有关系科的课程为蓝本"，一、二年级主要讲授原理知识，三、四年级则偏重于应用方面。

其中，与行政学相关的一些课程之内容和教材情况如下：

公务管理——讲授公务管理的基本原理与方法，注重行政经济与效率。教本：L. D. White *Introduction to the Study of Public Administration*。

中国政府——讲授民国初年宪政设想以及当时国民政府的组织与机能。教本：讲义（自编）。

地方政府——讲授地方政府与市政府的组织原理、中国地方政府、地方自治基本原理。教本：W. B. Munro *Municipal Government and Administration*。

比较政府——采用比较方法研究欧美各国政治。教本：F. A. Ogg *European Government and Politics*。

公用事业——讲授公用事业的发展史、性质特色、财务组织、收费原则、折旧、租税以及国有与国营问题等。教本：讲义（自编）。

市政管理——讲授市政管理的原理与方法，研究最经济、最有效率之组织与行政。教本：W. B. Munro *Principles and Methods of Municipal Administration*。

总务管理——讲授各种事业总务方面的管理，如工作成绩考核、公事效率提高、总务费用节省、职员选择训练、文书档案整理等。教本：H. W. Simpson *Modern Office Management*。

人事管理——讲授人事管理在社会及实业上的重要性、人事管理组织、雇佣职工方法、卫生与安全、训练、调职与擢升、工作分析与工作确定、工资制度等。教本：Tead and Metcalf *Personnel Administration*。

财政学——讲授国家支出、收入、租税、公债、财政管理以及预算制

---

① 许康编著《中国近代行政学教育史稿》，中国社会科学出版社，2007，第 153 页。
② 同上书，第 148 页。

度。教本：Plehu *Introduction to Public Finance*；H. L. Lutz *Public Finance*。

政府会计——讲授政府会计范围、各科目分类、记账程序、预算编制、中央政府及省政府财务报告、中央政府审计及会计制度、相关法规。教本：潘序伦的《政府会计》。

预算学——讲授预算编制的原理，包括预算的功用、编制手续及内容。教本：J. O. Mekinsey *Budgetary Control*。

据许康估计，"1931 年到 1940 年共计十年间，交通大学公务管理科（系）约培养本科学生 30 余名"，并认为"交通大学的'公务管理'就是现在热门的'公共管理'（Public Administration）"，并由此认定"1930 年左右，中国已设立近代西方式的行政管理专业和引进'公共管理'概念的史实毋庸置疑"。[①] 但可惜的是，交通大学管理学院公务管理科一共办了七八年，抗战爆发后，因为"公务管理系主任林博，奉政府命派赴国外，担任外交宣传工作，师资发生问题，该系暂予停办"[②]，之后未再恢复。许康认为这里的"林博"应该就是撰写《行政学大纲》一书的"林叠"博士。[③]

五　西南联大

在西南联大政治学系三、四年级学生的选修课程中，设置有一些有关行政学的课程，如张佛泉的"地方政府""中国地方政府""市政府与市行政"，王慧愚的"各国行政问题"，龚瑞祥的"行政问题及行政原理""行政学"，以及周世述的"行政程序"等。[④] 此外，西南联大政治学系还设置了行政研究室，该室原是抗战前钱端升在中央大学政治学系任教时建立的图书资料室。钱端升到北京大学政治学系任教后，图书资料室随他迁到北大。抗战开始后，又随之迁往西南联大。行政研究室既是图书室，也是青年教师与研究生学习与研究之场所。

很有意思的是，虽然在西南联大以前，原清华大学政治学系的办学方

---

① 许康编著《中国近代行政学教育史稿》，中国社会科学出版社，2007，第 149、152、153 页。

② 《交通大学校史资料选编（1927~1949）》，西安交通大学出版社，1986，第 575 页。

③ 许康编著《中国近代行政学教育史稿》，中国社会科学出版社，2007，第 153 页。

④ 西南联合大学北京校友会编《国立西南联合大学校史：一九三七至一九四六年的北大、清华、南开》，北京大学出版社，2006，第 213 页。

向就曾明确提出以"配合当时政府的文官考试培养学生为己任"①，但西南联大的民主自由氛围和对学术研究的执着追求，倒与之颇为不同。西南联大时期一直担任政治学系主任的张奚若在一次迎新会上曾对学生讲道："如果你们来政治学系目的是想做官，那你找错了地方。国民政府不大喜欢西南联大的政治学系。"他还对毕业班的学生说："毕业后希望你们能继续研究政治学。为了生活自然要找工作，那么可以教教书。最不希望你们去做官。"②

六　省立湖南大学

湖南大学是一所省立大学，在其政治系 1932 年所开设的课程中，可以见到"地方政府""行政法"等必修课程，以及"文官制度""中国财政专题研究"等选修课程，或多或少包含了有关行政学的内容。到了 1944 年，则已有"中国政府""行政学"等必修课程，以及"中国地方政府""政府机关实施及公文程式及其处理"等选修课程。其中，具有中国本土特色的"政府机关实施及公文程式及其处理"一课，已将同时期行政改革实践的成果加以课程化，实属难得，是学科本土化的一个积极实践。

由于有难得的资料，通过湖南大学政治系学生的毕业出路，可以窥见民国时期政治系学生的就业状况。1939 年，该系毕业生中，到中央机关及其所设机构任职的 2 人，到省级机关及其所设机构任职的 5 人，到县级机关及其所设机构任职的 3 人，到大学任职的 2 人，到中学任职的 2 人。③ 从这一统计可以想见，在政治系学习过行政学课程的毕业生之出路，还是以各级机关和所设机构为主，也算学有所用、用为其长。

除了以上介绍的一些大学行政学教研的情形之外，1943 年，厦门大学似乎也有行政学课程的开设。④ 而在民国时期的几所私立大学中，也设置了

---

① 西南联合大学北京校友会编《国立西南联合大学校史：一九三七至一九四六年的北大、清华、南开》，北京大学出版社，2006，第 211～212 页。
② 同上书，第 211 页。
③ 许康编著《中国近代行政学教育史稿》，中国社会科学出版社，2007，第 176 页。
④ "民国三十二年（1943 年）2 月，陈烈甫应聘在厦门大学政治学系任教。开设政治学、行政学等课程。"转引自福建省情资料库《社会科学志》第三章第一节"政治学研究"，http://www.fjsq.gov.cn/showtext.asp? ToBook = 223&index = 33&，2011 年 7 月 20 日引用。但由于该网络资料尚有许多错误，因此需要发现新的资料以进一步核实。

行政学方面的课程。例如，创立于上海的私立大夏大学，就开设过"比较行政"一课。教会大学私立沪江大学政治学系也有"行政学"一课，列为大四下学期选修课，主要讲授各国政府之组织与管理方法，并采用怀特的《行政学导论》（英文原版）为教材。

不过，行政学在国内大学的发展是不平衡的。以开设政治学科较早、且有较多名师的国立武汉大学为例，1935 年尚未有行政学的开设。查武汉大学政治学系 1935 级学生四年的课程设置，并不见"行政学"，倒是有"市政学""行政法"等课程。①

第二节　专门政治行政学院的行政学

一　中央政治学校

国民党于 1927 年在南京成立中央党务学校，主要负责国民党干部的教育培训，课程注重党务及社会运动、政治宣传，授课内容为理论、历史、地理和组织等。中央党务学校校长为蒋介石，实际事务由副教务主任罗家伦、副训育主任谷正纲及副总务主任吴挹峰负责。

1929 年，中央党务学校改组为中央政治学校，初设政治、财政、地方自治、社会经济四系，后来又增设教育和外交等系。抗日战争爆发后学校迁至重庆小温泉，科系调整为法政、经济、外交、新闻、地政五系，后又成立新闻事业专修班及新闻、地政、会计、统计、语文五个专修科。1946 年，中央政治学校与中央干部学校合并，改名为国立政治大学，校长改为专任制，蒋介石担任永久名誉校长。

虽然中央政治学校比较特殊，不能算作纯粹的高等院校，但是因为其"行政系"影响很大，所以也能由此窥见当时行政学的一般教学状况。查1932 年中央政治学校的课程设置，其行政系分为普通行政组、市政组、农村行政组、地政组。但在其所授课程中，并无"行政学"一课。普通行政组的课程设置见表 4 - 1。

---

① 武汉大学政治学与国际关系学系：《政治科学与武汉大学——献给武汉大学建校 110 周年》，《武汉大学学报》（社会科学版）第 56 卷第 6 期，2003 年 11 月。

表 4 -1　1932 年中央政治学校普通行政组课程设置一览表

		必须课	选修课
第一学年	上学期	党义、国文，每周 2 学时；政治学、经济学、民法总则、中国近世史、西洋近世史，每周 3 学时；英文，每周 4 学时	社会心理学，每周 2 学时；人文地理、科学方法论，每周 3 学时
	下学期	同上学期	人文地理、哲学概论，每周 3 学时
第二学年	上学期	上古西洋政治思想史，每周 2 学时；宪法、比较政府及政治、财政学、统计学、中国法制史、英文，每周 3 学时	市政学、高等经济学、租税各论、第二外国文，每周 3 学时
	下学期	同上学期	同上学期
第三学年	上学期	行政法、刑法概论、民法摘编、民法物权编、国际公法、近世西洋政治思想史、中国外交史，每周 3 学时	比较地方政府、预算论，每周 2 学时；会计学、第二外国文，每周 3 学时
	下学期	同上学期	比较地方政府，每周 2 学时；会计学、第二外国文、地方财政，每周 3 学时
第四学年	上学期	实习	
	下学期	中国政治思想史、政党论、土地法、劳工法、行政问题研究，每周 3 学时；国际私法、中外条约研究、社会统计、第二外国文，每周 3 学时	

注：《中国近代行政学教育史稿》原文 145 页下学期下 "上学期必修课课程名称和周时数分别是" 应为 "下学期必修课课程名称和周时数分别是"。

资料来源：《中国国民党中央政治学校课程一览》，中央政治学校，1932，转引自许康编著《中国近代行政学教育史稿》，中国社会科学出版社，2007，第 144 ~ 145 页。

从表 4 -1 可以看出，此时中央政治学校尚无 "行政学"。在行政系的课程中，多为法律类、政治类课程，且每门必修课开设时间较长，多为一个学年。此外，比较注重实习，以期锻炼学生的实践能力，增加学生接触社会的机会，为就业做准备。

中央政治学校 "地位略似中央党校和国家行政学院的综合"[①]。这一特点决定了它的教学方式、课程设置以及师资来源的与众不同。中央政治学

---

① 许康编著《中国近代行政学教育史稿》，中国社会科学出版社，2007，第 143 页。

校的许多教学和职员都是在国民政府机关任职的人员，课程的设置也多和国民政府的施政有关，有的教材就是蒋介石等人的讲稿，其中有蒋介石的《建国与铨叙制度的关系及其工作要领》[①]、陈果夫等人的《行政经验集》[②]、端木恺的《中央及地方行政制度》[③]、马洪焕的《铨叙制度概要》[④]、萨孟武等主编的"服务丛书"之《民政经验（第一集）》。《民政经验（第一集）》收录了"苏政四年之回忆"（陈果夫）、"我如何做专员"（王德溥）、"行政督察工作追忆"（许孝炎）、"我如何做县长"（李晋芳）等 13 篇文章。这些行政经验需要坦诚的态度和勇气加以总结和交流，而将其进行汇编的好处，在于能够契合实际工作者的需要，给予阅读者鲜活的经验和参考。

二 中正行政学院——中正政治学院——中正大学

国立中正大学是抗战中期国民政府在江西临时省会泰和创办的一所综合性大学，但其成立颇多坎坷，并且初衷是办成行政学院和政治学校。早在 1934 年夏，蒋介石为进行第五次"围剿"，继续在庐山举办军官训练。他认为："中国教育不能适应国家社会需要，其因在于教育事业始终停滞于盲目移植与盲目生产之阶段，而与国家社会完全隔离，与政治完全脱节；政府未及贯彻三民主义教育制度，而一般大学趋重于高深而忽略于平实，不能供给国家急需的成千成万干部人才。"[⑤] 因此，他提倡大学教育必须与地方政治完全扣合，以救其弊，并决定试办一种理想大学，以为彻底改革大学教育、培植建国基本人才之实验。他的这种认识和主张，与已经思考在江西创办一所大学的江西省主席熊式辉不谋而合。熊式辉遂向蒋介石建议由江西创办一所理想大学，首先实验政治与教育合一的理想。建议得到蒋介石的首肯，并开始着手筹划，但由于经费、人才和时局的困难，此事未能成为现实。

1936 年 5 月，蒋介石召集江苏、江西等 10 省高级行政会议，再次提出

---

① 《蒋委员长训词》（1943 年蒋介石在中央政治学校的讲话），1943，湖北省政府出版。
② 陈果夫等：《行政经验集》，中央政治学校毕业生指导部，1940。
③ 由中央政治学校出版，共分 14 讲，分别讲述国民政府的组织机构、内阁制度，行政院的组织机构、职权，及立法、司法、考试、监察等制度，并与各国行政制度进行比较。
④ 为中央政治学校人事行政人员训练班讲义，分总说、分发、登记、任用、俸给、奖励、抚恤等 9 章。
⑤ 何友良：《熊式辉与中正大学的创办》，《江西社会科学》2008 年第 4 期。

了政治与教育应打成一片的要求，并令各省政府就地取材，利用学校教授的专门知识，"参与行政研究与实践"，推动地方政治。因为江西没有现成的大学，没有落实的条件，因此熊式辉再次提出兴办大学并以"中正"命名的愿望。这一次，蒋介石拨款 100 万元作为基金，支持江西省创设大学。但前途坎坷，随着抗战爆发，此事再次受挫。

1939 年初，熊式辉在重庆参加完国民党五届五中全会，继续停留一个半月，主要奉蒋介石之命草拟《县以下行政改进案》。其间，他邀请在川的部分专家学者座谈，征求江西创办大学的意见，并向蒋介石提出在江西先行开办中正大学之行政学院。这一提议继续得到蒋介石的支持，蒋介石再次拨款 100 万元，作为中正行政学院的开办基金。此时，教育部鉴于学校西迁、战区高中毕业生升学困难的现状，决定在江西省创办一所临时政治学院。熊式辉因此又计划将中正行政学院改为中正政治学院。这一意见，在大学正式筹备过程中再次被修正，决定还是在江西创办一所完全大学，并由省立改为国立，并于 1939 年 8 月起正式筹备。

因日军攻占南昌，江西省政府西迁吉安，再迁至泰和。在泰和，熊式辉开始落实办学计划。1939 年春，曾任金陵大学教授、历史系兼政治系主任，长期从事县政和社会学研究颇有成就的马博厂作为中华平民教育促进会县政考察浙江团主持人经由江西到浙江考察县政，得与和熊式辉交识。马博厂在江西停留期间，熊式辉与他面谈，马博厂的专业见识得到熊式辉的高度认可，而熊式辉对于创办大学的热情和抱负也感染了马博厂。同年 8 月，熊式辉邀请马博厂来泰和，协助筹建中正大学的一应事务。马博厂先被省政府聘请为筹备委员并代行主任委员一职[1]，后在确定中正大学为国立后，又被教育部聘任为 8 人筹备委员会委员之一（熊式辉为主任委员），一直从事中正大学的筹备工作，并担任重要职务。在筹备期间，马博厂和筹备委员蔡方荫、江西省教育厅长程时煃等 3 人还曾赴重庆向蒋介石和教育部长陈立夫汇报筹备工作。在选择校长、设置机构以及聘任教授方面，熊式辉非常重视马博厂的意见，马博厂也相当尽责，为中正大学的筹建作出了较大贡献。马博厂后任中正大学文法学院院长。[2]

---

[1] 在 1939 年 8 月江西省政府聘任的 15 名筹备委员中，还有杨绰庵。

[2] 后来中正大学所聘的教授大多来自清华大学、中央大学、交通大学、西南联大等著名大学，萧公权受聘在文法学院任教。

此外，许多行政研究的重要人物或多或少参与了中正大学的创办。例如，熊式辉在最初思考中正大学的具体筹办时，1939 年 7 月曾电请中央调甘乃光与何廉来江西参加筹备工作。① 在正式筹备过程中又与甘乃光等人通信，宣传中正大学的办学旨趣。到了大学筹备的最后阶段，提出校长人选时，熊式辉向蒋介石推荐了 7 人，其中就有甘乃光。②

有研究者指出，熊式辉创办中正大学，除了迎合和落实蒋介石政治与教育合一的意图、改变江西在大学方面的偏枯、解决江西学生升学困难之外，还在于实现他本人在革新地方行政上的追求。熊式辉在抗战前就率先革新行政体制、开办地方政治讲习院、更新县长、研讨区乡镇机构改造等，取得了一定成绩。抗日战争爆发后，他积极筹划创办大学，着眼点主要是为了适应革新地方行政的需要。他最初设想创办中正行政（政治）学院，内设地方行政、农村经济和乡村教育三系，作为教学研究的本部。同时以江西省地方政治研究会作为学院的研究部，以地方政治讲习院作为训练部，以省政府为推广部，理想是"要拿一个学院的力量，专门研究各种行政问题"，并将学院与政府机构"配合起来，共同担负地方政治建设的使命"。③

经过多方筹备，中正大学于 1940 年 10 月 31 日开学，设有政治、文学艺术、理、工、农五学院。开学当日，熊式辉在开学典礼上做《中正大学之创立及今后之希望》的长篇演讲。在谈到对学校的希望时，除了发扬三民主义之学术思想、建立民族复兴之精神堡垒外，他希望实验政治与教育合作之计划教育，并重申了自己的办学主张——

> 理论上，大学要能成为一般政治人员之理论研究所，用各种方式源源不断地为他们提供所需要的学理，使之增进创造力和自信心；一般政治人员则应成为大学之理论证验者、推广者及题材供给者，不断反映实际问题，提供实际资料和研究课题。技术上，大学要能成为一

---

① 何友良《熊式辉与中正大学的创办》一文在介绍甘乃光和何廉时说二人"均是当时的著名学者"。其实，此时二人虽然已是著名学者，但均在政府任要职。

② 其他 6 人为陈布雷、蒋廷黻、王世杰、何廉、胡先骕、吴有训。最后，由时任中央研究院评议员、中国植物学会会长的江西籍著名学者胡先骕担任校长一职。

③ 马博厂：《文化学院工作述要》，《国立中正大学校刊》创刊号，1940 年 10 月，转引自何友良《熊式辉与中正大学的创办》，《江西社会科学》2008 年第 4 期。

般政治工作之技术供应部，接受政治工作者的咨询并解答其疑难；还要搜集整理各种实际资料与经验，编为专书，一面提供政府机关作为工作手册，一面教授学生作为补充教材。人员上，大学要能成为一般政治机关之人才制造厂，省县乡镇各机关所需干部之质量和数量，应约定大学负责培养；大学养成的人才，各级机关则应负责任用，使学校成为有计划之人才制造厂，国家得适用之人才，学生有一定之出路。为此，大学教育计划必须力求与行政计划相扣合，协同一致，做连锁式推进，在直接完成教育计划的同时，间接促成行政计划，从而使政府的行政计划有其生动之灵魂，大学的教育计划有其寄托的形体。[1]

虽然熊式辉在 1940 年 10 月 31 日的日记中认为自己的开学典礼演词"殊欠精彩"，但是上面所引述的这段主张是对其个人从政办学深思熟虑的结果，且充满理想色彩。他所主张的大学成为政治人员的理论研究所、政治工作的技术供应部、政治机关的人才制造厂，为政治人员提供所需学理、接受政治人员的咨询并为其解答疑惑，对大学的政治行政研究提出了很高的期望。政治行政研究者如果不明了政治行政的实际，实在无法解答实践者的问题和疑惑，更何论所主张之学理的实用性和适应性。正如熊式辉所说，政治行政人员可以为大学提供各种实际的资料和研究课题，而大学的研究者若不重视这些资料和问题，不与这些政治行政的实践保持沟通、交流和合作，恐怕于学术和实践两方面均是损失和缺陷。他对于"政"与"教"问题的认识，在当时热衷于行政研究的人们中间具有一定的代表性。[2]

三　苏皖联立技艺专科学校行政管理科

1930 年，鉴于苏皖一带高中毕业生没有继续读书的场所，顾祝同在福建创办苏皖政治学院，招收这些学生并授以大学政治法律各系一年级的必修课程。1941 年夏，行政院改苏皖政治学院为苏皖联立技艺专科学校，其

---

[1] 熊式辉：《国立中正大学创立的意义及今后的希望》，《江西民国日报》1940 年 11 月 22 日，第 3 版。

[2] 遗憾的是，中正大学行政学教研的具体情况尚未见到更为具体的资料，《南昌大学校史》虽然研究该校 1921～2011 年的历史，但对中正大学的情况几乎没有涉及。见周文斌主编《南昌大学校史》，江西人民出版社，2011。

中有行政管理一科。时人认为，"我国大学政治教育偏重政务官之陶冶，而不注意于事务官之培植，故毕业者愈多，而失业者亦愈多，政治愈形纷歧，行政技术亦终与行政事务愈无关系"。因此，"中国现时政治教育之要求，不仅在造成大批政治家，而尤在造成大批行政人才"。①

论者以为，观察国内大学教育，经济系的教育不能适应商业的需要就有了商学院，教育系不适应教育的需要就有了师范学院，因此政治系不能适应政治的需要就应该设立专重行政的教育。苏皖联立技艺专科学校设立行政管理科，就是应此种需要，且在国内尚属首创。行政管理科的目标为"养成学生使知行政事务上之业务及其技术，而谋人文财物之合理管理，同时涵养其优良之政治道德，使能为行政机关标准化之干部人才，与优良之管理首长，并进而为全能之政务官"②。

该科负责人朱华认为，行政管理"即对于人文财物四项，做一精密管理之方式，使其合理化，标准化，简单化，迅速化，经济化"③。因此，行政管理科分为四组，即行政机构组、财务管理组、人事管理组以及文书管理组。行政管理科的教学方针尤其注意以下一些方面：一是教、学、做三位一体。因为行政管理科在国内没有完备课本，也没有师资，因此注重事先搜集资料、培养师资。而且，因认识到人事、文书、财务的管理不能闭门造车，所以主张应首先进行调查整理研究，归纳许多切合实用的做法，进行实验，有好的效果，则编为教材，进行教授推广。二是行政现实主义化。即认为某一制度的建立，有其社会历史背景和自然环境，因此行政管理科汇集现行实际资料，整理研究，以切合国情与实际运用。"西洋制度之不能实用于我国者，宁缺而不取之太滥；我国固有制度，其可为现代应用者，亦不以其陈腐而吝于翻新。"④ 总之，主张放弃主观，崇尚客观，遇事体验，以达到行政现实主义的目的。三是文武合一、术德兼修。除通常行政知识技能的传授外，还注意进行体育军训的锻炼，要求学生学习骑射、骑自行车、开汽车等技能，同时培养学生的政治道德。因此，行政管理科

---

① 朱华：《教育系统上的一个新学科：行政管理科》，《地方行政》（福建）第 3 期，1942 年 1 月。
② 同上。
③ 同上。
④ 同上。

的课程第一学年注重基本理论，第二学年理论与技术并重，第三学年特别注意技术训练。且实习与讲授并重，第二学年暑假，学生分赴各行政机关调查，第三学年暑假，分赴各行政机关实习，实习期满，方能毕业。平时按照课程需要，还将学生分组假设成某行政机关，进行包括公文运行等在内的假定事务分类实习。

行政管理科的具体课程设置如下：

必修课：三民主义、军训与救护、体育、国文、英文、自然科学概论、中国近世史、经济学、法学通论、会计学、财政学、政治地理、政治学、统计学、应用文及公文、比较政治制度、中国政府、地方政府、行政学、政府会计、民法概要、刑法概论、国际公法、行政法、市政学、地方财政、政治道德、人事管理纲要、财务管理纲要、行政调查、行政实习。

选修课：省政机构、县政机构、乡镇机构、保甲制度、行政三联制、图书馆学、各国文书程式及管理、文书管理专题研究、集中购置、预算制度、审计学、机关管理、公款公产管理、人事管理专题研究、各国人事制度、考试制度、中国政治思想史、西洋政治思想史、中国政治史、现代政治问题、国际关系、新闻学、合作概论、土地问题、工商管理、统制经济、乡村教育、社会问题、政治名著研究、研究方法、演说学、第二外国语。

并规定3年必须修满120学分，另作论文或研究报告一篇，于毕业前一个月完成。

除了教学之外，行政管理科尤其注重开展研究。研究同样分为四组，每组配教师1人，并配备专任研究员、助理员、书记，学生分组参与研究。研究的目的在于搜集各方面的资料，研究相关现行制度，提出具体的改进行政实践的办法。为了提高研究质量，该科规定研究的原则为：一是尽量汇集各行政机关现行法令、计划、办法及实施概况等，进行整理研讨并取得结论。二是理论与技术并重，先研究技术的运用，并与各行政机关合作进行推广，使教学与实习密切联合。三是与其他行政研究机关密切联系合作，集思广益。四是各种行政问题按照轻重缓急，邀请专家或有行政经验的现任行政官员做切实的研讨。五是各项问题教师与学生共同分组分期研讨，每一个问题有研究结论后，再研究下一个问题，集中精力，避免研究虚浮不实。

第三节 行政学教研群体及研究专题

一 行政学教学研究群体

1940~1944 年，国民政府教育部对国统区大专院校教师进行了一次资格审查。据统计，1941 年 2 月至 1944 年 2 月，全国大专学校中经教育部审查合格的教授与副教授共有 2448 人，其中法科教授、副教授 339 人。在法科教授与副教授中，曾留学海外的有 300 人，占 88.5%。这一比例，仅次于农科，高于文、理、商、教、工、医和艺术各科。[①] 在这些法科政治学教师中，与行政学有关的教师情况见表 4-2。[②]

表 4-2　1940~1944 年全国大专学校行政学教师情况表

姓名	籍贯	经历	专长科目	服务学校	职称
沈乃正（端仲）	浙江嘉兴	清华大学毕业，哈佛大学硕士；南开、浙江大学教授	政治制度、中国地方政府	岭南大学	教授
江康黎	江苏南通	美国西北大学硕士；暨南大学教授、中央大学讲师	公共行政、市政学	中央大学	教授
梁贞（赣君）	广东茂名	中山大学学士，法国迪桑大学法学博士；中山大学副教授，广东勤勤商学院副教授	宪法、行政法、行政	广东勤勤商学院	教授
凌均吉	四川宜宾	清华大学毕业，美威斯康星大学博士；四川大学教授	各国政府、市政学、行政学	光华大学	教授
王季高	湖南常德	清华大学毕业，美哥伦比亚大学政治学博士；中央大学教授	各国政府与政治、西洋政治思想史	中央大学	教授
林景润	福建莆田	协和学院文学士，美国魏斯莱大学博士；福建协和学院教授	政治学、行政教育	福建协和学院	教授
左仍彦	江苏	法国朗西大学法学博士；东北大学教授	政治学、行政学	东北大学	教授

---

① 许康编著《中国近代行政学教育史稿》，中国社会科学出版社，2007，第 122 页。
② 同上书，第 127~130 页。

姓名	籍贯	经历	专长科目	服务学校	职称
胡继纯	湖北	复旦大学学士，美国密歇根大学硕士；武昌中华大学、复旦大学教授	地方行政	复旦大学	教授
马冼繁	河北	美哥伦比亚大学、英国伦敦大学研究；中央大学、中央政治学校教授	比较政府、地方政府	中央大学	教授
马博厂	江苏	美哥伦比亚大学博士；金陵大学教授	政治学、政治制度	中止大学	教授
董霖（林惠）	江苏	复旦大学学士，美国伊利诺大学博士；北平参议会议长、中央政治会议秘书	国际公法、行政学、中国政府	–	教授
吴芷芳	浙江	东吴大学文学士，美国范纳弼大学政治学硕士；东吴大学教授	比较宪法、行政学	厦门大学	教授
钟耀天	广东	清华大学毕业，美国锡拉丘兹大学硕士；中山大学教授	市政学、行政学	大夏大学	教授
朱奴欧（西沛）	湖南零陵	清华大学毕业，美国威斯康星大学博士；中央研究院研究员	行政学	云南大学	教授
周翼斌	湖南	中央政治学校毕业，美国密歇根大学硕士；中央政治学校教授	地方政府	金陵大学	教授
张江文	山东	清华大学毕业，美国斯坦福大学博士；立法院编修	行政学	中央大学	教授
张金鉴	河南	中央党务学校毕业，美国斯坦福大学硕士；河南大学、南开大学、中央政治学校教授	行政学、人事行政学	中央政治学校	教授
费巩	江苏	复旦大学文学士，英国牛津大学政治经济优等文凭；复旦大学、浙江大学教授	宪法、政治制度	浙江大学	教授
谭春霖	广东	岭南大学文学士，燕京大学研究；燕京大学讲师	政法	岭南大学	副教授
严象春（笑山）	江苏连水	中央政治学校毕业；中央军校教官	地方政府	甘肃学院	讲师
罗志渊（孟浩）	广东会宁	中央政治学校大学部毕业；江苏省民政厅保甲指导员，广州市财政局稽核股主任，贵州省民政厅主任科员，中央政治学校指导编审组组长	地方政府、地方行政	中央政治学校	讲师

续表

姓名	籍贯	经历	专长科目	服务学校	职称
谭志会	广东花县	中央政治学校行政系毕业；行政院科员	–	中央政治学校	助教
陈体强（行健）	福建闽侯	清华大学政治系毕业；清华大学研究室助理	–	清华大学	助教

二　行政学研究专题

1937年初，南京国民政府教育部调查了高校教师在1934~1935年的科研项目情况，"这是民国教育部破天荒对高等学校研究实力的全国性检阅"①。据统计，全国专科以上学校教员中，1934~1936年作专题研究者共1066人，占全体大学教员总数之14%强，其中理、工、医、农等实科研究课题有754项，文法类370项。②虽然文法的研究课题数量远少于实科，而且行政学处在起始发展阶段，但其中，与行政研究有关的课题也有多项。如：

国立清华大学

《中国地方政府之特质与中央政府之控制权》，主持人政治系沈乃正教授；编有《法国地方政府》与《中国地方政府》两个讲义，已发表《中国地方政府之特质与中央政府之控制权》，载清华《社会科学》第一卷第二期。

《监察制度及公务员惩戒机关》，主持人陈之迈讲师，广东番禺人；将发表《监察院与监察权》，载《社会科学》第一卷第二期；《公务员的惩戒问题》，载清华《社会科学》第一卷第二期等。

国立武汉大学

《市政问题——行政问题》，主持人刘乃诚教授，安徽巢县人。

---

① 许康编著《中国近代行政学教育史稿》，中国社会科学出版社，2007，第140页。
② 《全国专科以上学校教育研究专题概览》，见陶英惠《抗战前十年的学术研究》，载《抗战前十年国家建设史讨论会》（上），第87页，台北"中央研究院"近代史所，1985。转引自李新总编《中华民国史》第三编第二卷下册，中华书局，2000，第1058页。

国立浙江大学

《各省县政府公务员职务分配及经费支配问题》，主持人费巩副教授，江苏吴江人；助理任宗诚，吴江人。

研究计划：第一步，行政院行政效率研究会名誉专门委员会函询；第二步，去苏浙考察；第三步，进行资料的整理、研究。

国立交通大学

《行政学大纲》，主持人林叠教授，广东中山人。

国立四川大学

《中国应行之行政制度》，主持人张永宽教授，四川合川人。

省立重庆大学

《国际行政》，主持人杨柏森教授，湖南人；已成书，共十章，将于1936年出版。

行政课题研究往往与政府行政实践需求结合在一起。1936年夏，行政院行政效率研究会为使学术研究与实际政治打成一片，试与各大学政治学系教授合作开展研究，具体包括：中央研究院社会科学研究所担任的江宁、兰谿两县财政问题研究，清华大学沈乃正教授担任的该两县行政研究，金陵大学马博厂教授担任的邹平县行政研究。并计划在7月底进行保甲制度之研究，由南开大学张纯明教授负责，土地陈报与土地测量之研究由南开大学方显庭教授负责，行政督察专员制度之研究由清华大学陈之迈教授负责。形成研究报告后，则由行政院出版分送全国地方行政人员，作为改革行政之参考。这大概是第一次学界与政府的大规模合作，无怪乎《中央日报》寄予厚望，认为这是"学术与行政合作""学术研究所得作行政改革张本"。①

当时，除了行政学教师的专门研究之外，研习行政学的学生也取得了可观的研究成果。北京大学政治系学生高尚仁在张忠绂和陶希圣的辅导下，做清中叶行政舞弊与治理的研究，文章从县政府舞弊发生的原因、现象、影响以及清中叶的防弊方策几个方面深入研究了该问题。研究论文因甘乃

---

① 《以学术研究所得作改革行政张本》，《中央日报》1936年7月9日，转引自孙宏云《中国现代政治学的展开：清华政治学系的早期发展》，三联书店，2005，第213页注释。

光的赏识，本来打算作为行政效率研究会的第三种图书出版，并由桑毓英做了校阅和补充修改。由于因故没能及时出版，便先在《行政效率》杂志上连载，计划将来再出单行本。文章刊出时，张忠绂、陶希圣、甘乃光分别为其作序，高度评价并大加推荐。① 无独有偶，1933 年清华大学政治系学生楼邦彦、龚祥瑞鉴于"关于员吏制度的讨论，在中国还找不到一本有系统的著作，即使在欧美出版界也并不多见"，于是将英、法、德、美四国的员吏制度合成一书，著为《欧美员吏制度》一书，于 1934 年 4 月由上海世界书局出版。②

　　最后，值得指出的是，有研究者统计，在 1520 年前，全世界建立的组织中，现在仍然使用同样的名字、以同样的方式做着同样的事情的只剩下 85 个，这 85 个中有 70 个是大学，另外 15 个是宗教团体，大学"存在的时间超过了任何形式的政府，任何传统、法律的变革和科学思想"。③ 应该说，如果不是受时局影响，民国时期中国的大学教育还可以有更高的水准，即使在抗战期间，"西南地区的一些核心大学（不仅是人们经常挂在口上的西南联大）的毕业生，似不输于世界上任何大学"④。可以想象，如果行政学在 20 世纪 50 年代没有因为政权更迭和学科调整而中断，其研究的传统会一直延续至今天，积累更多的成果。

---

① 桑毓英、高尚仁：《清中叶县行政舞弊案的研究》，《行政效率》第 2 卷第 11 期—第 3 卷第 4 期，1935 年 6 ~ 10 月。
② 孙宏云：《中国现代政治学的展开：清华政治学系的早期发展》，三联书店，2005，第 273 页。
③ 〔美〕约翰·S. 布鲁贝克：《高等教育哲学》，王承绪等译，浙江教育出版社，2002，第 30 页。
④ 〔美〕史黛西·比勒：《中国留美学生史》，张艳译，张猛校订，三联书店，2010，罗志田序。

第五章 民国时期行政学之定义、研究范围及其他

定义与研究范围是一个学科安身立命的根本，也是一个学科区别于其他学科独立而有价值存在的前提。了解行政学在中国产生之初各方面对于行政学定义、研究范围以及其他相关问题的认识，有助于我们加深对行政学的理解。

第一节 张金鉴之理解

张金鉴被尊称为"中国行政学开山大师""行政学泰斗""行政学鼻祖""中国行政（学）之开山祖、播种者、奠基人""中国行政学之父"。①的确，他是中国最早研究行政学的学者之一，而且短短几年之内连续出版好几种大部头的、名称互异的"行政学"著作，不论质量，仅从数量上来说就无人能及。他这样回顾自己的行政学研究经历——

民国二十年（一九三一）秋，以河南省公费留学生资格到美国士丹佛（Stanford）大学，从社会科学院院长兼政治研究所主任克卓尔（Angell Cottrel）教授习政治学与行政学；在校肄业约五年，先后获得学士学位及硕士学位。硕士论文为"美国市政府行政效率增进运动之研究"，由此奠定下著者行政学术学养的基础。民国二十四年（一九三五）夏返国，历在省立河南大学、私立天津南开大学、中央政治学校、国立政治大学、国立中央大学、国立台湾大学、国立中兴大学、私立

---

① 《张金鉴先生八秩荣庆论文集》编辑委员会：《张金鉴先生八秩荣庆论文集》，联经出版事业公司，1982；张金鉴先生纪念集编委会：《张金鉴先生纪念集》，1990。

淡江文理学院及私立文化学院任教，授政治学、行政学、中国政治制度、比较文官制度、行政管理、地方政府绩宪法等课，以迄于今。①

张金鉴一生著书 40 余部，除了行政学之外，还涉及市政学、政治学、中外政治思想等。在《行政学之理论与实际》出版之前，他已于 1934 年出版著作《美国政治思想史》、译著《政治简史》（E. Jenks）。

一　《行政学之理论与实际》中的意见

要谈行政学的定义和范围，理解"行政"是一个前提。在《行政学之理论与实际》一书开篇，张金鉴便从几个方面理解"行政"的含义。他先对行政与政治进行区分——

> 在范围上，程序上，实质上，二者均有重大之区别。……"政治"是"众人事务之管理"，其范围极广。而"行政"仅是政治中一部分特别事务之管理，或方案之执行，其范围颇小。……在程序上政治之活动发于先，行政之推进随于后。……政治之作用在决定国家政策，行政之作用在执行国家政策。②

他又指出——

> 行政（administration）一词之应用至为宽泛，故吾人常闻及有所谓"教育行政"，"商业行政"等名词与学科。不过本书所论系专指政府组织之活动与效用及其管理而言。普通皆名此为"行政学"（public administration），以资识别。③

接着，他从"行政与政府之分权组织"角度认识行政。他指出："欧美各国因受孟德斯鸠之'制衡''分权'学说之影响，皆施行'立法'、'司法'、'行政'三权分立之政治制度。"但是，如果行政的意义按照"特别事

---

① 张金鉴：《行政学新论》，三民书局，1984，序言第 4～5 页。
② 张金鉴：《行政学之理论与实际》，商务印书馆，1935，第 1、2 页。
③ 同上书，第 1 页。

务之管理""执行国家政策"解释，"则虽在立法机关及司法机关中亦包括相当之行政活动也"。①

在从上述两个方面间接解释行政之后，张金鉴直接解释行政的含义，并由此引述对行政学的认识。他认为：（1）行政是"人"与"物"之管理。"若就行政技术论，行政者乃为完成国家之目的而为之人与物之管理也。政府为完成其任务，执行其政策，自不能不藉力于人物财三者。行政效率之能否增进，全视对此三者之管理是否得法。行政学即在研究对此三者之有效的科学管理"②。（2）行政要求最大之工效。"行政学之目的在研究如何增进政府官吏、职员、雇工之工作效率使至于最大限度。换言之，即在对此等人员应为最适当之支配与处置，使其才力，智力，体力为最有效有力之利用"③。（3）行政非仅行政部之事。"不仅是行政部之事务始专属于行政学之范围也。欧美学者因久受立法、司法、行政、'三权分立'说之传统因袭多认为行政学之范围专在讨论行政部一部之事务。须知在立法部、司法部中之事务如工作效率之增进，人财物之科学的支配与管理莫不属于行政学之范围"④。（4）行政是公务之有效执行。"行政活动之目标，是在求公共计划之最经济、最方便、最完备的成功。此等活动范围自然不是指国家之全体功用或目的而言，其主要者系指人权之保障，吏治之澄清，行政能力之发展，政治道德之养成，公共秩序之维持，社会幸福之增进及公共灾害之预防等项而言。为完成此等工作，行政机关对政府其他部分，及人民团体亦应均有协调之步调及和谐之合作"⑤。而且"因社会经济长足发展之结果，政府职权大为增长，立法内容已渐复杂，非昔日仅涉及政治伦理及行政大计者之简单情形可比。……在此等情形下，若谓行政学与立法事务毫无关系，事实上亦确有困难"⑥。

张金鉴还对行政学与行政法作了比较，他认为："行政法之功用在确定行政权力者之法律地位，并防止行政权力之滥权枉职，以保障人民之法权。

---

① 张金鉴：《行政学之理论与实际》，商务印书馆，1935，第2页。
② 同上书，第3页。
③ 同上书，第4页。
④ 同上书，第5页。
⑤ 同上书，第4~5页。
⑥ 同上书，第5~6页。

而行政学之目的系在研究行政权力者如何将其职务与计划为最经济最有效之实际与推进。"他引用国外学者的话以强调行政学的特点——"傅禄恩德（Professor Freund）曾有扼要之说明。彼谓：'今日之热心行政学者皆以其目的在于研究效率问题'。"①

通过上面的分析，最后张金鉴定义道——

> 总上所述，吾人可知行政学者是研究行政权力者在合法之组织，职权，及关系下，为完成国家目的及推行政府职务时，应采用若何之最经济有效之方法，步骤，及实施以期获得最圆满之解决与成功耳。②

行政学是这样定义的，那行政学都研究什么？张金鉴认为："行政学所研究之问题，分析言之不外五大部分，即普通行政，行政组织，政府财政，购置统制，及公务人员是也。"③ 其中，普通行政包括两大部分，即行政统率和行政管理。其中，行政统率即"论述当各种根本政策或方案既经决定之后，在其推行进程中应为若何之统率，监督和指导；或决定此方案者之权力应如何规定及如何行使，平常所谓行政主脑或政务官者"。行政管理则"在论普通公务人员为实施其具体工作时，所应采之方法与工具等，即普通之行政事务也"。④

行政组织部分则研究推行政府行政的机关，究竟应该按照什么原则、什么性质建立组织，以及在组织运用上，应该按照什么样的计划使行政工作事半功倍。此外，行政机关与外界的关系以及各国现行的行政制度，都是这一部分探讨的问题。张金鉴认为："此种问题，若在工商事业之组织中，则较简单而易于解决。然在政府系统中，其关系极为复杂，实为一不易解决之重大问题。"⑤

政府财政部分则研究政府财政收支及控制，如何防止浪费以保证公家的财政支出能获得最大的效果。公务人员部分则探讨采用什么方法获得适

---

① 张金鉴：《行政学之理论与实际》，商务印书馆，1935，第 6 页。
② 同上书，第 6 ~ 7 页。
③ 同上书，第 30 页。
④ 同上。
⑤ 同上。

宜的公务员，取得"贤能在位""人尽其才"的吏治成绩。因此，公务员的考选、提升、调迁、撤职、退休、惩戒及各国的吏治制度都是此部分的研究内容。

除这五个部分外，张金鉴又补充说行政研究也应该是行政学所研究的问题之一——

> 政务日繁，费用日增，故行政研究一事亦应运而兴，思以科学之方法对行政方法为精密之分析与改进，而增多行政效率。此部即在将新运动之兴起、趋势、内容及方式等扼要之叙述，以为研究行政学者进一步努力之依据焉。①

因此，在《行政学之理论与实际》一书中，专有一章叙述"行政研究之趋势"。

而在《行政学之理论与实际》一书的最后，张金鉴又认为行政所追求的目的不外三种，即提高行政效率、促进吏治道德以及节省国家经济，如果"本此目标，现时行政研究者所探讨之内容或范围亦可分为三个方向即（一）组织的问题，（二）管理的问题，及（三）人事的问题也"②。

二 《行政管理概论》中的意见

《行政管理概论》出版于1943年。本来，在1941年左右张金鉴打算将已经行销七版的《行政学之理论与实际》加以修订再次印行，但是因战时重庆印行篇幅巨重的专著特别困难，于是他于1943年"积历年在各大学教授行政学之研究所得"，撰写成《行政管理概论》一书，由中国文化服务社列为"青年文库"之一种印行，他本人认为这是他"对行政学研究第二期晶品"③。

这本书以"行政管理"而不是"行政学"命名。但在书中，作者并没有区分二者，"行政管理"与"行政"互用。在解释"行政管理"的含义时，其分析与《行政学之理论与实际》中分析"行政"的含义是一样的，

---

① 张金鉴：《行政学之理论与实际》，商务印书馆，1935，第31页。
② 同上书，第495页。
③ 张金鉴：《行政学典范》，三民书局，1979，序第2页。

只不过更为详细而已。

张金鉴分别从政府组织、政治运用、工作对象三个方面理解行政管理的含义。在政府组织角度，他指出——

　　盖欧美各国人士或因民主主义之激荡或受"制衡原理"之影响或囿于立法司法行政"三权分立"政制之传袭，遂于形成此"行政只乃政府中行政机关所管辖之事务"之表面解释。吾国思想界往往不加分析，将西人说法全盘抄袭。故在《辞源》中肯定注释"凡国家立法司法以外之政务总称为行政"。此等解释只是皮相观察……①

他举例说明——

　　国家事务中所谓行政者，亦并不完全限于行政机关所管辖，虽在立法或司法机关固亦有行政事务之存在也。若另一方面观之行政机关所推行之事务，并不全为行政性质。营业争议之解决，劳资纠纷之仲裁，税产估值之审议等，均为行政机关所办理之事务，此等事务，则显为司法性质。

他最后结论说："执是以论，所谓行政乃政府组织中行政部所办理之事务者，或亦不能不自认其主张缺乏实施之根据。"②

在政治运用方面，张金鉴对各种关于"行政"二字的解释表示了不满。他指出《世纪辞典》中的所谓"推行政府功能之行动"，《社会科学大辞典》中的所谓"国家事务之管理"以及英国行政学家房纳（H·Finer）所谓"明了人民总意之所在"，都错误地将政府的所有活动都包括在了行政的范围之内，而"此就实际情形论为吾人所不易了解，就治学方法论不免失之概括或笼统"③。即使威尔逊和古德诺对行政的解释，他也表示了不同意见。他认为所谓"公法之执行"与"国家意识之执行"在其过程中所应用的技术很多，所涉及的动作也很广，事实上并不都包含在行政的范围之内。

---

① 张金鉴：《行政管理概论》，中国文化服务社，1943，第1页。
② 同上书，第2页。
③ 同上书，第3页。

因此"在执行国家意志过程中之活动必须具有某等性质或特点者，方得谓为行政……"①

那么行政的含义究竟是什么？张金鉴认为应该从政府的工作对象方面进行观察。对于怀特在《行政学导论》一书中将行政解释为"完成国家目的进程中所为之人与物之管理"以及"行政之目的在求得官吏与政府雇员之最高利用"，他认为虽然这种就行政对象和技术所作的解释较为合理并且切近事实，而且为现代行政学者所采纳，但是似乎还有不完全之处。他说——

> 是以行政者，应名曰，政府中人、财，物之管理也。实则仅此解释犹为未足……于此吾人是见所谓行政管理之对象，实包含有八大因素，即人员（Man）金钱（Money）物财（Material）机构（Machinery or Mechanism）及方法（Method）目的（Aim）空间（Room）时间（Time），此八 'M' 即行政之客体或对象。②

这样，张金鉴就提出了他的"8M"说。据此，他给出了行政管理的定义——

> 行政管理者乃行政权力者为完成国家目的推行政府职务时研究用如何之有力机构与有效方法，对公家之人、财、物作最适切之支配与运用，期以最经济有效之手段，获得最圆满之解决与效果，同时并顾及时间与空间之关系及需要。③

仅作定义是不够的，接下来张金鉴还解释了行政的特性。首先，他认为行政是实际工作的处理——

> 成功的行政领袖，必是靠把握现实，适应环境，因事制宜之实行家或行动家（Man in Action）；而不是固执不通，物于成见，空谈理论

---

① 张金鉴：《行政管理概论》，中国文化服务社，1943，第 4 页。
② 同上书，第 5 页。
③ 同上。

的理想家或思想家（Man of Thinking）。故行政之对象与客体，乃实际之事务与问题，而非空洞之理想或思想。譬如人类政治行为之动机究竟何在？为公？为私？等问题，均非行政者所注意，而彼等所当办理者，为采用何者方式或实施，便可以提高公务员之工作兴趣及服从效率。①

其次，行政是艺术之应用——

行政者所处理之对象确为千差万异变幻无穷，其中错杂繁乱不易得出一定之因果关系，其演动现象又非不断的继续发展，故难以求得适用于全体的普遍原则及用以预测将来之定律。人事之应付，环境之适应，问题之解决，难关之打破，均无一定公式与定律可资应用，纵有此公式与定律亦决不能呆板的不变的适用于所有之遭遇，即相类之事件，未必能以相类之方法处置成功之，全在于个人之聪明才力，随机应变，因事制宜。其成功之处多半系于"机巧"而不在于"规矩"，所谓"运用之妙，存乎一心"。由是足见行政实乃艺术（art）而非科学（Science）。

现代之政府行政因分工之精密，副业主义已渐次变为专业主义而代替，担任实际行政事务者须有特殊之训练与专门之知识，非有适宜之技术，不足以担当实际之行政事务。在今日之行政人员中政务官之工作，类多为艺术性质。②

但是，中外学者都将行政学视为科学，这是为何？张金鉴解释说——

今之所谓行政学者，则多以科学目之。盖科学者乃对由系统观察，实验，研究所得某类材料或事实经过适当分类后之统一的智识总体。吾人对于行政事实或现象，自亦可应用此种方法获得有系统之知识，以构成行政学。

---

① 张金鉴：《行政管理概论》，中国文化服务社，1943，第11~12页。
② 同上书，第12页。

　　科学之特性有三：即：（1）假定之真理，（2）进步之事务，（3）实用之工具，行政学所述乃由客观事实观察研究归纳而得与真理相近之结论，其内容与技术亦系与时并进之进步事务，彼所论述者为政府中之实际事务，其为实用工具，向为显而易见之事实……

　　因此，他又认为"行政虽为艺术，而行政学仍不失为科学"。①

　　在给出了行政管理的定义，并描述行政的性质之后，张金鉴讨论了行政学应研究的问题，也即对象与范围。他认为："依研究问题所为实际应用为标准"，行政学术研究的领域可分为五部分。分别是：（1）行政原理。即对政府行政上的各种措施，提倡最高远的目标，指示最正确的方向；对当前的行政问题，作鞭辟入里的批评，进行有真知灼见的分析，以促进行政上的改革并提高其水准。并认为"此行政学者或行政学术家之仔肩；故古今中外各著名之政治家及行政学者或学派对行政制度行政问题所持之根本态度，所提之重要主张，及所为之不同解释，均在其研讨之范围中"②。（2）行政政策。即"依据学术家所提供之最高原理，并适应时代环境之要求，制定行政政策及大体方案"，但是他同时指出"此为立法者及政治家之责任"。③（3）行政组织。即执行既定之行政政策与方案时，对人、财、物、事作合理有效的支配与运用所形成的机构或体系，"此为行政家之任务"④。（4）行政方法。即在既定的行政机构或体系之下，为推进政府工作，所使用的有系统有条理的实际程序，步骤与方式，"此执行家所掌管"⑤。（5）行政技术。即政府办理实际或日常事务时所应用之具体的专门知识、特殊经验与技巧，"此行政技术人员之事也"⑥。

　　同时，张金鉴又提出另一种划分方法，即如果"依研究问题之种类或对象为标准"而论，行政学应研究之领域，可分为六大部门，即行政组织、人事行政、机关管理、财务行政、物材统制、行政研究。⑦

---

① 张金鉴：《行政管理概论》，中国文化服务社，1943，第12~13页。
② 同上书，第43~44页。
③ 同上书，第44页。
④ 同上。
⑤ 同上。
⑥ 同上。
⑦ 同上书，第44~45页。

三 《行政学提要》中的意见

《行政管理概论》出版三年后,《行政学提要》一书出版。在这本著作中,张金鉴又对行政学给出了新的定义。他认为——

> 行政者乃政府机关或人民团体为达到其目的或完成其任务时,研究用如何有效之方法与合理之机构,对其所用之人、财、物为最高之利用,同时并顾及时间空间之关系与需要。

而"学之一词在西文曰 Science 或 Loge,即有系统之知识与经思索与经验而得之理则也"。因此——

> 合而言之,行政学者乃政府机关或人民团体为达到其目的或完成其使命时,研究用如何有效之方法与合理之机构,对其所需用之人、财、物为最高利用,同时顾及时空之关系与需要之系统知识与一定理则。易言之,行政学者(乃)主持机关业务,领导办事之知识与方法也。[1]

在这个定义中,很明显的是,行政的主体增加了"人民团体"。之所以扩大"行政"一词的主体,没有见到作者的解释。但观察其分析与定义,张金鉴这时候所说的行政学,几乎等同于管理学,适用于任何组织。这在《行政学提要》一书中还可以找到其他印证——

> 行政学之目的有二:一曰在以最经济之手段获得最大之效果,即在提高行政效率;一曰在以周延细密之思考,确立治事原理与法则,即建树管理之科学也。……行政学之目的不仅在研究如何增进行政效率之方法,且在确立所以致此之原理与法则。此原理与法则即构成所谓管理科学。[2]

---

[1] 张金鉴:《行政学提要》,大东书局,1946,第 2 页。
[2] 同上书,第 10 页。

《行政学提要》一书对行政学研究范围及对象的论述，和前两书没有什么区别，依然集中在行政组织、人事行政、机关管理、财务行政、物材统制、行政研究几个方面。

四　其他文章中的意见

在题为《政府行政之意义特质及动向》的文章中，张金鉴认为"行政乃政府所处理之事务"。行政的对象则为人员、金钱、物材、机构及方法。由于这5个词语的英文中均有字母"M"，所以统称为"五M"。由于机构与方法是组织、统制、技能等应用于人、财、物者，可以以"事"为二者之代表，因此行政"乃政府中人、财、物、事之有效管理也"。基于这样的认识，张金鉴认为——

> 行政者乃行政权力者在合法之组织，职权，及关系下为完成国家目的推行政府职务之过程中对公家人、财、物、事所为之管理与处置，以期用最经济最有效之手段获得最圆满之解决与成功。

同样在此文中，他还定义："行政者乃吾人为完成其政府目的及使命时所应用之方法或手段也。"①

对于行政的特质，他认为有不同的分析角度。如果综合地观察，行政的特质表现为：一是一定的伸缩性，即行使一定的行政裁量权，而那些从事事务性质或技术性质的呆板机械的运作与执行，例如政府内递送文件、用具的工人，统计室的计数员，会计室的记账员，其工作就不属于行政的范围。二是行政之特化性，即由于行政对象的千差万别而进行个别之特殊处理与应付。三是行政之完整性，即行政关系全体利益，需要全盘运作的合作与协调，且是政府中各种活动之组合或联系者，可以使各种纷杂独立之动作成为彼此相关之完整的有机体。

如果分析地观察，行政的特质则表现为：行政是动态事务之运作、是实际工作之处理、是艺术技术之运用。

如果比较地观察，行政的特质表现为：第一，与立法比较。就实质论，

---

① 张金鉴：《政府行政之意义特质及动向》，《行政研究》第2卷第8期，1937年8月。

立法是决定国家或政策，行政则是既定政策之执行；就应用论，立法是就社会需要与环境制定一般规律，行政则是一般规律的特别运用；就分工论，立法是制度的构造，行政则是机能的运作。立法是指导人或计划家，行政则是工作者或执行家。第二，与司法比较。就目的论，司法作用是保障个人利益，行政作用在图谋社会幸福；就运用论，司法作用是被动的，行政作用是主动的；就决定论，司法是第三方，而行政是当事人。第三，与监察比较。就实质论，行政是积极的，监察是消极的；就关系论，监察对于行政有重大影响。第四，与考试比较。行政是政府中人财物事的有效管理，而考试只是行政的一小部分。

对于政府行政之动向，张金鉴认为是从消极的行政到积极的行政、从被动的行政到主动的行政、从常人的行政到专家的行政、从浪费的行政到科学的行政、从治人的行政到治事的行政。在说明由常人行政到专家行政时，张金鉴使用了1933年的统计资料。此时，中央机关甄别及格的公务员有12671人，其中大学及专门学校毕业的4860人，占1/3以上；地方政府甄别及格的公务员为26996人，其中大学及专门学校毕业的10719人，占2/5以上。在1933年的高等文官考试中，有101人合格，其中普通行政31人，其余皆为卫生、警察、建设、农业、统计、法官等专门行政人员。[1]

第二节　其他人之理解

20世纪30年代，随着民国行政学的产生发展，中国的行政学著作逐渐多了起来，而且无一例外都有关于"行政""行政学"的认识。

一　江康黎的理解

在《行政学原理》一书中，江康黎认为："所谓行政的意义，原有广狭两种，广义的行政，包有立法的行政，司法的行政，执行权的行政和行政机关的行政或谓之普通行政；换言之，这种行政的意义，乃是包括全体政府的作用。但本书之所谓行政，只是批行政机关的行政而言。"[2]

---

[1]　张金鉴：《政府行政之意义特质及动向》，《行政研究》第2卷第8期，1937年8月。

[2]　江康黎：《行政学原理》，民智书局，1933，自序第5~6页。

他认为，现代政府最大的问题是怎样可以有效能而经济，因此他定义"所谓行政学，就是用最经济最效能的方法，去处理行政事务的科学，也可说是政府事务管理学（The Science of Public Administration）"①。

二　张天福的"普通行政"

既然《普通行政实务》一书以"普通行政"为书名，张天福就专门区分了普通行政和与之相对的特别行政——

> 普通行政是对特别行政而言。所称为普通行政是指行政机关（包括纯粹行政与非纯粹行政机关如司法行政等等）共同的行政。如人员之任用、监督、奖惩、会计、庶务、文牍、档卷的保管等等。②

而特别行政，是指警察行政、卫生行政、医药行政、土地行政、礼俗行政、外交行政、林垦行政、渔业行政、畜牧行政、猎狩行政、工业行政、商业行政、劳工行政、交通行政、教育行政、财务行政、军事行政等各种具体行政。

为了进一步说明何为"普通行政"，张天福解释——

> 政府的机关正像机器，普通行政正像机器上的动力机。政府有各种不同的机关，如法院、土地局、公安局等，司管各种不同的事业，正像各种不同的机器，如纺纱器、织布器等，制造各种不同的物品，政府机关如无普通行政，（如会计可以司管收支，发给薪资，庶务可以购置各种应用物品纸张，司管工役以供使用，文牍司管来往公文，及设有监督稽核的人员，以督促全机关工作的进行，）这个机关的工作，就根本不能进行了。正像一个机器没有动力机，这个机器也就不能工作一样。③

张天福认为，普通行政应包含的范围有行政人员应遵守的原则以及人

---

① 江康黎：《行政学原理》，民智书局，1933，第7页。
② 张天福：《普通行政实务》，商务印书馆，1939，第1页。
③ 同上书，第2页。

事、事务共三部分。其中，人事部分涉及人员的惩奖、监督、升降，以及对待上级人员、同级人员、下级人员以及工人等问题。事务部分涉及办事的方法、物品财产的管理与购置、处理文件的手续、档卷的保管以及预算、决算、收支账目等。这些内容也正是普通行政学研究的范围。

三　孙澄方的理解

在《美国行政动向论》一书的译序里，孙澄方认为——

> 普通关于行政书籍，多限于组织，人事，财政，物料四项，对于他事不甚注意，该四项应为行政之中心问题，然行政一事千端万绪，不能仅限制于普通性质方面，而忽略其技术行政及专家职务方面。本书除对于美国历年来均权转移情形加以分析外，对于财政，教育，卫生，公路，农业，保藏，公用，选举，警政，及专家技术职务之滋长研究，莫不详举缕数，惟恐不足，足以斯书之为用，不仅于研究美国行政者有极大之帮助，而于研究专门问题如教育，卫生，公路者，亦有甚多之佐导。①

如此看来，在孙澄方的理解里，行政的普通性质或中心问题是指组织、人事、财政、物料几项，但行政也不能不注意专家、技术的作用，注意教育、卫生、公路等专门行政问题。

四　茹管廷的理解

在《行政学概要》一书中，茹管廷给行政与行政学给出了简明扼要的定义——"行政是国家施行政治的行为""行政学即为研究行政的技术的科学"。② 他认为，行政因为其主体的不同，可以有中央行政、地方行政；又可以因为事务的不同，因而有卫生行政、交通行政、教育行政等区别，"此种名称不同的行政，其所表现的形态各有差异，并各得加以特殊的研究"③。但他又同时认为，此种名称的不同，并非行政本身的意义有所区别，"行政

---

① 〔美〕Leonard D. White：《美国行政动向论》，孙澄方译，商务印书馆，1935，译序第 2 页。
② 茹管廷编著《行政学概要》，正中书局，1947，第 1、2 页。
③ 同上书，第 4 页。

的本身乃于各种不同的行政中皆一般的存在"。如以防疫为目的的卫生行政，不论由中央政府执行或由地方政府执行，都是同一的行政，"此即因行政本身并无区别之故。此一般的存在于各种行政中的共通点，如不能加以分析，则关于行政的智识决不能有常识以上的发见"①。所以，作者主张行政学研究行政本身也即各种行政中的共通之处。

那么，存在于一般行政中的共通点是什么呢？茹管廷认为——

  吾人每可于政府行政进程中予以发见：如关于行政效率、工作考绩、财务监察，以及公务员的自发性、技能、责任、协作、廉洁风气、公共道德等，各项行政中均是同样的存在，各级政府均可适用相同之原理予以实施。

并且——

  此种事情虽与行政两字无关，但为各种行政上共通的事情；将此行政的共通性嵌入于一切具体的行政现象，即构成为一般所认识的行政。故行政各种不同的主体乃是构成行政概念的外延要素。在事务或行政目的不同的行政作用中所有社会的或技术的共通要素，则是构成行政概念的内包要素。②

五　刘百闵的理解

在《行政学论纲》一书中，刘百闵认为——

  行政学为研究行政之学科。行政一词，其含义原有广狭二种，自广义言之，则凡关于政府之一切实际活动，如立法司法及行政机关之活动，莫不包括在内。然自狭义言之，则其范围仅限于行政机关之活动……③

---

① 茹管廷编著《行政学概要》，正中书局，1947，第4~5页。
② 同上书，第5页。
③ 刘百闵：《行政学论纲》，中国文化服务社，1947，第5页。

他进而论述——

> 行政活动之标的，在求公共计划之最迅速最有效最经济最完备的成功。此项行政活动，仅为国家全部功用之一。其主要者，如人权之保障，吏治之澄清，行政能力之发展，舆论之养成，秩序之维持，社会幸福之增进等等。而行政学之目的，即研究如何能增进此等工作效率使之至于最大限度。换言之，即对于人力应如何支配，物力应如何处置，方能为最有效的利用。[1]

这段论述，明显可以看到张金鉴的影子。而对于行政学研究范围的认识，刘百闵与张金鉴的意见也基本一致。

六　谢廷式的意见

对于以上关于行政学的一般定义，谢廷式表示了不满。他说——

> 知难行易，我国对于行政学的基本概念，缺乏理解，所以在实际方面，就会演出许多怪剧。这些怪剧，在谈效率的人，是一种笑料；在服务人员方面，是一种痛苦；在整个政府行政方面，是一种画虎类犬的损失。[2]

他认为，世界上较为时髦的任何新名词或成语，都能被中国人抢先使用，"行政学"三字，虽然也得到了这种宠遇，"但是大家似乎扑了一场空"——

> 坊间出版的几种半似译述半似著作的所谓行政学专著，开宗明义第一章就没有把行政学三字弄个清楚。至于行政学的内容方面，除了行政效率一卷一期提出增加参考资料问题，政令推行问题，省市县问题，及专门行政问题而外；其他的行政学书，老是摇着魏拿伯氏的组

---

① 刘百闵：《行政学论纲》，中国文化服务社，1947，第6页。
② 谢廷式：《行政学的范畴》，《行政研究》第2卷第7期，1937年7月。

织、人事、物料，及财务四大纲领作幌子。此外几种流动的定期刊物封面上，不时也闪烁着标有行政二字的题目，打开内容一看，简直与行政发生不了直接关系。①

虽然目前还没有发现更多的谢廷式对于行政学定义及研究范围的论述，但从仅有的这些资料来看，他认为行政学研究的内容不应该仅仅局限在组织、人事、物料及财务这几项内容上，政令推行问题、省市县问题以及专门行政问题也应该列入行政学的研究范围之内。

七　富伯平的"机关管理""行政管理"

1943年，时任四川省政府法制室主任的富伯平应四川省干部训练团的邀请，在该团研究部作了有关机关管理的演讲，演讲后来以《机关管理之研究》为题刊登于《中国行政》月刊上。富伯平是《中国行政》的经常作者，从《中国行政》创刊开始，连续发表过《改筹田赋征收册籍与征收程序之商榷》《摊派——地方一种不规则收入之检讨》《中国近年行政之动向及其问题》《机关主官之职务及其运用》《幕僚长制之研究》等多篇文章。

在关于机关管理的演讲中，富伯平认为各机关在行政上的活动有9种，分别是：计划之设计；实施计划过程中之准备、执行、考察、指导、纠正与结果之判断；工作人员之遴选、训练、考核、奖惩；必要之钱财物品的估计、领取、使用、记录、保管；公文之起草、印缮、整理、保管；业务上所需参考资料之搜集、分析、研究、保存；各种必要工具之整理、保存、利用；办公处所之设备、布置；各级单位在权责上之分配与监督。为了研究便利，他又将上面9项归纳为6项，依次是人员、金钱、物材、工具、程序以及组织。经此分析之后，富伯平给出了机关管理的定义——

　　机关管理者，每一行政机关，在法规之下，从事于内部之组织，并对其工作人员，金钱，物材，工具，程序等作业，所为之指导，调整，及控制的行为也。②

---

① 谢廷式：《行政学的范畴》，《行政研究》第2卷第7期，1937年7月。
② 富伯平：《机关管理之研究》，《中国行政》第3卷第3、4期合刊，1943年12月。

为什么要研究机关管理,他认为"一言以蔽之,不过'要使吾人所有之国家政策,皆以最高效率实现之',如是而已"。

对于时人多注意行政措施的效率,而很少认识机关管理的重要,富伯平认为实际上二者是一回事,不过是观察点不同而略有差异罢了。他指出,一般人认为机关管理就是科秘之事,其原因在于——

盖十年前我国行政学者即引用美儒 W. F. Willoughby 之分类,分行政为机能的活动和机关的活动,因而遂误为机关管理之研究,不过属于机关活动一方面。至于各种特定行政措施乃属于机能活动,故研究机关管理者不注意及之。

他指出,其实机关活动和机能活动只是为了研究方便起见所作的一种人为划分,事实上无法分开,"吾人试思,离开机关活动,机能活动何以实现。离开机能活动,机关活动将有何存在之理由?"他举例说——

以诸君所熟悉的"征实"而论,征实率之决定,冶量器形之检定,皆属极重要之机能活动,然仅此二项即可以办理征实吗?固舍此而外,尚须注意征实机构及组织问题,人员运用问题,凡此等等皆机关活动也。

因此,他认为——

普通以机关管理不过办理公文,管理档案……实属令人痛心之论!不言"机关管理","国策"何以达到?一般言国策而鄙视机关管理者,可以休矣!吾人非谓机关管理者可以包罗一切,但无论何种政策之推进,皆必须藉机关管理而达到,则属确凿的事实。

在这篇演讲中,富伯平还谈到了研究机关管理或者行政改进的方法问题。他认为:"机关管理之重要性有二:一为其实际性,必须从实际经验方面而去身体力行,不能只从外国书本上搬许多食而不化的原则来运用。"他提出,研究机关管理应有的精神为"三问"和"三忌",三问即:什么?为什么？怎样？三忌即忌盲从、忌武断和忌固执。其中盲从指"今日一般专家盲从外国理论，囫囵吞入，以求消化于中国者，即诒此病"。

在"机关管理"概念之外，富伯平也提出了"行政管理"的概念。在1945年出版的《行政管理》一书中，他对行政学、行政管理、机关管理这几个相关概念进行了分析。他认为——

> 据一己之见地，以为普通政治学原理既与经济学原理相对。行政学（Public Administration）即相当于经营经济学（Business Economics），机关管理（Office Management）则相当于工商管理（Business Management），此三对科学，在研究之对象及目的究有不同，但在科学构成之阶段外形观之，则实相似。①

这种比照方式，在民国行政学者中仅见。经过这种比照，富伯平认为国内学者引用"行政管理"一词，实际包括"行政学"与"机关管理"二者。但他指出——

> 究实际而论：大之，其外延殊不足以概括行政学之任务，小之，其内包于机关管理之意义亦颇模棱。更不能将行政学与机关管理合并而成行政管理学。此犹如经营经济学与工商管理各有其科学之分界，固不容彼此参差混淆。②

因此，他认为"行政管理"'一词应该不予使用，但由于国内使用已久，在科学译名尚未统一修正以前，只好首先确定其含义和范围。他认为："'行政管理'之涵义既有广狭两方面，广义则相当于普通之'行政学'，狭义应释为'机关管理'。"③《行政管理》一书则使用的是狭义概念——

> 所谓机关管理云者，盖以行政官厅为单位，于法规之下，对其作

---

① 富伯平：《行政管理》，商务印书馆，1945，序。
② 同上。
③ 同上。

业人员，金钱，物材，工具，和程序所为之指导，调整，与控制之意。①

而富伯平对"行政"的定义则是——

行政云者，乃为完成国家之目的，于现行法规之下，所为的种种补充办法之规定，及运用其所得支配之"人力""财力""物力""工具和程序"以执行国家公务之谓。②

八 甘乃光的认识

对于"行政"的理解，甘乃光援引蒋介石在"行政三联制"中的表述，认为"政治"两个字若是分开来解释，"政"是政策，凡决定国家的大政方针，就是政；"治"是治理，凡决定行政的程序、方法和手续等问题，就是治，也就是"行政"。他举一个例子来说明"政"与"治"的关系——比方要旅行，头一件事情就是要决定旅行的方向、目的地及路线，这可算作"政"。第二件事情，是要决定所应带的行李，准备多少旅费，坐汽车、火车或是轮船，准备在什么地方停留几天，这就是"治"的事情，也可叫作"行政"。他认为，中国人向来把"政"和"治"混为一谈，所以往往弄得职权不清楚、责任不分明，大官做小事、小官做大事，五块钱的支出都要部长签字，大政方针反由科员来决定。③

他认为，研究中国行政学要分作三部分：一是本国行政研究，二是外国行政研究，三是工商业科学管理研究。而本国行政研究又分为三类：一是中央至地方各级机关的本身问题，二是中央至地方各级机关间的联系问题，三是特种行政问题，如外交行政，司法行政，内务行政等。而第一类问题，即行政机关的本身问题，又可分为组织、人事、经费、物料、参考资料、政令推行6项，"把他缩小来讲，亦可名为'机关管理'"④。

---

① 富伯平：《行政管理》，商务印书馆，1945，第5页。
② 同上书，第1~2页。
③ 甘乃光：《行政效率概论》，载《中国行政新论》，商务印书馆，1943，第12~13页。
④ 同上书，第14页。

九　萧文哲的理解

1941 年，萧文哲受国民政府之托主编"行政效率丛书"，此丛书旨在研究和改善行政组织、行政区域、行政人员、财务管理、庶务管理、文书处理、时间支配以及行政考核。丛书计划 20 种，涉及行政效率、内务行政、外交行政、军事（兵役）行政、财务行政、教育行政、经济行政、交通行政、社会行政、农林行政、粮食行政、边疆（蒙藏）行政、侨务行政、赈济行政、水利行政、卫生行政、人事行政、警察行政以及机关管理等。除"行政效率"与"机关管理"二者之外，其他各书统一以"某某行政研究"为书名。1942 年，萧文哲所著的《行政效率研究》一书出版，书中定义——

行政者乃政府机关藉划定政区，运用组织与时间，并管理人财物事之方法，以执行国家政策之谓也。①

此外，作为干部培训教材的《江西地方行政干部训练团行政管理讲义》中定义"行政管理者，乃阐析关于普通行政管理方法之一种学科，即在讨论一般公务机关为达成所负之任务，对于本机关内日常工作之处理所应采取之办法也"。姚肖廉则认为行政管理之理论与方法，大部分取源于科学管理，并定义"行政管理者，采用科学之方法，解决普通行政上之人、财、事、物之管理问题，以求增加行政效率之学科也"②。他还提出行政管理的原则，即系统化、计划化、精确化、紧凑化、效率化。

第三节　研究团体及大专院校之认识

一　研究团体

前已介绍，行政效率研究会旨在开展行政研究，提高行政效率。该会认为——

---

① 萧文哲：《行政效率研究》，商务印书馆，1944，第 2 页。
② 姚肖廉：《行政管理引论》，《地方行政》（福建）第 3 期，1942 年 1 月。

支加哥大学行政学教授怀特 White 之研究行政，注意组织和人员两个问题；后来卫尔比 Willoughby 氏在组织人员之外加上财务与物料两项。这因为欧美科学技术发达，行政机构的运用已有大部分工商业化，行政同于工商业的管理，或竟独立自成制度，故问题较为简单，公文程式，档案管理，专门行政等在欧美已不成为问题。中国则不然，从我们几年来在行政上的经验和观察，认为中国行政上有八大项目是需要改善的。①

这八大项目即组织问题、人员问题、财务问题、材料问题、行政资料问题、施政程序问题、省市县问题、专门行政问题。研究会还认为："上述这八种问题，除了第七项省市问题，关于地方制度与运用的改革，第八项专门行政如交通，实业，财政等特种行政以外，前六种问题是中国各级各种行政机关所共有，而需要解决的。"②

因此，行政院行政效率研究会为本会规定的研究项目为"关于组织运用者""关于行政人员者""关于材料整理者""关于政令推行者""关于财务整理者""关于材料管理者""关于各级政府行政者"以及"关于各项专门行政者"。虽然提到要研究各级行政以及专门行政，后者涉及内政、外交、军政、海军、财政、实业、教育、交通、铁道、司法、蒙藏、侨务、禁烟等方面，但观察该会所做的工作，仍然集中在研究各种行政共同的组织、人员、材料、财务管理等问题方面。

而其他研究团体对于研究范围的设定也大致相似。行政评论社在其所办刊物《行政评论》上载明——

凡合乎本刊宗旨关于（一）行政组织，（二）人事行政，（三）文书管理，（四）财务行政，（五）物材管理，（六）战时行政问题，（七）县市行政问题，（八）行政研究，及（九）特种行政之短评，论著，讨论，通讯等稿件均所欢迎。③

---

① 《行政效率研究会设立之旨趣》，《行政效率》第 1 号，1934 年 7 月。
② 同上。
③ 《征稿简则》，见《行政评论》每期封后。

中国行政问题研究会自陈该会研究对象"不外机构人事方法与工具四项"①。因此，其研究的焦点集中在机构、人事、方法、工具上面。比如，该会研究民政、教育行政、财务行政、经济建设、保卫等，其研究的主要方面仍旧是机构、人事、方法、工具四项。比如，要研究民政，主要还是研究民政机构的设立、人员的安排以及所使用的方法与工具。

二　大学

目前，有关民国时期大学对"行政"或者"行政学"直接定义的资料较少。可以见到的有北京大学政治系对此的认识——

> 政治研究的分野，概括言之，可别为二：（1）属于纯政治的（political）范围。例如政体、宪法、议会、政党等等。（2）关于实用政治。实用政治通常称为公共行政（Public administration）或行政学。凡行政组织，人事制度，财务和物料等，都包括在这第二项范围之内。②

> 行政学之目的，在使在政府中一切服务之官吏，能以最优效率之方法，利用其所能处置之原料。③

这可以看作当时各大学对此问题认识的一个代表。

苏皖联立技艺专科学校行政管理科对"行政管理"的理解可以从下面这段文字中观察——

> 朱实秋（朱华）先生说，行政管理就是"人"、"文"、"财"、"物"的管理。"人"就是人事、"文"就是文书、"财"就是财务、"物"就是物料。好了，"人文财物"便是当前大家应讨论的行政问题。④

---

①　《本会研究工作计划》，《中国行政》第 1 卷第 3 期，1941 年 3 月。

②　马奉琛：《北京大学政治学系研究行政学之经过》，《行政研究》第 1 卷第 2 期，1936 年 11 月。

③　张忠绂：《论行政效率》，《行政效率》第 1 卷第 4 号，1934 年 8 月。

④　《编者的话》，《地方行政》（福建）第 3 期，1942 年 1 月。

第四节　行政与其他方面之关系

一　行政与文化

甘乃光的《中国四大文化系统与内务行政》一文是民国时期为数不多的几篇谈论行政文化问题的文章之一，具有非常本土化的色彩。这篇文章实际是作者 1934 年在中央大学的演讲词，由蒋星德记录整理。该文后来收录在《中国行政新论》中，并居全书之首。虽然这篇文章相对于讨论一个重大的文化命题来说篇幅不长，却十分鲜明地提出了行政文化或者行政环境、行政生态问题。

甘乃光认为，人类的各种生活方式包括衣食住行就是各种文化的具体表现。他认为，按照当时中国存在的租界、都市、乡村和部落四种生活方式，中国的文化就可分为租界文化、都市文化、乡村文化和部落文化四种文化形态。四种文化形态的同时存在，导致中国没有一个固定的文化，甚至没有同一的趋向。这种现状，又导致各种行政办法的不恰当运用。"什么方法的对不对，要看通用在什么地方，什么时候，如果不顾到'时间性'和'空间性'，一切都办不通。"① 因此，他提出行政要注意不同的文化特点，注意因地制宜。同时，他提倡吸收融合各种文化特点创新出一个新的统一的中国文化，使之更加有利于中国的行政建设。

二　政治与行政

认识政治与行政的关系，民国时期的行政学者也从"政治是国家意志的表达、行政是国家意志的执行"方面去认识。而甘乃光还从行政效率的角度认识政治与行政的关系。他说："行政效率，有其先天的条件，若先天条件不具备，虽欲如何增进，亦不可能，稍有改善，亦流于枝节。"② 而所谓先天的条件即政权运用的问题。

他认识到，在当时中国的政治环境中，一方面要求事权集中、指挥灵

---

① 甘乃光：《中国四大文化系统与内务行政》，载《中国行政新论》，商务印书馆，1943，第 7 页。

② 甘乃光：《政权运用与行政效率》，同上书，第 25 页。

活以提高行政效率，另一方面要求实行民主、扩大参与以实现通力合作。这是由当时的政治形势所决定的：一方面需要一个做事有效率、强有力的政府，而另一方面需要集合全国人民的力量以增强政府之后盾。集中和民主这两种倾向，目标相同、性质相反、办法互背，所以时人经常认为二者矛盾冲突。

但甘乃光指出，前者是行政问题，是国家意志之执行，后者是政治问题，是国家意志的宣示，是政权运用问题，二者是不一样的，而国人往往将之混为一谈。他说——

> 数百年来，专制与民主之争，官治与自治之争，政权运用之争而已。然有权而无能，则政策确定之后，功效仍不可见。故既有执行之权，又必须有执行之机关与执行之方法，此即为行政问题。行政问题不外组织完备与运用灵活两种，而所以测验之者，则视行政之是否有效率为断。[1]

甘乃光认为，既然政治民主与行政集中二者关注的是不同的方面，所以二者可不成为冲突，反而可以相互照应、并行不悖以收殊途同归之效。因此，他主张——

> 一方需要强有力有效率政府之树立，一方则为人民必须参政，使十八九世纪以来之民治主义与欧战后之国防第一主张，得以互相沟通，不至各走极端，由此以解决中国目前与今后政治上的根本问题。[2]

为了实现行政集中与人民参政，就涉及政府中政务与事务适当的分野，以及政务官和事务官的分开，甘乃光认为——

> 全国官吏应分为可动与不可动两大类，可动者为决定政策的官吏及其私人幕僚，其任期有一定，或随政潮相上下。不可动者为由政府

---

[1] 甘乃光：《政权运用与行政效率》，载《中国行政新论》，商务印书馆，1943，第24页。
[2] 同上书，第28页。

任免，可以久居其位，非有犯法之举，不能随便更动。故决定政策者，可取高瞻远瞩之士，而执行政策者可取按步（部）就班之辈。[①]

只有这样，才能既保证实现政治民主，又能保持行政的稳定与效率，更能养成专家行政，兼得行政效率与民主政治之长。

三 行政与立法

陈之迈的《论我国行政与立法的关系》[②] 一文认为——

> 政府存在的理由在于施政。……施政的方法有三：政策，法令，与官吏。因此在任何政府之下，都有立定政策的机关，制定法令的机关，与执行法令的机关。因为在一般的国家里，政策的表现方式是法令的制定与颁布，立定（政）策的机关与制定法令机关往往是合而为一的，而执行法政令的机关则别成一个系统。因此无论那一个政府里总有立法机关与行政机关。

同时，陈之迈认为行政和司法是执行法令的两种形式，因此政府的职能可以分为两种，一种是立定政策制定法令的立法机关，另一种是执行或应用法令的行政或司法机关，"行政机关的主要运用在于法令的执行，则是很清楚的原则"。

既然行政的主要任务是执行法令，那么评价行政的良莠和行政效率的高低就有了标准。陈之迈说，"评定行政机关之良窳当然以其执行法令的成绩为标准。行政效率的高下系乎法令是否经行政机关完全执行以至达到法令所预期的效果。"同时，他认为行政机关执行法令的成绩既依赖于行政机关的行政效率，也有关于法令自身。如果制定的法令过于理想、好高骛远，但囿于当时的条件不能切合实际加以执行，那么也同样会影响到行政效率和成绩。他历数法令不切合实际所造成的恶劣影响——

---

① 甘乃光：《政权运用与行政效率》，载《中国行政新论》，商务印书馆，1943，第29页。
② 陈之迈：《论我国行政与立法的关系》，《行政研究》第2卷第4期，1937年4月。

行政机关为执行这些法律，便滥行许多公文，由行政院一层一层传到最下级的政府；下级政府虽然明知此项法律，财力环境而无执行之可能，但又不得不呈报上级机关以其执行的状况；于是造成一种纯粹公文承上转下的政治，虚报事实者有之，捏造报告者有之，诸种彼此应酬敷衍的技术的一一应用。行政机关，因须应付这些无聊而又无穷的文书，不得不扩大其内部的组织，一般的冗员充斥于衙署之间，终日案牍劳形，专为办理这些公事，费去国家的许多公帑而了无实际的功用可言。行政机关的公务员，往往受这一种文书的压迫，早已疲于奔命，真正可以兴办的事务，反而不暇去筹划或举办，致使政治没由获得良好的效果。时人所论行政机关的弊病，在这一项下都可的（得）概括无余。

虽然当时钱端升等人主张参加决议者不得为执行者，但由于陈之迈重视行政经验对于立法的重要性，所以他同意李朴生的意见①即由实际参加执行的人员来制定法令，主张行政机关要积极参与到法令的制定中去。通过回顾和介绍主要是英、美两国的立法过程和特点，他提出补救中国立法的两项主张，即"法律制定应力避过于硬性的规定，而用委任立法的制度，受（授）权执行法律的机关相机颁布执行的法令"以及"法律的提案机关应集中于行政机关"。他认为——

行政机关当然是对于法律执行最有经验的机关。行政机关最能洞悉何种法律能够推行，何种法律只是"条文化的理想"而无执行的可能。……行政机关是知道法律能否执行最清楚的地方。因此以行政机关为提案的主要机关当是最能贯澈（彻）上述只制定能够执行的法律宗旨最有效之办法。

陈之迈甚至将行政权提高到了无以复加的地步，认为——

分权制衡的切实实施是政府效率的致命之伤；行政与立法达成一

① 李朴生：《改革现行委员制的必要》，《行政效率》第3卷第3期，1935年9月。

片，行政权之极度提高以至于凌驾于立法机关之上是提高效率唯一有效地（的）方法。

近代政治的潮流是行政权之提高。这是二十世纪政制潮流的主干。……今日之环境唯有使行政与立法达成一片，使行政居于行政立法地位，（否则）不能达到有效率的政治。

四 党政关系

关于党政关系，鲁学瀛的《论党政关系》一文指出——

在一党专政的国家，党与政府的关系是仰承的而非对峙的。因为党具有驾驭政府之法律地位，如控制有力，这二者无论机构与运用，实应融成一体，不可分解。①

但文章同时指出，如果二者并没有达到融合一致的效果，则原因在于要么党本身力量脆弱而失去控制力，要么制度设计上没有使二者臻于紧凑。此论颇有见地。

第五节 行政研究方法

薛伯康曾指出研究人事行政的方法是人事行政研究机关必须有相当的组织、人才和经费，要设立图书馆，加强与各国研究人事行政机构、各大学行政学系以及各行政机关的联络，同时，搜集各种关于人事行政的法规、各行政机关组织图表、各国现行人事行政制度书籍杂志等并加以研究。② 这种对于研究方法的宽泛理解，虽是就人事行政研究而言，但同样适用于行政研究。甘乃光也一直强调行政参考资料在行政研究中的重要性。③ 对行政资料的重视，大概是因为当时缺少行政经验的缘故，只好从各种资料中寻找可借鉴之处。

---

① 鲁学瀛：《论党政关系》，《行政研究》第 2 卷第 6 期，1937 年 6 月。
② 薛伯康：《研究人事行政之目的范围及方法》，《行政效率》第 3 号，1934 年 8 月。
③ 甘乃光：《行政参考资料导论》，载《中国行政新论》，商务印书馆，1943。

1941 年，《地方行政》第一期发表了高柳桥《研究地方行政的方法》①一文，专述方法问题。高柳桥的老师是安德森·威廉姆（Anderson William），在地方行政研究领域享有盛名，高柳桥也受到过相应的学术训练。这篇文章是作者 1939 年 11 月，应处在贵州定番的农村建设协进会乡政学院的邀请，为该院的研究生作的一次关于研究方法的讲座，后来将讲座内容整理出来，在《地方行政》发表。

在这篇文章中，高柳桥认为研究方法对于社会科学比对于自然科学更重要。因为自然科学可以借助仪器或机械进行研究，还可以用化验的办法来处理研究的对象，而社会科学的研究对象经常是抽象的、常变的。他从如何准备进行研究、如何汇集材料、如何整理材料及研究问题、如何撰述论文或报告几个方面对研究方法进行了讲解。他强调了研究选题应该注意"小题大做"，例如与其研究整个地方行政机构问题不如研究某一县行政机构问题，与其研究某一县行政机构问题不如研究某一个重要的行政官吏如县长或区长。他直陈——

> 现在一般人的通病，在大题小做，试检阅年来各种杂志报章，触目都是改革地方行政机构等类时髦的大题目。然而一究其内容，不是空疏肤浅概括的叙说一下完篇了事，就是人云亦云，少有独到见解。我们今后要力矫此弊，研究问题，应"小题大做"，广蒐材料，立论求其精简透澈（彻），切实深入，同时不要拾人牙慧，应云人之所未云，发人之所未发。

在研究的准备方面，高柳桥强调要编制参考书籍目录，他所说的参考书籍则包含法令、官书、政府报告、专著和论文。在搜集研究材料（material）方面，他区分了记录（record）和资料（date）。前者包括档案、证据及一切文书、文件等，后者则包含更多方面，如一个人或一群人的政治行为、人民的政治态度及倾向、政治家或政论家的思想，以及个人与个人、个人与团体、团体与团体的政治关系。他认为记录是绝不完全的，研究材料不应该只注意记录，因为许多资料并不见于记录，而不见于记载的资料往往

---

① 高柳桥：《研究地方行政的方法》，《地方行政》（福建）第 1 期，1941 年 7 月。

很重要。因此，他主张研究过程中应该通过实地观察、探访晤谈等办法搜集资料。

高柳桥提出研究材料的鉴定问题，主张对研究材料持批判和怀疑的态度，因为——

> 这原因很容易解说，中国公文的本身多半是空的或与事实不符的……政治的报告，报纸上的记载，也不必是确实的。有些数字是捏造出来的，有些仅是计划并未见诸实行，有些是纯属宣传作用。

对于鉴定材料的具体方法，高柳桥指出要注意何人所写、在什么环境下所写、文书文件的真实性，以及与别种文书或法令的关系。其中，注意何人所写，就是注意其背景、党派色彩、学术根基及见解等。他举乡镇学院蒋旨昂所写的《摆金区公所》为例，其"内容几乎全是陈述事实，其态度是纯客观的"，因为"蒋先生系为研究兴趣所驱使而去做人所不屑做的区长的，所以他的报告之可信自属不成问题"。注意在什么环境下写成，就是问"作者写时的环境或动机为何，要达到什么目的：为迎合潮流呢？还是为学术研究？为稿费呢？还是为他种目的？"他说："杂志报章上为稿费，为拥护某人或某种主义而发表的文章，不知道有多少。"

高柳桥强调研究者在作出研究结论时"态度和措辞都应当特别的慎重"，并提出价值中立问题——

> 从事于研究学术的人和从事于宣传工作的人性质不同，目的不同，因此两者不能相互效法其态度和方术。一个选宣传家推测某一问题的结果，可以站在主观的立场，纯以其利益为出发点，不负责任的虚构事实来支持他们肯定的推论。充其量，今天的推论以为具有必然性的，明天的事实，偏偏相反。他们的作用，本在宣传或巩固自己的立场。一旦被事实或被自己说的话打了自己的嘴巴，自然也不觉难以为情。

高柳桥对中国学术界的两种现象进行了分析。一种是有些旧学者毕生在研究却不发表任何结果，纯粹为研究而研究，以研究本身为乐，偶有记载却秘不示人或作为自己的墓葬品随葬。还有一种就是有些当时所谓的学者，对于某问题并未经过深切研究而大批地发表文章，经常一月之中几种杂志都有他的文章发表，为发表而发表，其目的不外是应酬朋友、挣得稿费或自我宣扬。他认为正确的态度是，从事研究的人既要不吝于发表研究结果，也要不乱发没有成熟的主张，研究结果应该是有价值、有贡献、有裨实用的。为此，高柳桥提出"为应用或实用而研究"的口号，即——

> 希望研究的人，从现行制度中，寻出优点和劣点，原因和症结所在，然后本其知识和经验，针对着现状和缺点，建议一种或几种可能而切合实际的补救或改革方案来，以期其实现……

此外，高柳桥还对一手资料和二手资料（primary and secondary sources，高将其译作主要的与次要的来源或原始的与成熟的来源）、问卷调查法（questionnaire，高将其译作直接通信访问法）、访谈法（interview and office visit，高将其译作探访晤谈法）、研究角度（approach，高将其译作"入手"或进攻问题、材料的路线）、发表文章或报告的学术规范都作了详细的介绍。比如，他举例说明学术道德问题——

> 我们朋友中曾经有人做过一件有趣的事，把某人发表的一篇文章，从头至尾代他签注了一下，加上引号，某几句出于何处，某几处抄自何人，这真等于戮（戮）尸示众，手段不免太酷，但是这一个故事可以提醒我们要尊重写作的道德。

第六章　民国时期对于行政基本问题的研究

民国时期的行政学人普遍认为组织、人事、财务、效率等是行政的基本问题，因而也是行政学研究的基本内容，并在这些问题方面，取得了大量的研究成果，颇多价值。由于民国时期有关人事行政的研究极其丰富，因而将这方面的情况单独在另章作一介绍。

第一节　行政组织

行政组织是行政的依托，在行政中具有基础地位。南京国民政府成立后，行政组织的设置因为政治、军事等因素的影响，较不完备，存在诸多问题，突出表现为机构数量众多与职能发挥不足现象同在。曾任行政院长的汪精卫对机构重叠的弊病深有体会，他说："国内的政府事业，往往是委员会组织完成，似乎工作便已告终了。工作性质相同的机关彼此牵制，互相推诿，好像两匹马拉一辆车，背道而驰，弄的一切工作难于推行。"[①]

甘乃光则认为，一般的舆论都以为中国行政机关太多，叠床架屋，重复浪费，所以要提倡机关一元化。但有一个道理是一般人未认识清楚的，即中国机关虽然很多，而能负责任办事的机关却很少。每一个机关都负责一种任务，但能够完全达成任务的很少。因为有许多机关不能达成其任务，所以又要另外设立一个机关去执行。久而久之，机关就越来越多了。[②] 他的这番论述，道出了汪精卫所说的机构重叠的真相。

究竟什么样的组织机构是合理的？孙慕迦认为："一个合理的行政机构，必须是同时经受得起机械、生理、军队这三个标准的种种特性的衡量，

---

① 引自张锐《行政效率是否高调》，《行政效率》第 2 卷第 7 期，1935 年 4 月。
② 甘乃光：《行政效率概论》，载《中国行政新论》，商务印书馆，1943，第 21 页。

而能够完全适应的机构。"① 其中，机械的标准有机能分工、恰当的配合、自动的调整、能力的集中；有机体的标准是发展性、渗透性与弹性；军队的标准是道德的因素、功绩制以及集权的机动性。在这些方面，国民政府的行政组织大有研究的必要。

一　机关主管与总枢机关

由于机构重叠、权力分散，因此国民政府行政组织的一个主要趋向是集中基础上的合理化，组织集中是首要目标。作为组织或者组织集中最重要的一环，许多研究者分析了行政长官及总枢机关的问题。

1941 年 2 月，国防最高委员会按照蒋介石在《行政三联制大纲》中的训示制定了《各机关拟订分层负责办事细则之原则与方式》，这一方案被富伯平誉为"近年关于公务员服务法规中最合理而又最进步的一种规定"。按照分层负责的精神，富伯平认为，"第一官之责任，实即为机关主管为完成其职务所必要的一种手段"，"各机关主管职务的共通之点，显然，只是综理与指挥监督其所属而已。换言之，各机关主官的职务并不是实地工作，其职务只是在于监督，调整，并统辖其所属人员及单位如何迅速，经济并完善以处理各该机关之工作而已"。② 他将机关主管的具体工作内容概括为：重要政策及工作计划之决定、高级人员之任免与考核、各单位工作之监督指导及考核、重要案件处理方式之决定或变更、重要会议之参议与主持。

张汇文则对行政总枢机关进行了研究。他说——

　　吾人自抗战以来，在政治上创立了一个领袖制度，而未在行政上创立一种"集约制度"，因此，领袖的地位愈高，责任愈重，而亲身所理的事务反日趋繁杂。用行政学的眼光来看，一个行政首长要想发挥他最大的统率能力，在公法上，必使他权大而事少。吾人欲使今日之领袖制能够充分发挥其效能，必须根据行政集约制的原则，在公法上确定治权总揽的中心和成立一个行政总枢机关。③

----

① 孙慕迦：《行政机构合理的标准》，《行政评论》第 1 卷第 4 期，1940 年 6 月。
② 富伯平：《机关主管之职务及其运用》，《中国行政》第 2 卷第 3、4 期合刊，1942 年 8 月。
③ 张汇文：《强化领袖制刍议——确立治权总揽中心与成立行政总枢机关》，《行政评论》第 1 卷第 4 期，1940 年 6 月。

他指出："行政学者多认为，一个负统率责任的行政者的精力，只能顾到七个至十个的行政单位，超乎这个限度，则不宜做到有效率的统率了。"因此，为了实现行政上的"集约制度"，张汇文提出了三个原则：一是提高行政首长的地位，使其责任集中以统率全局；二是尽量减少独立的行政部门，使目的相同、性质相近的事务合并在一个部门之下；三是确定行政组织的中心，作为行政首长总揽行政全部的凭借。这里，行政组织的中心即为行政总枢机关，它代替行政首长去统筹、监督和调整，以促成完整、统一和敏捷的执行。

而当时的情形是行政总枢所应有的职责分散在十几个不同的机关行使。如人事管理属于考试院，审计行政属于监察院，而考试院、监察院都与行政院平行并立。此外，掌管岁计、会计、审计的主计处也直辖于国民政府。对此，张汇文认为，人事、岁计、会计、审计与统计等都是行政首长为达到有效率之执行目的所不可须臾或离的行政工具，事实上都应该属于行政院。其独立于外，对行政首长和行政各机关形成牵制和困难，影响效率，应大刀阔斧地加以归并和集中，以组成一个完善的行政总枢机关。

鉴于改革的难度，他主张从小处做起，渐次推进，"比较自然和合理的改进，是将行政院的政务处作为调整的核心，在可能的范围内，扩大其职权，提高其地位，将目前政府内所应属于行政总枢的职务渐次增移进去，人才集中进去，先从研究与计划工作作起，进而在行政上取得代行政首长监察考核与调整共辖的地位……"①

二 战时行政组织

早在抗日战争全面爆发前，孙慕迦就研究了战时的行政组织问题。他研究各国战时行政组织，得出其最明显的特点是"有许多特殊的机关设在平时行政组织之外"②。这些组织都是为了应付特殊目的逐渐发展起来的，因环境需要随时产生，因此常常有不少的重复、冲突。因此，孙慕迦指出战时行政组织应有通盘计划，注意节约、效率、社会公平以及长远影响。同时，他提出战时行政组织必须满足的几个条件——政府权力必须绝对集

---

① 张汇文：《强化领袖制刍议——确立治权总揽中心与成立行政总枢机关》，《行政评论》第1卷第4期，1940年6月。
② 孙慕迦：《战时政府的行政组织》，《行政研究》第2卷第2期，1937年2月。

中于行政首领，行政组织须单一化、合理化，顾问机关应罗致专家并且与执行机关发生极密切的联系，民间组织须健全成为行政上的补充。

吕学海认为，"行政体制，必须建筑在国家活动上头，因应着国家活动的性质和发展而演进"，因此，战时的行政体制必有异于平时的行政体制。他分析，战时行政体制的第一特点是政治权力集中，其次是行政机构的简单化和合理化。因此，性质重复或机能一致的机构，以及不合抗战需要或因战事影响而丧失功能的机关，应一律分别裁并或撤销，这样才能做到"以最简单清明的行政机构，来应付战时极端复杂的行政活动"。同时，他又指出，"战时行政机构的调整固力求简单，但同时亦以够用为条件，假如有因战事而兴起的工作，原有机关不能胜任执行的，亦得创设新机关，专门负责执行之；或组织过于单薄的机关，则亦应依其重要性予以充实，否则仍不能称为合理"。[①]

钱端升也曾专门讨论战时政治和行政体制问题。他指出："战争使中央控制的代理机关和地方政府的机关成倍增长。这架机器太复杂，太混乱了。被统治的人感到困惑。上级政府给下级发大量命令，后者穷于应付各种公文来往。除非中央和地方政府都精简，否则，就要必然阻碍行政进步。"他尖锐地指出，行政组织机构过于庞大复杂之后，行政的精力就相当大地花费在内部运转上了。不过，虽然认识到这种弊端，他却认为在战时环境下是否需要进行行政改革，值得商榷。因为战争环境下首要的任务是军事、政治、经济等大问题，而非机构、组织、人事、机关管理、财务等小问题。因此，钱端升批评国人"甚至在战时，仍在忙于通常只有在和平时期才能进行的各种行政管理的尝试"。[②] 他的这种看法是有共鸣的，李朴生也曾指出："行政机构调整到现在的情形，今后的效率问题，是人事重于制度，纪律大于感化，不必还在制度上多更动了。最高行政机关常常更动，很影响于工作效率及国民信仰的。"[③]

---

① 吕学海：《我国战时行政体制》，《行政评论》第 1 卷第 2 期，1940 年 2 月。
② 钱端升：《论中国的战时政治体制》，朱立人译，《美国政治学评论》(*The American Political Science Review*)，1942 年 4 月，载《钱端升自选集》，首都师范大学出版社，2010，第 513~534 页；钱端升：《中国战时地方政府》，张连仲译，沈叔平校，《太平洋季刊》(*Pacific Affairs*)，1943 年 12 月，载《钱端升自选集》，首都师范大学出版社，2010，第 535~553 页。
③ 李朴生：《战时各级行政机构的调整》，《行政评论》第 1 卷第 4 期，1940 年 6 月。

此外，孙慕迦特别谈到了战时行政组织的精神道德问题。他认为一个强有力的战时行政机构，必须和军队组织一样具备一些道德的因素，包括：忠勇的观念，即热心忠实、鼓舞奋勉、尽瘁责任、效忠国家；合作的精神，即亲爱精诚、推心置腹、共信互信、团结强固；公正的意识，即一视同仁、平等待遇、赏罚严明、号令整肃。①

第二节　财政与财务

财政关系国计民生，是治国理政的基础。财政制度关系着行政制度的基本方面，是行政的基本问题之一。因此在西方行政学早期发展中，就将财政、财务问题列为研究重点之一。民国时期行政学者紧密结合中国实际，对此问题多有研究。

一　财政

杨佑之回顾了中国财政制度的发展历程——

> 我国财政自来分崩割裂，各自为政，汉末州牧，唐季藩镇，民初督军，均拥军政财三权于一身，与中央分庭抗礼。予取予求，莫敢或否，既无所谓收支系统，更无所谓预算也。夫我国预算之倡言举办，虽始于清宣统三年，但颁行未久，清室已墟，民国成立即拟赓续办理，但因一切未入正轨，迄未正式颁行，其中仅民五民八两年之预算，曾实现其一部。亦仅如沧海之一粟耳。民八以后，军阀争雄，政权割裂，财政紊乱，莫知底止，即此形式之预算，亦已无法编制其行政制度之支离破碎，不难即此窥见之。国民政府成立后，迭令各机关编制预算，但因各机关狃于故习，及因行政制度未经强化之故，多视法令为具文，迄未能有所表现。②

财政制度的建立是一个现代政府必做的事情，也是一个不断调整的过

---

① 孙慕迦：《行政机构合理的标准》，《行政评论》第 1 卷第 4 期，1940 年 6 月。
② 杨佑之：《省预算与省制》，《中国行政》第 2 卷第 1、2 期，1942 年 5 月。

程。"国民政府定都南京以后，辖地至广，军政各费开支逐渐浩大，而所辖诸省财政，苦无规章可循"，于是在 1927 年召开中央财政会议，"通过划分国家税地方税暂行条例，及划分国家费与地方费暂行标准，于同年七月经国民政府公布施行"①。紧接着，又于 1928 年 7 月在南京召开第一次全国财政会议，主要议题为裁兵方案、裁厘加税以及划分国地收支，其目的在实行关税自主，统一财政权力。1931 年，国民政府主计处成立，并于 1932 年第一次公布了国家普通岁出岁入总预算。1934 年 5 月，第二次全国财政会议召开，主要议题为废除苛捐杂税、举办土地陈报、改革地方税制以及确定地方预算，其目的在培养民力以复兴农村，发展工商业以培植税源。此后，直至 1941 年 6 月，在重庆召开第三次全国财政会议，主要议题为树立国家财政系统，以统一全国财政，奠定现代国家之基础；树立自治财政系统，以推行新县制，奠定地方自治之基础；改进税政税制，以整理赋税，废除苛杂，统一征收，平均人民负担；实行粮食政策及土地政策，以解决军糈民食，平均地权，实现民生主义。

第三次全国财政会议召开时，抗战已经 4 年，虽然时人认为建国事业在不断推进，但此时国家财政负担过重，自治事业经费无着，赋税繁杂，军糈民食极不安定。为了达到抗战胜利、建国完成的目标，第三次全国财政会议对财政体系做了重大调整。一是调整预算制度，以县预算为主体，所有乡镇预算均附属于县预算之内，收支不能平衡的乡镇，则由县统筹辅助。二是调整征收制度，自治财政系统的租税，由中央设立的税务机关代为经征，分别划拨。三是税务行政仍采用分立牵制制度，即行政、出纳、会计、审计相互分立，一改"过去县财政制度，行政公库，会计审计，混为一起，司财物行政者，往往兼营出纳，司记账者，又常常兼掌审核，结果职权不分，监督失效"的弊病。②

财政制度的重大调整往往意味着行政体制的重大变化，行政体制改革的重点经常随着财政制度的调整而调整，或者财政制度就是为了适应行政体制改革的需要。第三次全国财政会议的要点是，将全国财政分为中央财政和自治财政，省财政并入中央财政，省级预算不复存在。

---

① 韩朴文：《论我国之地方财政及其整理》，《中国行政》第 2 卷第 5、6 期合刊，1942 年 10 月。
② 同上。

对此，杨佑之认为——

> 财政收支系统之变动，中央与省级预算之综合编制，谓为战时财政政策尚可，谓为树立一种固定不拔之省制，则未免近于不伦……抗战结束以后，应将建国大纲所规定之省制，早日实现。省长民选，行政独立，而中央仅负责指挥监督之责，省既为自治团体，财政又为庶政之母，故还政于省之际，应将中央与省之财政，重为划分……过去之中央省及县三级预算制，或将重见于异日……①

他的意思是，虽然当时的省预算已经被撤销，但这只是一种战时过渡办法，应该随着战争的结束和省制的恢复逐渐健全省级财政制度。

甘乃光认为，省失去了一级财政的地位，被削减了权力，既不是一级自治单位，也不是地方行政的一级，成为中央的派出所，这是一种中央集权和地方分权相结合的办法，而这种调整实出于事实的需要，"因为抗战以来，我们最大的税收，关盐统三税，绝大部分是在沦陷区内。战时财政就要重新找到根据，所以就把各省的田赋收归中央，以为抗战财政的根源；并且改征实物，可以平衡人民对抗战的负担，和解决当前的粮食问题"。

因此，甘乃光很认可这样的改革，他说——

> 实在来讲，抗战以来，多数省份的预算，老早就要仰给中央的补助。有好些省份中央补助的数目，超过其收入总额半数以上。所以省预算归入中央编造，是一种因利乘便的自然趋势。这样的改制不是理想界的"当然"，而是事实上的"必然"。省地位的变动就如瓜熟蒂落一样，并不是一种勉强的改革。②

他的这种分析，就从财政角度为中央地方关系的重大调整找到了充分的理由。

---

① 杨佑之：《省预算与省制》，《中国行政》第 2 卷第 1、2 期，1942 年 5 月。
② 甘乃光：《省地位最近的演变》，载《中国行政新论》，商务印书馆，1943，第 193 ~ 197 页。

二 财务

民国初成，国民政府行政经验不足，导致其往往由于不考虑是否需要和财政状况是否容许，想到什么就做什么，有许多事情当时没有需要，或者有需要但是短期内难以实现不必办理，或者某些事情曾经有需要但后来已经不需要了，仍列在预算之中，造成浪费。而这种浪费更充分地表现在日常的物品材料采购保管中。1933 年 9 月 20 日，天津《益世报》报道了一则政府机关庶务办理腐化的消息——有机关买痰盂 50 只，按价 8 元 1 角呈请经费，结果被上级认为价格过高责令追查，承办者急忙托人疏通，将价改为 1 元 8 角，搪塞是笔误造成，上级也不再追究。而实际上，承办者还是贪污了 90 元。旁人不解，问其故，原来事实上 1 只痰盂也没有买，令听者叹为观止。张锐也曾经于 1932 年在天津市政府及所属机关做过一个调查，同样的物品各机关的购价每月相差 4000 元以上，他认为如果采用集中采购和公开竞争，每年至少节省 5 万元以上。[1]

甘乃光对于中国政府机关采购制度的弊端是极为了解的，他说——

> 我国一般机关的庶务人员因为没有训练，所以庶务工作，没有条例，他们都被认为是替长官办差的。实际上他们注意长官个人的需要，比较注意机关的公共需要为多。他们一方面要伺候长官，一方面又要照顾机关，结果弄得职责不清楚，公私不分明。[2]

但这方面的问题要解决起来是不容易的。1935 年底，蒋廷黻担任行政院政务处长，时任行政院长的蒋介石命令蒋廷黻检查中央政府行政工作，同时命令行政院秘书长翁文灏检查各省市县行政工作。蒋廷黻在筹划重组中央机构之外，也计划进行微观的改善，但出于种种考虑放弃——

> 我想建议集中管理办公用品。我请行政效率委员会研究有关办公用品问题，委员会提出好几份报告，暴露许多可笑的事实。例如：许

---

[1] 张锐：《行政效率是否高调》，《行政效率》第 2 卷第 7 期，1935 年 4 月。
[2] 甘乃光：《行政效率概论》，《中国行政新论》，商务印书馆，1943，第 18 页。

多政府单位购买维纳斯牌铅笔，有的每支七毛五，有的居然高到两元一枝，茶叶的数量、品质和价钱也出入很大。我想要建议集中管理所有政府机构的公用物品，但我没有这样做，因为我想在其他方面争取支持的关系。①

第三节　中央—地方行政

中央—地方的关系问题，反映的是行政体制问题。改革地方行政很早就在国民政府的考虑之列，也是政治学者、行政学者关心的重点问题。1936年5月和6月，负责地方行政改革的蒋廷黻就曾派出20多名学者和有地方行政经验的人员到各省市进行调查研究，计划拟出一套改革方案，设想取消行政督察区，缩小省区，增加省的数目。②

一　中央与省的关系

在中央与省的关系上，蒋廷黻主张实行中央地方分权制度。他指出，中央政府制定政策时，很少事前征询省市首长的意见，省市首长接到的行政院命令，都是一些死板的法令规章，命令的主旨只有靠揣测才能明了。而且，各省市的情况不同，无法统一命令。一旦某项工作中央或地方都有困难，中央人员一般先顾自己，而把困难留给地方政府去设法克服，中央政府不会指示某项工作的具体办法。③ 如何解决这种矛盾，蒋廷黻认为必须改革地方政制，实行中央和地方分权，由各省处理属于地方性质的事务，避免中央指令不切实际，地方积极性和创造性受到限制。

中央与省分权在当时得到很多赞同，是一种普遍意见。邱祖铭指出："省政府之产生，虽由中央任命，但是我们不能说由中央任命而产生的地方政府，就谈不到中央与地方权责的划分。"④ 按照《训政时期约法》和《建国大纲》，当时中央和地方原则上应该实行"均权制度"，这种制度既不偏于中央集权也不偏于地方分权，而是将有全国一致性质的事项归中央，将

---

① 蒋廷黻：《蒋廷黻回忆录》，岳麓书社，2003，第186页。
② 同上书，第189～190页。
③ 同上书，第195～196页。
④ 邱祖铭：《划分中央地方权责之研究》，《行政效率》第2卷第5期，1935年3月。

有因地制宜性质的事项归地方。只不过，问题的难点在于哪些事项属于全国一致，哪些事项属于因地制宜不好区分，在实践中也存在很多模糊矛盾之处。对此，他主张中央与地方的权限之争，在法律未尽完善之处，应该由中央执行委员会来裁决，并以这些裁决的案例为根据，制定出一部有关中央与地方权限的好法律。陈柏心也主张以孙中山提出的"均权制度"划分政府间事权，具体办法是，先确定每一事务的性质是属于国家行政还是属于自治事务，并以法令的规定明确下来加以实行，然后随着发展需要进行适当的必要调整。①

不过这种主张在关心"政治"甚于"行政"的傅斯年那里，颇不赞同。傅斯年在《大公报》上发表《地方制度改革之感想》一文，对地方政制改革持怀疑态度，认为当时最为流行的关于行政的理论——中央地方分权和行政效率"这两件都不是什么有逻辑性的问题，在分解之后，或者先已不能存在，遑论他的答案了"。对于他的这种意见，张锐认为过于武断，并指出问题出在傅斯年误会以为没有地方自治就没有中央与地方分权的问题，误会以为国内行政不良的原因仅在人事方面，而实际上这些问题的出现都与行政组织脱不开关系。②

张锐通过对全国经济委员会邀请的德国政制专家、曾在德国做过几任省长的晏纳克所写的《地方政制改革意见书》的介绍，提出自己的看法。《地方政制改革意见书》是晏纳克花费一年多时间深入中国内地、历经数省考察后写成的。该意见书建议缩小省政府的笨重组织，使政务指导的重心属于法令和组织的还保留在省政府，而日常行政与监察工作的重心则由行政督察区承担，同时，省政府实行合署办公。此外，他还建议改革地方政制应从改革县政入手，应提高县长的职权和待遇，多以国内外毕业的大学生充任县长。同时，在人事上减少人员数目、增加人员薪俸、以保险金代替养老金、保持公务人员职业稳定。

张锐对于晏纳克的意见给予很高评价，认为虽没有新奇之处，但很切实、有见地。在此基础上，张锐提出自己对于改进地方政制的意见，这些意见主要集中在政府组织方面。他认为地方政府组织问题，首要的是省政

---

① 陈柏心：《各级政府间事权划分问题》，《地方行政》（福建）第 1 期，1941 年 7 月。
② 张锐：《地方政制改善的途径》，《行政效率》第 2 卷第 5 期，1935 年 3 月。

府组织采取委员会制还是省长制的问题。他认为国内外的经验和行政学书籍都提倡执行机关非采取独任制不可，省政府实行省长制已经毫无疑义。正因为这一主张，他对省政府实行合署办公持赞成态度。他借用当时颇为流行的顾亭林的话"治人之官多则乱，治事之官多则治"，认为在分署办公的省政府，那些治人之官互相为治，互相掣肘，经常分头滥发命令，弄得县政府治事之官穷于应付、无所适从、敷衍了事，只有合署办公才能缓解和解决这些问题。[①]

1934 年 3 月，晏纳克又在《大公报》上发表《政制建议书》，再次对中国的政治行政制度提出建议。在《政制建议书》中，他主张中国要树立强有力的国家统治权，使国家统一、政府地位稳固。同时，要合理划分中央与地方职权，树立一种合理的分权制度，下级政府可胜任之事不由中央政府管理，这样可以养成下级机关的责任心及创造性，可以避免骈枝员署之设置、冗费函件之抄写。同时，人民向官厅有所申请时，可以减少很多困难和费用，上级机关的琐碎工作也可以由此减轻，从而提高行政效率。他还特别提到军队与政府的分权。当时，军人兼省政府主席的过多，导致军队干涉地方政治的比比皆是。晏纳克提出地方治安应交给警察而不是军队，使军队和政府分开，各司其职。

对于晏纳克的意见，林炳康专门写了一篇文章阐述自己的观点。对于晏纳克建议合理划分中央与地方职权一点，林炳康认为省政府的权力不必过大，但是县政府的职权一定要增加，因为县才是一个地方的基本单位，是直接接触民众的机关。对于军队与政府分权的问题，林炳康认为军队和政府分开是建立现代化国家的必要，将地方治安赋予警察而不是军人的办法只是初步工作，除此之外，还要规定军人不兼省主席和委员，以防止军人截取税款、干涉政治。林炳康还主张缩小省区、实行省长制，且无须设置行政督察区这样的中级机关。替代办法是，在省区尚未缩小时，省政府可以用不庞大的董事制代替委员会制。[②]

曾仲成讨论了新县制后的省制问题。他指出，新县制后省制在许多方面不能适应。依据 1934 年公布的《修定政府组织法》，规定省政府设委员

---

① 张锐：《地方政制改善的途径》，《行政效率》第 2 卷第 5 期，1935 年 3 月。

② 林炳康：《谈晏纳克氏的政制建设书以后》，《行政效率》第 2 卷第 11 期，1935 年 6 月。

7~9人组成省政府委员会行使职权，设主席1人，由委员兼任。省政府设秘书处、民政厅、财政厅、教育厅、建设厅，必要时增设实业厅及其他专营机关。各厅设厅长1人，由省政府委员兼任。其特点是委员会职权广泛，省政府权力分散，各厅处地位较高，省主席权力较脆弱。后来，为了增加省政府的权威，国民政府采取了合署办公的办法加以补救，目的是增加省政府主席的权力，统一各厅处的行政，增加行政效率。但是，曾仲成指出合署办公只是实现了形式上的行政统一，各厅处行政步骤不统一、不协调未能避免，浪费与不经济也依然存在。因此，他感慨"不彻底的合署办公，与厅自为政的弊病，也不过二五与一十的区别罢了"①。

曾仲成指出，新县制后财政划归中央，导致中央的控制权加强，省的职权削弱并受到较大限制，省对县的指挥监督权也实际缩小。对此，他认为，省的地位应该是中央的派出所，应该代表国民政府而不是行政院。因此，不属于行政院范围的审计处、铨叙处、监察使署，均应由独立变为受各省府管辖。这样才能治权不分散，让各种事务同时得到推进。他建议省的组织应该改委员会制为省长制，改厅为司使之成为省政府名符其实的内部机构，减少其独立性。同时，明确划分省与中央、县的职权，将省的地位予以确定，使省成为中央直接管辖区域，省政府成为中央的派出所，代表国民政府而非行政院。

二　省县关系

地方行政问题专家沈乃正认为，在地方自治制度尚未确立之前，应该按照中国省县权限混同这一传统政治习惯，对于省和县的权限不加划分。他认为，欧美联邦制国家或自治权已经确立的国家实行省县权限划分，其目的不在增加行政效能，而是保障地方人民意志，使其能够支配地方事务。但中国自治权尚未确立，不能一味学习欧美。他认为，税务、邮政、电报等特种机关有其特种事务因而可以不接受任何其他委任事务，但县政府则不同，任何政务都要县执行，县政府执行中央和省的命令是县政府的天职，因此在职责上没有省县划分的可能，除非要在县政府之外另设一套机构并行。他指出，省县混同实际有许多优点，该制度灵活自如，可以发挥省和

---

① 曾仲成：《论省制》，《中国行政》第2卷第1、2期合刊，1942年5月。

县两个能动性，互相补充和弥补，增加兴办事业的机会，而不是权限泾渭分明，你不管则他不顾。对于缺乏省县划分传统和遵守法制习惯的中国，勉强划分省县权限，反倒容易引起事业停顿和权责纠纷。

对于省县混同制下省县之间在权限上存在的问题，沈乃正认为最大的问题是省对县委任的事务太多，而且一般不划拨相应经费，经常令县自筹经费或者变更县预算。为解决这一问题，沈乃正建议用预算来控制省委任县的事项，而不是用划分省县事务的方法来确定省县的权限分别。用预算来控制省随意向县委任事务，可以使这些事务要么纳入预算有规可循，要么必须划拨经费临时办理，从而减少省对于县事务的任意委派，还能使政令集中又富有一定弹性，是解决问题的最好办法。

对于省县权限上存在的第二个弊端，即省对县政的滥加干涉，沈乃正认为内政部提出的办法不妥。内政部的意见是划分省县权限，将省的权限采用列举法——指明，没有列举、不属于省权的，则为县权所有，省权不能干涉。沈乃正认为这经常导致县脱离省的控制，变得因噎废食。他的建议是，对于县的事务，应该规定省干涉的程度，而不是过分强调省不得干涉县务，因为省政府本来就有监督县政府之权，任何县务都不例外，均在监督之内。通过介绍法国有关省县权限的规定，沈乃正建议不论是县自发兴办的事务还是省命令县兴办的事务，县政府不必事事请示省政府同意、经省政府审查。合理的情形是：消除"核准""备案""报告"混同或等同使用的倾向，明确界定各自含义，进而规定县政府哪些行为须事先呈请省政府"核准"或"备案"，哪些行为须事后向省政府"报告"，用以分清省政府监督权力之严宽、轻重，使县政府有一定的自由裁量和便宜行事之权，因此也可得宽严相济之道。

为了便于在实践中区分"核准"与"报告"，沈乃正归纳认为"核准"往往关系财政税收、年度施政计划、限制人民自由、增加人民负担等事项，"报告"往往涉及技术事务、突发紧急情况以及执行核准、备案事项的状况。他特别指出，"核准""备案""报告"的规定对象是行为而不是事务，对于一项事务，其包括的不同行为或环节应分别根据性质用"核准""备案""报告"的不同处理办法，分清轻重，而不是盲目一味"核准""备案"或"报告"。他举兴办自来水的事务来说明，同是兴办自来水一事，其中兴办计划、兴办预算、收费规则须省政府核准，工程说明书、招投标规则须向省政府备案，而招投标经过、实施经过、验收经过、向居民供水情况只需向省政府报告。他认为，经过这样的区分，哪些县的事务需要省的干涉，哪些不需要省的干涉便一目了然，实际上也起到了对省县事务进行划分的目的。①

在另一篇文章中，尚希贤认为省县关系的矛盾，是导致县行政陷于停滞状态的主要原因。这种矛盾表现在"组织和经费的悬绝"以及"政令的矛盾隔阂"。② 前者具体表现为省政府组织的庞大以及县政府组织的简绌。尚希贤指出，在经费方面，县的行政经费不到省行政经费的2%。以浙江为例，省政府的行政经费每月实际支出109141.04元，而县政府每月实际支出1142.9元，县支出占省支出的1.05%。再比如，1932年浙江省政府各厅处的行政经费支出，秘书处最高为293520.32元，教育厅最低为141539.24元。而同年下半年，浙江县的行政经费一等县为每月1400元，三等县乙种为每月977.5元。若以年度计，该年一个一等县的年度规定行政经费为16800元，三等县乙种为11730元。比较来看，一个一等县一年的行政经费居然不到省政府行政经费最低的一个厅处的12%，不到行政经费最高的一个厅处的6%。但实际上，一个县地区辽阔、人民众多，且要办理各种事业，经费如此之少，和省的差别如此之大，实在令人吃惊。

在"政令的矛盾隔阂"方面，尚希贤指出，省政府各厅骈立，造成各种政令的矛盾，因为各厅的不明实际，造成政令的上下隔阂。虽然在省政府一个厅负责专门办理一件事物，在各厅处看起来只不过有一件事，但是到了县，同时可以收到各种命令，例如建设厅征工浚河筑路的命令、保卫委员会训练壮丁的命令、民政厅办理积谷的命令以及财政厅征收税款的命令。命令之多导致县政府样样必办而样样马虎，没有一样能够办好。而且，如果各厅处的命令相背，更会令县政府无所适从。他举例说，各县学产产权不清，往往被人认领，财政厅以增加税收为原则准其认领，而教育厅以保护学产为原则不准认领，两厅各行其是，县政府则进退两难。再比如，各厅往往喜欢用一纸通令要求各县统一办理某事，遇到有不适应某地情形的状况，则用"案关通令"强使办理。县政府没有办法，只能虚应故事，

① 沈乃正：《地方自治确立前省县权限之调整》，《行政研究》第1卷第3期，1936年12月。
② 尚希贤：《增进县行政效率的几个先决问题》，《行政效率》第2卷第7期，1935年4月。

在文字上做敷衍工作。

　　除此之外，尚希贤还指出，县行政"表面工作的繁琐""人事行政的失常"以及"财政的贫弱和浪费"等问题都与省县关系的不当有关。1930年代，湖北省县长中流行"三少三多"的说法，"三少"指属员少、经费少、任期少（短），"三多"指长官多、法令多、表册多。[①] 无独有偶，尚希贤到各县考察，发现县政府的行政工作几乎全在填报表格、呈转公文、出席会议、应付地方上面。比如，1929年浙江省每县每月平均收发公文2026件，每天平均67.5件。当时，一个县政府的组织规模，一般只有县长1人，秘书1人，科长2人，科员7~8人，书记10余人。如此多的公文呈转，导致科员、书记终日伏案、不暇旁务，县长、秘书核阅判行公文的数量亦十分可观。这么一个人员规模，还要办理其他事项，实在是案牍劳形、不可想象。即使比较开明的江苏，各县政府每月需要填报的表册居然也达70种之多。这些工作基本上占据了科员、书记的全部时间，使其整天忙于纸面功夫还不能满足需要，只好"上以虚来、下以伪应"或者干脆置之不理。实际上，这些表册没有什么实际作用，送到省厅后，省厅只是在公报上列一个表，算是留备存查，然后束之高阁。最大的用处，不过是年终编辑一本政治工作统计表而已。尚希贤感慨道："内地各县县政府公务人员的精神，十之九都是萎靡不振，我想他们的原因，恐怕就在终日终年仅做些填表、奉此等因的工作，因循敷衍，积久成习的缘故吧！"[②]

　　在"人事行政的失常"方面，除了待遇过低的原因之外，尚希贤认为主要弊病是县政人员任期没有保障。省厅不遵照《县组织法》的规定，经常随便更换县长，导致从政者常怀"五日京兆"的心理，大大影响了行政效率。比如，河南省从1930年11月到1931年12月14个月中，共更动县长227次，任期最短的仅1天，最长者不过440天。这不能不使人疑惑：如此的更动频繁，如何改善县政和基层政治？

　　在"财政的贫弱和浪费"方面，尚希贤指出各县的财政基础是田赋附加，但是由于各县田赋征收积弊和民力的凋敝，使各县田赋仅能收到四至五成。而各县的地方预算都是按应征数编造，虚收实支，"在贫弱的基础

---

① 《监察委员周利生视察湖北省政治报告》，湖北档案，LSI-3-2237，转引自王奇生《革命与反革命：社会文化视野下的民国政治》，社会科学文献出版社，2010，第392页。

② 尚希贤：《增进县行政效率的几个先决问题》，《行政效率》第2卷第7期，1935年4月。

上，做富裕的开支"，就导致县常常陷于财政困难。突出表现是，县长和各机关的长官整天思考筹谋如何发放薪水、维持伙食，导致所谓县行政成为维持几个机关办事人员的生活。

为了救治这些弊病，尚希贤建议矫正头重脚轻的省县畸形行政组织，改善上下隔阂、政令矛盾的现象，减少表面工作的枉费和虚伪，保障任期，变更从政人员"五日京兆"的心理，充实财政基础而尤注意合理化的运用。

三　县行政

杨适生认为："中国政治一切病态，至县政一级全部暴露。……刷新政治，全看县政有无办法。"[①] 的确，自古以来，县是中国地方行政的基础。不过，有人指出，虽然县是国家行政的基础，地位非常重要，但是对于县政的重视非常不够——

> 一般人士，只知注重上层工作及局部工作的建筑，如主持中央教育者，则只知发展大学教育；主持省政者，则只知发展城市的建设，其他莫不如是。因此中央及省方经费，年有增加，而各种事业，也成了畸形发展的趋势，至于地方基本事业，鲜有顾及，因此各县的一般民众，到现在多仍在愚昧无知中过生活，而整个国家犹如建筑于沙基之上，欲其稳固，岂可得乎。[②]

孙澄方认为，县行政的一般病态，一是县政重于省政，但事实上省县轻重倒置。二是不充实县府组织而多设骈枝机关。通常县府职员在较大县份，大约为50人，而骈枝机关众多，分散了县府之事权，增加了县府办事的困难。这类机构涉及范围很广，包括财政监督、县政设计、古迹古物、建仓积谷、禁烟卫生、新生活运动、国民经济、民众教育、地方合作事业、防控防汛等，均有其组织和职权。三是增加县府工作而事权不集中。首先是命令机关太多。省政府，省府各厅处，专员公署，监察使署，军、师、团、团营司令部，省党部等，都有直接指挥县府的权力。而且，省府对于

---

① 杨适生：《专员制度之研究》，《行政研究》第 1 卷第 1 期，1936 年 10 月。
② 王天择：《论提高县政效率》，《行政研究》第 2 卷第 7 期，1937 年 7 月。

县府拘束过严，所颁布的命令过于硬性和笼统。即使对于佐治人员，县长也缺少真正的任用权。因为虽然《修正县组织法》规定县府各局局长由县长呈请民政厅委任，科员由县长委任并报民政厅备案，但事实上各局局长多是主管厅处提出人选并由省政府委派。秘书、科长的任用，主管机关亦多横加干涉。四是县政建设，千头万绪，需要充裕的财力和专门的人才，但县府经费靡弱，人才缺乏。五是人员不足，而那些不能不办的各种无聊的表格册报以及"事关通令"的责成工作，又耗费无数精力。

　　针对这些问题，孙澄方提出若干改进措施：一是充实组织。具体办法是增加秘书，调整县府科数，增设专门人员，培养训练佐治人才，以及调整县政经费。二是提高县长职权。具体办法是使县长有配备干部之权、呈请缓办或随办随报之权、统一之军事指挥权以及军事审判执行权；使县政府有因地制宜之权、酌量留用预算科目及动支准备金之权。同时，提高县长法律上及政治上的地位，一改县长原由省民政厅提出合格人员 2～3 人经省政府议决任用的办法，人选改由省主席提出，并提高县长资格和官阶以保障县长地位。三是实现灵活运用。具体办法是减少命令机关，裁撤骈枝机关，成立县民意机关，确定省县行文系统，规定一切县政工作以县行政系统为主，严格考绩奖惩以及实行巡视密查制度，同时减少县长兼职。关于县长兼职，当时的确已非常严重，以湖南省桂阳县为例，县长兼职 15 个，"仅以出席会议而言，已占去不少时间"。①

　　众多的县政实际工作者针对县政实践提出了许多改革办法，谈到了很多从政经验。比如，针对上级管辖机关太多，命令及计划往往缺乏统一性，且所有法令没有伸缩性，常常不适合地方情形的问题，多年在县政府工作的王天择主张县的上级机关要做好统筹协调、有机整合，且避免经常发生命令的变化。② 也有实践者总结了自己十分简单的县政经验。例如，一位名为邵鸿基的县长，18 年间，经 4 省 8 任县长，短的 3 个月，长的 1～2 年。他总结当县长的经验只有一条，就是"不顾一切的向前实干"③，仅此而已。他的办法，即是到任以处决兵匪为始。大概认为杀一儆百可以绥靖地方、

---

① 孙澄方：《关于县政府之组织职权及其运用问题之研究》，《行政评论》第 1 卷第 2 期，1940 年 2 月。
② 王天择：《论提高县政效率》，《行政研究》第 2 卷第 7 期，1937 年 7 月。
③ 邵鸿基：《我的行政经验与感想》，《行政研究》第 2 卷第 8 期，1937 年 8 月。

挣得民心。还有行政实践者道出了对于县行政的理解，大有无为而治的意思——

> 普遍皆以事之繁简，规定设科用人多寡，但县政府之事务，在事实上无所谓绝对的繁简之分，全在县行政人员之"好事"与否以为定，县行政人员好事则事繁，否则则简。好事，则虽倍于现有之人数，尤不敷用，尤感惟日不足；不好事，而"执简驭繁"，则虽就现有人员半减之，亦足以游刃有余。笔者曩任山东汶上县任时，即深感于此。[①]

四　乡镇行政

由于乡镇在国民政府治下属于官治抑或自治的地位不清晰，所以有关乡镇行政的研究较少。但萧文哲对此问题曾有研究，他指出，乡政制度的弊端，表现在：一是乡镇编制不统一。名称上，乡镇、联保、村、区团同时并称。性质上，联保为官治，其他为自治，本就不一。系统上，乡镇有的属于区，有的属于县，甚至同一地方既有属于区者又有属于县者。二是乡镇区域不够大，面积有限。三是乡镇组织不充实。乡镇公所设乡镇长及副乡镇长各1人，设事务员及乡镇丁若干人，人手紧张。而且乡镇长地位低、待遇薄，优秀人才不愿任，导致乡镇长学识能力一般不高，且未加训练。

对此，萧文哲提出改善的办法即制度上扩大乡镇并直属于县，具体做法是：扩大乡镇公所职权，充实乡镇公所力量，增加其经费，加大乡镇工作监督等。[②]

第四节　缩小省区的讨论

仅从行政的角度来讲，和东西方其他大国相比，中国的省区过大，所辖县地域过多，难以实施有效管理，一直从近代以来就是一个现实问题。因此，改革省制经常被提及。近代对省制最早提出质疑的是康有为，他曾

---

①　张鸿钧：《对新县制实施意之见》，《行政评论》第1卷第4期，1940年6月。
②　萧文哲：《乡镇制度之检讨》，《行政评论》第1卷第2期，1940年2月。

提出裁省的主张。民国成立后，在袁世凯当政时期，曾针对当时省势力过大足以对抗中央，提出了"废省存道"的主张，但由于受到各省的反对而作罢。后来，段祺瑞亦曾支持缩省之议，并制订除东北外全国划分为 47 个省和其他特别行政区的计划，但也由于遭到各省军阀反对而夭折。[①]

上述缩省主张多出于政治或军事上的考虑，而缩省主张的提出也有行政上的原因——

> 吾国省区之大，世界莫与伦比，河北一省大于英格兰、威尔斯之和，四川一省大于日本三岛，比较面积甚小之浙江省，尚大于比利时、荷兰两国，甚至一县疆域有大于欧洲或中南美洲之一国者，鞭长莫及，治理粗疏，省政府虽有指挥、监督之权，夷考其实，发号施令，徒恃一纸空文通行各县，各县之是否奉行，不得而知，奉行之成绩若何，更不得而考，乃至地方利弊、经济良窳，更茫然罔觉，在省府则患指挥不灵，在各县则感下情不能上达，是故自治、教育、实业、交通，种种要政，虽有良好计划，而未由实施……[②]

南京国民政府成立后，政界多认为只有缩小省区才能解决难以实施有效管理的问题，并提出很多具体方案。在 1930 年召开的国民党三届四中全会上，伍朝枢建议将每省分为二、三省。由陈铭枢提议，胡汉民等 14 个要员还联署的《改定省行政区划原则案》，提出"省区缩小、省权减轻""以旧道区为省区"的意见。[③] 1931 年 1 月，时任湖北省财政厅筹备会计独立委员会专任委员的蒋义明，再次给陆海空军总司令蒋介石上书，提出缩小省区一事。此前在 1916 年，他曾拟具缩小省区意见书，建议将全国划分为 50 省，并分告国会及各省议会。在 1932 年的全国内政会议上，陕西省政府代表提出缩小省区的提案，并建议划分省区的标准：一是土地与面积，二是

---

① 翁有为：《民主革命时期中共"地委"组织考论》，《史学月刊》，2003 年第 12 期。
② 伍朝枢：《缩小省区提案理由书》，《东方杂志》第 28 卷 8 号，1931 年 4 月。
③ 《国民党政府政治制度档案史料选编》（下），第 340 页，转引自翁有为《行政督察专员制度的创设、演变及其知识背景》，载中国社会科学院近代史研究所民国研究室、四川师范大学历史文华学院《一九三零年代的中国》（上卷），社会科学文献出版社，2006，第 201～202 页。

户口现状与生殖之预测，三是财赋之现额与增加之推定，四是实业之现状与发展之设计，五是交通教育之适中、建设与人物之集中。① 1933 年 9 月 6 日，新编陆军第八师师长兼伊犁屯垦使张培元向国民政府主席林森、军事委员会委员长蒋介石、行政院长汪精卫提出新疆分省而治意见，建议援照甘肃分省前例，拟分喀什、和阗两区为一省，名之曰新南省，分迪化、焉首、阿克苏三区为一省，名之曰新北省，分伊犁、塔城、阿上三区为一省，名为新西省。②

各种方案、主张时有提出，在社会上产生相当影响。1933 年，自称"野人芹献"的熊川泽向行政院长汪精卫呈献缩小省区计划意见书，详细介绍自己设想的缩省标准。他认为根据山川、气候、语言、人口、面积、耕地与矿藏等情况，缩省的标准分为五条：一是，沿江沿海，面积最小须满 25 万方里，最大不过 40 万方里；二是，西北西南，面积最小须满 40 万方里，最大不过 50 万方里；三是，东北边区，面积最小须逾 40 万方里，最大可达 60 万方里；四是，西北边区，面积最小须及 60 万方里，最大可至 80 万方里；五是，西藏外蒙，应就其固有部落辖境分区，不必拘定面积。③ 直到 1939 年，研究中国政治的名家钱穆还在《大公报》发表《变更省区制度私议》一文，主张分省。他认为，省制系元朝时期蒙古部族政权为控制广土众民的中国社会而采取的一种分区宰御制，虽然是一种中央监临地方的制度，却只是一种变相的封建，而非中央集权。这种制度既不利于地方自治，又不利于中央集权。

他认为，民国以来，省因省区过大，在中央看来似有易于侵犯中央职权之嫌，而在地方看来，一个省政府统辖几十个县政府，省县规模大小悬殊，省政府高高在上，不易做地方上亲民的长官，有俨如一个小中央之嫌。因此，他明确指出，中国要完成国家统一和地方自治两方面建国任务，必须修改省区制度。大体言之，即将省区划小，略如汉之郡、唐之州，或清

---

① 《关于改划省区提议》，中国第二历史档案馆藏，2/1093，转引自翁有为《行政督察专员制度的创设、演变及其知识背景》，载中国社会科学院近代史研究所民国研究室、四川师范大学历史文华学院《一九三零年代的中国》（上卷），社会科学文献出版社，2006，第 202～203 页。

② 《关于缩小省区及更改省名等建议》，中国第二历史档案馆藏，1/1850，转引自同上书，第 202 页。

③ 《关于改划省区提议》，中国第二历史档案馆藏，2/10930。转引自同上书，第 202 页。

代乃至民初之道。将每一省划分为四五省或六七省不等后，一省管辖最少六七县，最多不过二十县，全国共达百数十省乃至二百余省。[①] 与钱穆分"百数十省乃至二百余省"的意见不同，萧文哲认为"各省缩小后，亦不过60 省左右"[②]，只有这样，中央对之，才能不致有指挥失灵之苦。

当时，缩小省区在理论上"已获得不少学者的赞同"[③]，而且也有地方已付诸实施。1939 年 9 月国民参政会一届四次会议上通过的川康建设方案，在行政组织部分，以四川改划三省为治本办法，以设置边境特别区、裁并行政督察专员区、增加行政督察专员权力、缩小若干县境及添设县治等为治标办法，实施缩小省区的改革。

但是对于缩小省区一事，也有持谨慎态度或反对意见的。孙澄方认为，缩小省区关系重大，有利有弊，事非得已不可轻举妄动。他的主要理由是，缩小省区的目的如行政监督、方便治理、加强控制等，不一定非要由缩小省区来实现，在组织、人事、交通等问题没有改善之前，即使缩小省区，也未必能达到想要的结果。反之，如果上述问题有彻底改善，不缩小省区也能达到想要的结果。他还指出，缩小省区依赖经济条件，经济条件没有完备，更不可以先行缩小省区。行政体制、制度更改过度频繁不但已经破坏了行政的革新，而且招致了人民的反感。因此，他建议扩大行政督察专员区、扩充县行政机构、推进地方自治、发展交通以及在各省边境设立特别区。[④] 张忠绂对此评价很高，认为"孙君此文持论稳重，其所提出之具体办法，极值供研讨缩小省区问题者之参考"[⑤]。可见，张忠绂对缩小省区一事也是持谨慎态度的。

不过，对于反对缩小省区的意见，也有人据理力争，对反对理由一一进行辩驳。陈烈甫主张分省，他说——

　　间有反对缩小省区者，其理由不外三者。中国之省，经有悠久历

---

① 钱穆：《文化与教育》，广西师范大学出版社，2004，第 110～114 页。
② 萧文哲：《行政效率研究》，商务印书馆，1942，第 95～97 页。
③ 高径：《地方行政改革中之行政督察专员制度》，《东方杂志》第 33 卷 19 号，1936 年 10 月。
④ 孙澄方：《缩小省区问题之研讨》，《行政评论》创刊号，1940 年 1 月。
⑤ 同上书，张忠绂《文前附志》。

史，遽行变更，将与人民之风俗习惯及传统观念相反，一也。各省人民负担已重，若再缩小省区，多立机关，难免不增加人民负担，二也。分省之后，各省财富，将呈贫富不均之像，富足之省，因能举措裕如，贫瘠省份，宁无左右支绌，捉襟见肘之感，三也。

对于这些理由，他逐一进行反驳。他指出，中国历史上地方行政区域之变更，事所常有。在人民负担方面，实际上省区缩小，事业费随之而分，对人民负担没有影响。至于行政经费，可通过省政府组织合理化、废止专员制度、裁汰冗员等来解决。而对于分省后各省难免贫富不均的问题，他认为可由中央统筹全局，对贫瘠之省给予财政补助。

在陈述缩小省区之理由时，陈烈甫除了指出一省面积过大、交通不便、行政效率降低等原因之外，尤其指出地域观念问题——

中国人民，省之观念，往往重于国之观念。强烈国家意识之未能养成，实地域观念作祟也。爱省之地域观念原无可厚非，惟因地域观念过重而引起之妒忌，倾轧，排挤现像，则为害殊大。省区缩小，或一省分为二省或数省，或数省之一部合为一省，无形中将根深蒂固积重难返之地域观念打破。地域观念减小，为国家意识之增强，于国家之复兴，民族主义之实现，实裨益匪浅。①

在缩小省区的具体方案上，他提出缩小省区的标准应有面积人口之合理支配、应注重自然环境之限制、应着眼于一省经济交通之发展、应求财力之相当均平、应顾及民情风俗语言习惯、应选择适当省会。按照这些标准，他认为"数目上以五十省左右为宜"。

对于分省的实施办法，陈烈甫认为以二年到三年为期分步骤予以实施。具体办法为：一是省区最大、需要较切者，先行实施，如四川、云南；二是有自然疆界可资利用，划界容易，地方意见比较一致者，先付施行；三是财富相当均平，缩小区域后，财政不感困难者，先付施行；四是全国每一区域以能同时实施为宜，如西南、西北、华南、华北、华东、华中及东

---

① 陈烈甫：《缩小省区问题之研究》，《行政评论》第 4 期，1940 年 6 月。

北各区，情形类似，问题相同，解决较易，自以同时实施为宜。

虽然陈烈甫本人提出了如此详细的计划，但他也认识到——

　　　　缩小省区，宣传决议，已十余年于兹。其所以云密雷鸣而不雨者，一则以国人积重难返，富保守性，对兹大事，缺乏果敢勇气。一则由于过去各省，颇有特殊情形，地方军人势力过大，中央政令有所未及，附之施行，将障碍横生。[①]

因此，他认为抗战后实行缩小省区最宜施行，在此之前所要做的工作是继续研究完善方案，如国防最高委员会做的那样，将已经制订的计划方案向社会发表，博访各方意见，参考修正，成为最后定案，以备战后付诸实施。

上述论者的立论角度不尽相同，讨论的问题不尽一致，对于缩省的时机、标准、数量等认识也有各自的看法，有的看法也未必契合实际，但对于缩省这一问题，则无疑是持赞同态度的为数较多，占了上风。民国时期，不论从政治、军事还是行政、效率等方面来说，缩小省区确实是必要的，只不过由于缩小省区牵涉事体甚大，非短期内可以实施，所以国民政府实行了在省、县间设置行政督察专员区公署的替代方案，"扩大专署辖区，务期为缩小省区之张本"[②]，其终极指向还是实行省县二级管理体制。抗战胜利后，国民政府在东北三省实行了缩省改革，废除行政督察专员制度，将东北三省划为9省，似乎预示了这一制度的走向。若不是因为新的战事，缩小省区大有可能在中国推行，从而对中国的省域划分以及政治行政产生深远的影响。

第五节　行政效率

行政学在中国的产生是与行政效率概念紧密地联系在一起的，最典型的例子就是第一个行政研究团体即命名为"行政效率研究会"。"效率"一

---

① 陈烈甫：《缩小省区问题之研究》，《行政评论》第4期，1940年6月。
② 萧文哲：《行政督察专员制度研究》，独立出版社，1941，第74页。

词在 20 世纪三四十年代是一个新鲜、时髦的词汇，作为党政领袖的蒋介石对效率问题也十分重视，时人讲到会见蒋介石最可注意的，就是蒋本人的言谈中经常提到"效率"二字①，各种政府文件中也处处可见"行政效率"的字眼。

有研究者认为，民国时期"行政效率既为舆论界和学术界所推崇，其成果很快应用于行政管理的实践层面。究其原因，行政效率理论是属于行政管理技术层面的文化，不涉及到国家安全等重大问题，故其推行不存在理论上和现实上的困难"②。但实际上，不论何种政治都是需要行政的，行政都是需要效率的，正如晏纳克所说："欲改革一国之行政，当创立一种强有力之国家统治权，以巩固其基础，同时又必求其行政之简易及节省。"③行政的简易与节省，就是行政效率追求的目标。

一　理解行政效率

张忠绂认为行政学就是为了追求行政效率。他说："行政学之目的，在使在政府中一切服务之官吏，能以最优效率之方法，利用其所能处置之原料。"④ 这里的原料主要指人员、经费、物料，最有效率之利用主要指避免人力与物力之浪费、保留物力与人力、迅速并完全达到公家之目标。张忠绂引用蓬勃（Aletander Pope）的话——"管理最佳之政府即为最佳之政府"，强调改进组织、人员、物料、程序、财政等问题对于提高行政效率的重要性。他介绍，在北京政府时代，某总长素主减政，上台之后将部内人员减去过半，而该机关的工作进行无阻，说明之前浪费人力财力程度的不可思议，也说明管好政府、提高效率之重要。

那么，什么是行政效率？富伯平认为——

　　　　行政效率就是指（a）一国整个行政组织，（b）某一行政机关，（c）或某一特定行政设施，于一定之空间，时间，以一定之人力，财

---

①　马星野：《蒋介石先生会见记》，《国闻周报》第 12 卷第 6 期，1935 年 2 月。
②　翁有为：《民国时期的行政督察专员制度及其知识背景》，《史学月刊》2006 年第 6 期。
③　晏尼克：《政制建议书》，《行政效率》第 2 卷第 8 期，1935 年 4 月。
④　张忠绂：《论行政效率》，《行政效率》第 1 卷第 4 号，1934 年 8 月。

力，物力，作业之成果，同其预期的成果之比例。[①]

谢廷式认为——

行政效率，乃系对于政府机关处理事物的一种概括的观念，自对机关内部而言，举凡组织的配合，人事的管理，物品的使用，及财务的处理等等诸端，都可以有效率或无效率做论断。[②]

甘乃光从政权运用的角度认识行政效率。他说："行政效率，有其先天的条件，若先天条件不具备，虽欲如何增进，亦不可能，稍有改善，亦流于枝节。"[③] 而所谓先天的条件，即政权运用。他认为政权运用的形式决定了行政效率，组织集中、权力集中、责任确定、指挥灵活才能促进行政效率的提升。

与此不同，张忠绂则从超越政治和党派纷争的角度认识行政效率。1933年12月初，时为清华大学历史系教授的蒋廷黻在发生蔡廷锴、陈铭枢、李济深等人领导的反对蒋介石的"福建事变"后，在《独立评论》发表了《革命与专制》一文，指出革命的动机无论如何纯洁，结果往往造成国家失地丧权。他认为这不是真正的革命，而是货真价实的内乱。而为什么中国只有内乱没有革命？他认为是由于中国没有经过一个专制的时代，还没有建立一个民族国家，所以当务之急是补上"专制"一课，然后才能用统一的民族国家为人民谋幸福。

胡适非常不同意这一观念，连续在《独立评论》上发表《建国与专制》《再论建国与专制》两文进行反驳。蒋廷黻随后又以《论专制并答胡适之先生》一文进行回应，而且进一步主张通过"个人专制"建立强有力的中央政府，用武力实现国家统一，尽快结束"二等军阀"割据的混乱局面。此后，学界名流如孟森、吴景超、钱端升、常燕生、丁文江、陶孟和、张奚若、陶希圣、张忠绂、陈之迈都参与了讨论，你来我往，争论达一年之久，

---

①　富伯平讲，杨祖望记《机关管理之研究》，《中国行政》第 3 卷第 4 期，1943 年 12 月。
②　谢廷式：《论增进行政效率与考核行政效率》，《行政评论》创刊号，1940 年 1 月。
③　甘乃光：《政权运用与行政效率》，载《中国行政新论》，商务印书馆，1943，第 24 页。

产生了很大影响。①

与众人论辩明显不同的是，张忠绂从一个行政学者的角度认为，谈论这种政治问题无益于时事，应该注意的是行政效率而不是政治理论。他认为历史的事实告诉人们，政治理论要么是为实际政治状况辩护，要么就是纯粹的理想。当下的中国，内忧外患不容为各种理想牺牲，而是需要安定与繁荣，需要行政上的效率，解决各种"会而不议、议而不决、决而不行、行而不力"的问题。②

还有人从服务精神的角度认识行政效率。一位市府秘书长从实际工作出发，认为行政效率是服务道德的体现，不管行政效率的理论如何高深，实际中提高行政效率只需做到两点，即不积压公事、不推诿责任，这也是遵守纪律的体现。③

当时，对于行政效率也有一些不同意见。1935 年 2 月 14 日，天津《大公报》发表了社论《"卑而高"的行政改革论》，认为行政效率在当时的中国很难讲求，中国最急切的问题是制止贪污，与其讲求行政效率不如设法制止贪污。制止贪污的方法是实行考铨制度，而不在讲求行政效率。林炳康认为这是一种错误的观点，最大的问题就是将行政效率和考铨制度对立了起来。他认为，中国既要提高行政效率，也要实行考铨制度，提高行政效率需要实行考铨制度，前者是本，后者是用，前者是目的，后者是方法。④

还有人认为在没有效率训练和效率观念的中国讲求行政效率是不实际的，是一种奢望。对此，张锐反驳道："中国人对于有关个人利益事业的讲求，并不见得比外国人差。行政效率也可以说是公私利益的一种冲突。中国人太讲究个人经济与个人效率，所以忽略了公家的利益，行政上才没有效率。"他从组织、人事、财物、庶务等方面来认识行政效率的提高。他认为："行政组织良善的原则，在于因事设治，一个人能办的事不可用两个

① 论争的具体情形，可以参见管效民编著《民主还是独裁：70 年前一场关于现代化的论争》，广东人民出版社，2010。

② 张忠绂：《政治理论与行政效率》，《行政效率》第 2 卷第 3 期，1935 年 2 月。

③ 赖琏：《行政效率与服务精神——在市府纪念周之报告》，《行政效率》第 4 号，1934 年 8 月。

④ 林炳康：《行政效率与考铨制度》，《行政效率》第 2 卷第 6 期，1935 年 3 月。

人，几个人能办的事不必设一科，一科能办的事不必设司处，司处能办的事不必设部会。"[1] 但国内的情形却是因人设官，每发生或想起一种新的事业或问题，不考虑是否可以由已经过多的既存机构办理，而是一味设置新的机关或者委员会。这样既浪费有限的财力，又导致职责不清、推诿塞责，甚或互相牵制、难以工作。他认为这是行政效率降低的最大原因。

二 影响行政效率的因素

1933 年的黄河决口事件造成巨大损失，危及河北、河南、山东数百万人民的生命财产，因此备受社会各界的关注。为什么会出现这样的问题？李朴生从行政角度进行了分析，并将这些问题和行政效率联系了起来。[2] 他指出，贯台决口是因为水利机关组织运用不合理以及人员登庸考绩不讲求，而组织和人员是影响行政效率最重要的两个问题。

李朴生像一个记者一样，对事件的全过程进行了追踪。他指出，对付黄河的行政和工程组织很多，国家有黄河水利委员会、黄河水灾救济委员会，河北省有隶属于建设厅的黄河河务局，山东省有与建设厅平行的黄河河务局，机构众多、人员不少。但是机构复杂、不相统属，导致事权分散、意志不一、统筹全局、指挥监督极成困难。堵口工程实施期间，负责机构有黄河水灾救济委员会的工赈组、河北省黄河河务局以及黄河水利委员会，虽然据传由河务局负责实施、工赈组负责监督、水利委员会负责督促，但是"一国三公"，意见不一。本来堵口初期只需 6000 元即可，但意见不一导致没有实施，酿成重大灾难。

决口事件反映出工作报告或者行政报告形同具文，下级捏造事实，上级熟视无睹。黄河河务局每日向河北省建设厅汇报工作，都是河堤加长多少、加高多少，从没有溃堤的记录。若按照工作报告的数据，决口早该合龙，但实际情况是几无进展。李朴生指出，这反映了用人上不用专家、不行考绩的问题。他愤愤地认为，决口之后，有关人员只是以辞职作交代，而政府百数十万的工程费付之东流，数百万人民的生命财产冤枉牺牲，岂能一辞了之？上级部门的领导不受失察的追究，也是说不过去的。

---

[1] 张锐：《行政效率是否高调》，《行政效率》第 2 卷第 7 期，1935 年 4 月。

[2] 李朴生：《贯台决口冲出来的行政效率问题》，《行政效率》第 2 卷第 7 期，1935 年 4 月。

与李朴生一样，认为组织及用人影响行政效率的人很多。内政部科长陈屯在《行政效率》上发表《关于"科长"的讨论》的文章后，一位多年没有往来的朋友——湖北第七区行政督察专员雷啸吟突然给他写了一封信，与他探讨关于"科长"的话题。雷啸吟认为，中国政治以及行政效率的致命伤在于"饭桶太多，选手太少，一般操有用人权者，但问关系，不问技能"，并总结了一个公式：（亲戚＋故旧）＋（分赃＋背景人物）＝其机关之总和。而要改进，就要先将大大小小的机关职员筛过一遍，淘汰庸人。在给雷啸吟的回信中，陈屯又指出组织问题对行政效率的实际影响——

> 窃谓现行政制之不良，组织之不合理，随地皆然，而中央为尤甚，架床叠屋之百十个机关，舞文弄墨之数千官吏，（专就中央说）终日熙熙攘攘，与民生国计何关？此系根本问题……上下相蒙，苟安为治……且以一机关最优秀之人才，大部分之官俸，完全消耗于盖章画诺与寻章数墨吹毛求疵之用途……①

还有实践者认为，"文山会海"影响行政效率，并描述当时行政的普遍情形是——

> 政务官是开会忙，事务官办公事忙，政务官因为每天要去参加种种直接间接照例和临时的会议，就减少许多实际办公的时间，对于自己主管机关的职务，就减少了很多监督指导的时间，许多事情，不能马上直接处理，至少会发生公务延缓的毛病。事务官方面，则因为承上启下的例行公文太多，手续太繁，一天到晚，忙在这些文书工作上，也就无暇顾到许多实际的事情。②

因此，作者主张这些非必要的会议和公事手续，在提高效率的标准之下，应竭力地改革与节省。

时任财政部赋税司司长的高秉坊则认为行政效率存在的最大问题是

---

① 雷啸吟、陈屯：《关于"科长"的讨论》，《行政效率》第 1 卷第 2 号，1934 年 7 月。
② 绍元冲：《怎样提高政治效率》（特载），《行政效率》第 1 卷第 8 号，1943 年 10 月。

"迂缓",不够敏捷,具体表现在用人和文字两个方面。用人上,长官在任用考试合格人员和任用私人方面犹豫不定,严重影响了行政效率。同时,因为冗员过多反而导致无人负责。而且,实践中各种事务缺乏统筹,造成上级均认为自己的事重要反而令下级无所适从。文字上,公文过于重视体例,规定死板且丝毫不能随便,例如要求"一定要写正楷,至于于所呈的事由之外,还要加上一些似谈非谈的恭维话,尤其承上转下的文件,头尾夹杂的机关名称,有十级,就写十个,看了半天,还是文不落题,而内容简简单单没有几句,这纯粹是陷于程式的流毒"①。

对于这些弊端,高秉坊建议厉行考试、裁汰冗员、明确职责、统一部署。尤其建议在公文上,要改革公文程式以求简便;同一机关不需要彼此公文往返,而是采用面谈的方式;节省签呈手续,最好直接拟稿,由主管签发或做简单修改签发,而不是先上签呈,主管提出意见,再誊写、拟成文件,再由主管修改签发;避免公文任意乱发、杂乱无章,而要按级呈送,以免重复。

三　追求行政效率的困难与问题

有研究者认为农工商界的合理经济主义在行政上应用有困难。私人企业家的生产,可以通过价格这一指标体现效率,效率高则利润大,效率低则利润小,因此可以根据价格所导致的利润高低来判断效率的大小。但"公务之生产者为国家,消费者为人民,两者之间有政党、国会、内阁,即公务员本身,之层层隔阂,其情形大较市场供求为复杂,为公务所支出之经费,由于其福利民生之特殊性质,亦不足与表示公务之究竟价格。"② 其意思是,行政产出效率高低的评判,本身比较困难,即使可以评判,其结论也不是仅仅反映了公务人员的效率,其高低还受政治体制、政治组织等非行政因素的影响。

谢廷式更是指出极端追求行政效率会损害行政效率。他说——

　　很多讲求效率的人,做出有碍效率的事,为了节省经费,不顾机

---

① 高秉坊:《增进行政效率的几个问题》,《行政研究》第 2 卷第 1 期,1937 年 1 月。
② 严家显:《行政之经济合理化》,《地方行政》(福建)第 2 期,1941 年 10 月。

构的功用，而妄行缩紧组织；为了节省经费，不顾在职人员的精力与安全，而妄行减少人员；为了节省经费，不顾物品之耐用与否，而妄行采购劣货；为了节省经费，不顾及社会利益与福利，而妄行节制开支。结果，经济算是经济了，整个机关的活力萎了，整个机关的效率缩小范围减低程度了。①

他认为，经济与效率有一个平衡的原则，例如 3 斤葡萄酿 1 斤酒是一个定率，那么 900 斤葡萄酿了 300 斤酒，就是有效率的。为了酿 300 斤酒，就必须有 900 斤葡萄。不能单纯为了提高效率，减少葡萄的量。因为这 3 与 1 之比，是葡萄与酒的平衡原则。同理，如果不打算缩小一个机关的功用，就不应该缩小其组织、人员和财物等因素，否则就会伤害平衡的原则。平衡原则是机关"在初步着手整理时最低限度或谋实现的"。

谢廷式认为不要过分迷信行政效率。他说："增进行政效率，是科学影响行政必然的趋势，是人类对于事物应有的演进，并不是一种眩世眩俗的迷信。"增进行政效率的办法在于尽量使用物力，充分发展能力，利用好工具等，尤其应当重视打印机、油印机、复写纸、号码机以及新式标点等对提高行政效率的作用。但在这方面，现实中存在的问题还不少。蒋廷黻曾经举过一个例子，有一个童子军团呈文向行政院院长办公厅询问是否可以买到印好的国歌词谱。行政院正式将原案交教育部，教育部又分令许多出版公司。结果行政院等了两个月，才接到教育部的答复，说明没有找到印歌谱的出版商。于是，行政院再正式答复那个童子军团。蒋廷黻因此就问科组人员，这样的事情为什么不用电话处理？科组人员回答，可以是可以，但是不习惯。②

另外，谢廷式认为行政效率不是书面研究的问题，而是具体实践中的操作和运用问题，他说——

纯粹的行政问题，是没有好多理论可讲的，不信试一查英美各国关于行政方面的专书，何以到现在还是寥寥几本呢？增进效率，是一

---

① 谢廷式：《论增进行政效率与考核行政效率》，《行政评论》创刊号，1940 年 1 月。
② 蒋廷黻：《蒋廷黻回忆录》，岳麓书社，2003，第 195 页。

种工作……而不是单调的研究写文章所能解决得了，所以政府行政改革，总是政府自己起来动手……而不假手于纯学术机关在纸堆里去找出路，或者干脆的登报悬奖征求洋洋洒洒张泛无边的论文，这当然是有根本原因的。

对于如何考核行政效率，谢廷式指出，"研究一个机关或组合的行政效率，要在千头万绪的问题中，一枝一节去谋解决，考核一个机关或组合的行政效率则反是"，只须考虑该机关或组合的中心工作是否完成，完成的是否彻底，对于如何增效效率的办法无须过问。他认为——

> 考核行政效率，乃是法令的执行。今某机关举办某事，或依法某机关应完成某项任务，或依据该机关原定计划应刻期告竣，到了考核之时，就看那些事实是否与原来的法令计画两相璧合。是就是，非就非，这就是很好的考核办法，毫无关涉技术手续的。
>
> 考核行政效率最大的错误，是考核者不直接考核，而是听取报告。报告者又端是被考核者本身。这样，其流弊实至明显。被考核者方面，要力求自圆其说，不能不在文字方面下功夫，当然头头是道，言之成理。考核的人，深居衙署，在是非可否的模糊状态之下，要力求卸脱责任，也只好回敬一个"尚无不合"。

谢廷式之所以如此反对考核行政效率的种种日常现象，其原因是机关设置的目的是为完成任务，只要完成任务，就是有效率的。而局外人偶然提出的改进主张，或上级部门官员所做的短时视察指导，不是"只知其一，不知其二"、于事无补，就是一时感触、过时无效、适得其反。

第七章　民国时期的行政改革与研究

甘乃光认为："所谓行政改革，即改革运用政策的机构人员与工具的问题，使之现代化，效率化。"他指出："中国行政之需要改革，乃铁一般的事实，行政改革的目标，在增加效率，有效率的是否即可增加人民福利，此乃政治或政策的问题，政治或政策随时代需要而不同；但运用政策的机构人员与工具，当现代化，效率化，此乃不易之原则。"[①] 为了追求行政效率，民国时期，在一个新的大规模现代政府建立之初，国民政府就在不断地进行改革，以完善机构、人员与工具等行政的因素，达到提高行政效率的目的。

第一节　文书档案改革运动

行政学不能脱开真实存在的行政。民国时期日常的行政是什么样？蒋廷黻对此有过专门的记述——

中国政府实在太大、太复杂，任何一个人都无法了解它的全貌。不过，为了供将来参考，我愿在此谈一谈我当时所了解的中国行政工作。

行政院院长办公厅办公人员约有三百人，其中三分之二都是书记人员。六十位是半书记半专门人员。二十名是专门人员，他们的知识与经验堪供决策参考。办公厅每天收文平均九百件，发文约五百件。收发文中有百分之五需要我过目，百分之五中，只有三分之一需要夹注意见。

---

① 甘乃光：《中国行政新论》，商务印书馆，1943，第153页。

158

其他需要我签字的，由一位参事替我代签，盖我的橡皮签章。翁
文灏埋首于办公桌上的时间比我多，每天看的公文较我多。我和翁所
处理的公文，只有五分之一需要呈院长核夺。

办公人员分三科。一件来文（可能是电报、函件、便签、呈
文……），首先由主管科处理，办专门的办公人员注明日期，有关法
令，有时签注指复意见。接着主管科将原文加签呈送到主管组。每组
由一位较高级秘书或参事兼任组长，负责审查主管科的签注意见。如
果他同意主管科意见，只要签个名就可以了，如果他要修改，就需再
加签条。

经过科组处理过的公文，送给持有我签章的参事。他要决定那些
呈我过目，那些盖章后退回主管科归档或答复。翁文灏是由一位高级
秘书替他担任类似的工作。[①]

蒋廷黻还谈道，行政院会议经常需要他和翁文灏对每个部会的提案签
署意见，他们的意见简单明了，能抓住重点，并且所签意见往往能跳出各
部会的个别利益，兼顾周全。所以，他们的意见经常被决策者和提案人接
受，蒋廷黻因此感慨："就某种意义说，实际上是我们的签条左右了中国的
政治。"[②]

的确，政府的每一项工作差不多都要用各种公文来承转运作，行政离
不开公文。公文运行问题也确实是行政的基本问题，一个上了轨道的行政
体制或许觉察不到公文流转等基本行政问题的重要性，但一个没有上轨道
的行政体制，只能依靠改进这些基本问题来实现行政的正常运转，并不断
提高行政效率。

虽然公文如此重要，但是实际办理情形很不理想。蒋廷黻历数中国行
政的困难，认为这些困难基本都和公文运行有关，或者通过文书档案集中
呈现出来。第一，中国语言很不方便，但是当时没有高速抄写和复印的技
术及机械，所以所有的文件不得不依靠缮写。第二，公文处理的方式像宝
塔一样，要从下到上再从上到下，层层旅行。第三，不良行政程序浪费时

① 蒋廷黻：《蒋廷黻回忆录》，岳麓书社，2003，第193页。
② 同上书，第198页。

间。蒋廷黻将当时的公文处理方式比喻作一个宝塔——

> 所有的文件都要由最下一层逐级呈到最上一层，然后再由最上一层退回最下一层。此种处理程序当然是很浪费时间的，同时还产生另外一种弊端：那就是冲淡了每个人的责任感。大家都处理了文件，至于一件工作是否已经做了、做的是否好倒没有人关怀了。他们真正注意的是公文的遣词用字是否得当，缮写字体是否秀丽，印章盖的是否端正。①

公文办理本身的不便，再加上办理方法没有统一，因此公文制度混乱、效率很低，造成了以办公文为中心任务，机关内部人人都在办公文的现象。甘乃光到内政部后，发现内政部当时的档案和文书处理存在收发文无总号数、档案分类和管理司科各自为政、遗失文书不易查考、新旧档案整理不能划一等弊病。实际上，这些问题不仅仅是内政部所独有，一般机关都存在这些问题。

公文运行问题实际上反映了行政程序问题，公文运行要履行行政程序，行政程序不当则加重了公文运行的困难和浪费。例如，为了避免中央各部命令互相抵牾，经省市长要求和行政院核准，只有行政院才可以命令各省及特别市政府。但这一改革并未收到预期效果，因为只有行政院长才能对省主席、特别市长发布命令，反而降低了行政效率。比如教育部长要省教育厅长办某事，他必须先请院长命令省主席，再由省主席转令教育厅长。这样一来，不仅降低了效率，还在一定程度上决定了当时的中央地方关系，即地方的职能部门只是地方的职能部门，中央的上级职能部门并不是它的主管或指导机关，地方部门只听从于地方最高行政首长。因此，某一中央部会的命令完全可能被地方首长拒绝。

行政改革需要入手的办法，正因为公文是行政的工具，文书档案问题是行政的基本问题，影响至深，所以甘乃光将文书档案改革视作中国行政改革的开始和起点。事实上此前，陈立夫在中央党部、蒋梦麟在教育部、黄伯樵在上海市公用局都曾主持过文书档案改革，而且都取得了一定成绩。甘乃光从事行政工作多年，积累了丰富的行政经验，在他看来，文书档案

---

① 蒋廷黻：《蒋廷黻回忆录》，岳麓书社，2003，第235页。

改革是一个引子，大家比较容易接受，但影响又比较深远，可以带动行政改革的整体进步。作为文书档案改革的发起者和实行者，甘乃光将文书档案改革和新文化运动相类比——

> 就新文化运动而言，其要点实在文言改白话。此种文化工具的解放，乃使后来各种文化运动得新工具而推行便利，更因利用此新工具而使各文化层发生解放的自觉。各级行政的改革亦然，当使各级政府人员有改革的自觉，然后其他的改革运动，自然应运而生，于是遂定各级政府人员感觉最敏而人人有关的文书档案改革为入手之初步运动。问题比较的小，而范围与普遍性比较广大，故遂用两年的工夫，从事研究试验，使有实际具体的方案，方不致徒托空言而收运动之实效。①

为了做好文书档案改革工作，甘乃光得知王云五在商务印书馆曾主持过类似的"合理化运动"，取得了积极成效，便专赴上海考察。王云五建议甘乃光进行改革不要先从人着手，而应该从物入手，即不打破现有工作人员的饭碗，而是使用具、物料等的管理实现标准化、科学化。这样做的好处，既能避免改革的阻力，又能较快取得实践上的成效。甘乃光与王云五的意见很一致，认为行政的改革是一个不易进行的事情，"要有学理的研究，要有事实的需要，要有实际可行的方案，最重要的，不可即由此而发生政潮"②。王云五的建议增加了甘乃光从文书档案改革入手进行行政改革的信心。且决定，在改革之初，"先从物或工具下手，即文书档案下手"③。

1933 年 6 月，行政院召开了改革公文档案会议，由甘乃光主持。会议的结果在文书方面是公文开始使用标点，在档案方面是开始使用卡片，在手续方面也有些许的改进。这次改革会议是成功的，其成绩引起了当局的重视，又促成了行政效率委员会的设立。行政效率委员会成立后做了很多工作，按照甘乃光的意见，"见效者以此为最著"，即以文书档案改革成绩最为明显。

---

① 甘乃光：《中国行政新论》，商务印书馆，1943，第 153 页。
② 甘乃光：《文书档案改革运动的回顾与展望》，载《中国行政新论》，商务印书馆，1943，第 153 页。
③ 甘乃光：《行政效率概论》，载《中国行政新论》，商务印书馆，1943，第 11 页。

内政部进行文书档案改革，最终的目标是要实现文书与档案的连锁，即文书收发与档案管理合一。这是因为文书与档案本不能分，"档案原为归档之文书，文书即未归档之档案"①。而行政院召集改革公文整理档案之后，虽然取得了一定成效，但是限于人力经费，在文书收发与档案整理方面却成效不大。正在此时，《行政效率》上发表了一篇名为《档案编制问题之检讨》的文章，提出的办法正是将文件收发和档案管理合一，与内政部的想法不谋而合。此后，双方经过共同研究、几度探讨，最后决定了一个内政部的文书档案连锁办法。

为了实现文书和档案的连锁，此办法设置了收发文总号数，改组了总收发处，使总收发处与总档案处发生密切的连锁关系，并以总收发处的统一实现各司档案管理制度的统一，使文书收发和档案管理实现分类统一与行政集中。分类统一的主要思路就是收发处代档案处做分类工作，即收发处从收发文开始就将文件分类，而不是等到文书变成档案时再由档案处进行分类，这也是文书档案连锁办法的主旨。

为了推行改革，在公文处理上，文书档案连锁办法还对稿面进行了改良，增添了"收发文号"及"分配"一项，使稿面包含更多必要的信息，便于提高公文处理的效率。同时，收发文单还使用了油印技术，代替了使用复写纸，避免了数量有限、不够分配。此外，该办法还改进了公文检查的程序，改良了戳记。在档案整理上，该办法则以总收发文单为依据，自然形成分类办法，归档保存。同时，还制作了"调卷证""调卷条""案卷卡"，规范档案调阅。

改革中，甘乃光主张尽量解放文书的程式，力求简易，避免辞意暗晦。例如，他主张公文使用白话文、简体字，以实现简易化、平民化。在文书的用具上，他提出不必抱残守缺、"古色古香"，而要争取实现机械化，用墨汁代替磨墨，用打字机代替手写。他还提出设立中央档案库，以加速推进各方面的进步。

为了提高公文处理效率，甘乃光还提出了"分级负责的办法"，即可以由某级长官处理的文件无须由上级决定，该级长官直接可以做最后处理。

---

① 甘乃光：《文书档案连锁办法之试验——内政部初期试验之报告》，载《中国行政新论》，商务印书馆，1943，第145页。

例如，司长有权处理的文件，司长签名便可发出，科长有权处理的文件，科长签名即可发出，不必像以前那样此类文件统统需要常务次长、政务次长、部长一一签名方可。如果没有这种分级负责的办法，就会出现"无字的稿"。据说某一机关有一件文书，经过层层审核，稿面审核的图章、签字都齐了、满了，最后到了录事手里，发现稿纸还是白的，没有一个字，等于各级长官对一个"无字的稿"个个签署了同意的意见。录事不敢声张，去问办稿人，原来办稿人在另一张纸上打了草稿，忘记誊写到稿纸上了，"无字的稿"签名盖章后夹在一叠文书里就走了程序，结果科长、司长、秘书、常务次长、政务次长、部长都照例在稿面上审核同意，交录事去抄写。可见，人人负责，结果就是人人不负责。

对于公文处理上的分层负责，蒋廷黻有另外一种回忆。他提到，出于谨慎的考虑，以及为了能够找到一个大家都能接受的有关公文改革的恰当词句并易于推行，他费了很大工夫想出了"分层负责"这个词。并且和很多朋友进行了讨论，大家都认为不错。后来蒋介石在一次谈到权责的讲话中也使用了这个词。蒋介石对这个词的使用，鼓励了蒋廷黻将改革方案提交给院会。但是，当即就遭到行政院长孔祥熙、粮食部长徐堪的反对。蒋廷黻说，后来虽然"从表面看，我的计划是被采纳了，但实际上成了具文"①。他分析，这并不全是因为道德上的原因，而是因为人们对此缺乏了解。蒋廷黻意识到，欲使改革计划顺利推行，还要配以其他方面的改革。第一，分层负责需要机关首长首先决定他所主持的单位要做些什么工作。其次，必须将工作固定地分配给各科室。而预先筹划政府机关重要工作是很吃力的，这比头痛医头脚痛医脚，遇事临时应付一下，然后推到其他单位困难得多。第二，如果真正要授权给科室主管，即使是相当有限的授权，科室主管的人选也必须深获上级的信任。于是在人选的物色方面会较一般情况小心得多。而在过去，即使某一个主管不称职也没有多大关系，因为他不过是一个"公事必须经过的桌子"。

对于包括公文改革在内的行政改革的困难，甘乃光深有体会。为什么只有文书档案改革取得了一定的成效而其他改革没有？甘乃光道出了其中原委，并为当局做了一定的辩解——

行政效率名词既出，而见效如此，论者谓此乃小问题，真欲行政之改革当以改变机构，扩广文官制度，改革预算制度为先。此诚重要，会中亦何尝无所研究？不过均提不出，纵能提出，亦未易生效，以其关系人事太多，很有发生政潮之可能。处前数年之环境，当局别有苦心，非一言可以自了。东顾日本，行政机构改革运动，以军部万钧之力，尚且不易实现；可知改革运动与革命运动，自有其不同之处，而吾辈体会当局苦衷，实亦有其难言的痛苦。这不是自作解嘲，不过使责备我们的人们，知到一点真相。①

总的来看，虽然文书档案改革在初期不被人所理解，旁人认为这是无关宏旨的小事，不值得注意，但甘乃光坚持了下来，得到了部内外的认可，成为全国各行政机关普遍实行的改革事项，形成一种运动。文书档案连锁办法一出，教育部、江西省政府、广西省政府等京内外机关到内政部学习的很多。1935 年春，甘乃光在武昌军事委员会委员长行营第五处任职，又将此办法进行改进，于武昌县再次试验。后来，甘乃光到四川，又借演讲之便对此办法进行了宣传，文书档案连锁办法因此由省而县，扩大了应用。随着该办法的逐渐成熟，周连宽和孔充还将此办法编成了两本小册子出版分送各方，使其在各地生根，影响甚大。除了实践中的影响，文书档案改革在大学教育中也产生了一定影响，南开大学在课程设置方面，于文科各系增加了"公文程式"一课。②

第二节　合署办公、裁局改科、行政督察专员制

一　合署办公

1934 年 7 月，军事委员会委员长南昌行营为求增进省政府行政效率，颁布《省政府合署办公办法大纲》（以下简称《办法大纲》），在湖北、河南、安徽、江西、福建等"剿匪"省份先行实施合署办公。同时明确其他

---

① 甘乃光：《文书档案改革运动的回顾与展望》，载《中国行政新论》，商务印书馆，1943，第 154 页。

② 吴立保：《大学校长与中国近代大学本土化研究》，中国社会科学出版社，2010，第 240 页。

省份经行政院核准，也可以依照该大纲执行。^① 1936 年 10 月，行政院正式公布《省政府合署办公暂行规程》，废止南昌行营颁布的《办法大纲》。

《省政府合署办公暂行规程》颁布实施之后，行政院要求各省将实施的情形报告内政部，由内政部转呈行政院。行政院出于划一制度、提高效率的考虑，又研究制定了《合署办公施行细则之要点》，规定"合署办公后，其人员应比较未合署办公前为少，经费应比较未合署办公以前为省"^②，表明合署办公除了集中权力之外，还有节省人力和经费的目的。

合署办公改革主要涉及机构的调整、文书处理的改革以及事务管理的改制。在机构调整方面，合署办公要求：第一，省政府秘书处，民政、财政、教育、建设四厅及保安处一律并入省政府公署内合署办公。一切直属省政府的机关，除已经合署或行政院特准设置的机关外，应该分别裁并或缩小，并且直接隶属于主管厅处。第二，各厅处及其所辖机关的组织以及各科股的职能划分，要依据实际需要重新划定并厉行裁并。第三，省政府秘书处除设科分别管理文书、会计、庶务外，还应设技术室，开展各项专门技术事业的调查、设计、审核及指导；设法制室，进行法令之搜集整理草拟修订审核及指导；设统计室，进行统计、报告年鉴的编制以及各种表格的调整；设编译室，负责公报和其他刊物的编译。

在文书处理的改制方面，合署办公要求：第一，省政府合署办公后，除各厅处对行政院主管部会署的命令可以直接呈复、对于自己职权范围内所监督指挥的人员和机关直接发布不抵触省政府的厅处令和布告外，所有的文书都要以省政府的名义发出。第二，一切文书，都由省政府秘书处总收总发。第三，省政府及各厅处的文书，要采取科学管理的方法，达到迅速缜密简便的效果。并且，每日每周文书的收发承办，除机密要件外，均应分类摘要统计，制成表单送省主席和各厅处长查阅。

在事务管理改进方面，合署办公要求省政府和各厅处的经费应该集中管理，材料物品应集中购买。一时不便集中的，要商定项目和范围，先集中一部分。合署办公后所节省下来的经费，要全部拨付各县以增加县的行政经费。

---

① 在《省府合署办公试验的几个问题》一文中，李朴生提到合署办公制的首创者应该是湖北省政府主席张岳军，后经蒋介石认可成为正式制度。该文见《行政效率》第 1 卷第 5、6 号合刊，1934 年 9 月。

② 《省府合署办公施行细则要点》，《行政研究》第 2 卷第 4 期，1937 年 4 月。

《办法大纲》颁布后，湖北省和河南省率先实行。湖北省先期将民政厅和保安处并入。① 河南省召开省府会议通过《合署办公规则草案》，先将民政厅、教育厅、秘书处、保安处集中，并进行了相应的文书程序改革。作为基础较好、实行较早的省份，湖北、河南的合署办公对其他省份起到了一定的示范作用。② 山东省政府还派人赴河南考察合署办公情形。③ 合署办公，实际上并不局限于省政府，在某些市也一并实行。例如，青岛市政府由行政院核准实行合署办公。④ 南京市作为首都在原有财政、公务、社会局合入市府办公的基础上，筹划进行更进一步的合署办公。⑤ 上海市对合署办公办法进行了缜密研究。⑥ 行政院也曾通过各省政府转饬省政府所属市政府实行合署办公。⑦

合署办公施行后，短时间就取得了一定的成效。河南实行合署办公后，裁员 200 余人，经费减发 1/4。⑧ 江西实行合署办公后，预计裁员 1/3。⑨ 办公经费上，每月节省了 1 万元。⑩ 所节省的经费均用于充实县政府及下属机关。

但在推行的过程中，合署办公也遇到一些问题。例如，江西省实行合署办公后，"文书缮写室职员共有六七十人，全处工作较前加倍紧张"，而且合署办公后，房屋不够，只好计划在省政府内建设一座办公厅，"为中国宫殿式"，预计花费 77000 元。⑪ 广东省为准备合署办公，决定在短期内建筑合署。为了筹措资金，对原有的公署及会馆进行了变卖。⑫ 因此，虽然有很多省份和市及时实行了合署办公，但是就全国范围来讲程度不一。内政

---

① 《各省合署办公之消息种种》，《行政效率》第 1 卷第 5、6 号合刊，1934 年 9 月。
② 《冀拟采豫鄂现行合署方案》，《行政效率》第 1 卷第 11 号，1934 年 12 月。
③ 《鲁省府派员赴豫考察合署办公情形》，《行政效率》第 1 卷第 10 号，1934 年 12 月。
④ 《行政院已核准青市府合署办公》，《行政研究》第 1 卷第 1 期，1936 年 10 月。
⑤ 《京市府将合署办公》，《行政效率》第 1 卷第 8 号，1934 年 10 月。
⑥ 《沪市府缜密研究合署办法》，《行政效率》第 1 卷第 11 号，1934 年 12 月。
⑦ 《内政部通咨各省市府如期实行合署办公》，《行政效率》第 1 卷第 11 号，1934 年 12 月。
⑧ 《各省合署办公之消息种种》，《行政效率》第 1 卷第 5、6 号合刊，1934 年 9 月；《合署办公消息》，《行政效率》第 1 卷第 7 号，1934 年 10 月。该消息称河南省于 9 月 1 日起实行合署办公，与之前的消息略有不符。
⑨ 《合署办公之进行近况》，《行政效率》第 1 卷第 8 号，1934 年 10 月。
⑩ 《赣省府合署办公后情形》，《行政效率》第 1 卷第 11 号，1934 年 12 月。
⑪ 同上。
⑫ 《合署办公消息》，《行政效率》第 1 卷第 7 号，1934 年 10 月。

部只好多次进行督促。1934 年 11 月，内政部通咨浙江、四川、湖南等 11 个省并转饬所属市府在规定时间内一律实行合署办公。① 直到 1937 年 5 月间，行政院还在要求所有还未实行合署办公的省府于 7 月 1 日起全部实施。②

合署办公作为当时行政改革的重点问题，研究者对之报以极大的热情。李朴生连续发表《省府合署办公试验的几个问题》《省政府合署办公的文书处理问题》等文章。他认为，合署办公的要点是省政府及各厅处合署办公、对外行文统一于省政府、府厅的财务庶务统一，其目的主要是统一意志、集中权力、紧张组织、节约经费。其中，关键是统一意志和集中权力，二者关系这一制度的成败。

对实行中存在的问题，李朴生一一进行了分析。他指出，《办法大纲》规定"一切文书，概由省府秘书处总收总管，由主管厅处承办，分别副署或会同副署，签呈主席判行"，其结果势必增加公文的程序，因为来文和去文都增加了秘书处这一环节。而且，以前各厅处自行发出的公文现在要经省主席同意判行，余下的誊写、校对、用印、封发等工作是由省政府承担还是由各厅处承担也没有定论，增加了混乱。此外，来文去文统一汇集于省政府秘书处，增加了秘书长的工作负担，往往使其不堪重负，难合实际。就是省政府、各厅处与中央部会之间的公文往来，也存在和谁对口的问题，实际中往往各行其是。

他提出的这个问题，实际上指出了合署办公在一开始对于公文办法的规定显得矫枉过正、过度集中。对此，张锐和李朴生有同样的认识，并提出了改进的方法。张锐在视察几省的工作后，提出减少秘书处审核公文的工作，除非有特殊情形，来文直接登记后即由总收发室分送各主管厅处处理，不必先行审核；发文一般情况下也不必件件送秘书处核阅，尤其是应由各厅处主办的稿件，不必由秘书处代办。③ 李朴生认识到，当初设计总收总发是因为担心中央各部会给各省厅处的公文之间、各省厅处发给各县政府的公文之间存在相互冲突和矛盾的地方，但追根溯源问题不出在文件流

---

① 《内政部通咨各省市府如期实行合署办公》，《行政效率》第 1 卷第 11 号，1934 年 12 月。
② 《省府合署办公七月一日起均须实行骈枝机关将一并裁撤》，《行政研究》第 2 卷第 6 期，1937 年 6 月。
③ 张悦：《新政的透视与展望》，《行政研究》第 1 卷第 1 期，1936 年 10 月。

转上，而是在行政院、省政府的职权设计和运作问题上。比如，只有改进省政府委员会议的实效，才能避免各厅处文件自相矛盾、相互抵触的问题。对此。李朴生认为实行省长制是一个很好的替代，否则合署办公难以真正实行。①

这些研究有助于这一制度的改进，1936 年 10 月行政院颁布的《省政府合署办公暂行规程》规定"各厅处对于所属主管部会署之命令，应径行呈复"，"各厅处依其职权，监督指挥直辖职员或直辖机关之事务进行，在不抵触省令之范围内，仍得自发厅令或布告"。这实际上突破了先前《办法大纲》规定的"总收总核"。

此外，李朴生认为合署办公后，各厅厅长由政务官变为介于政务官和事务官之间的官员，秘书长的职权和性质已经凌驾于各厅处长官之上，成为省主席之下最高的政务官了，秘书长和厅处长之间的冲突值得注意。鉴于此，他建议秘书处改作政务厅或者政务处，秘书长称作政务厅长，各厅处便类同于中央各司，从而使省制由"委员会制"变为"省长制"，可以达到统一意志和集中权力的目的。

合署办公因为组织缩小面临人员精简的难题，虽然有规定"准予分别备选县长区长及其县佐治人员之用"，但实际中很难实现。李朴生认为，应该切实地执行这一制度，因为"现在的智识分子，在都会中工商业的机会本是极少，所能营求的只是官吏一途。若省府这么一来，带驱迫性的把他们导引回乡村去，不只是医治了都会的脑充血病，还可医治了乡村的脑贫血病"②。

合署办公后财务和庶务的统一，是为减少人员、节省行政开支，李朴生认为关键是要采取集中购买的制度，杜绝浪费。对于为了节省行政经费，部分省厅减人又减薪的办法，李朴生不大赞同，认为既然同在省政府服务，而且财务也统一了，就不应该你我有别，省政府要通盘考虑。在分析了上述种种问题后，李朴生仍然充满热情和希望地呼吁——

　　合署办公现在是一个试验，而其动机之重要，影响之巨大，将为

---

① 李朴生：《省政府合署办公的文书处理问题》，《行政研究》第 2 卷第 7 期，1937 年 7 月。
② 李朴生：《省府合署办公试验的几个问题》，《行政效率》第 1 卷第 5、6 号合刊，1934 年 9 月。

我国行政史上画一新时代。即使现在的进行，有种种技术上或人事上的问题，稍感困难，而从经验中找得解决的方法，这个方法便弥可珍贵。①

谢贯一则专门研究了合署办公后的庶务问题。他认为，合署办公面临的难题最主要的是节省经费的问题，因为——

> 目前行政上的最大病根，在经费分配的不合理，一个机关的经费，大部分用作人员的薪水和物品的消耗，对于事业费的规定，为数极微，甚至毫无规定。举办一事，都得临时去张罗，以致养了许多办事人员，终日无事可办，纵有，亦不过空口设计，消耗纸张笔墨而已，于国计民生，有何相干。②

为了节省经费，他提出两种办法：一是缩小组织、减少人员，从而降低薪俸支出；二是改善现行庶务制度，防止购买和消耗的浪费，使点滴归公。他认为，前一种办法因为已经有所注意和计议，只需加以切实实行，后一种办法则更有研究改进的必要。

如何改进机关庶务？谢贯一认为机关庶务的主要任务是物料的购买和物品的分配保管。当时庶务问题的主要弊端是：各机关各自为政，各有其组织，人员多用，经费增加；购买的方法不良，经手购买人员易于作弊；物品无从划一，以致不能大宗购买，使物价减低；管理无办法，分配无规定，以致物品易于耗散浪费。就此，他对症下药，提出改进的根本办法就是集中、公开购买，促进分配管理科学化。为此，他详细设计了改造省政府原有庶务科的办法，设想了如何成立购料委员会专门负责办理1000元以上的物品购置，并对实现公开购买的估价和招标方法进行了说明。他的设计极其细致，比如领新墨水必须缴还用完的空墨水瓶。③

---

① 李朴生：《省府合署办公试验的几个问题》，《行政效率》第1卷第5、6号合刊，1934年9月。

② 谢贯一：《合署办公后之庶务改善问题》，《行政效率》第1卷第8号，1943年10月。

③ 谢贯一有一篇专门的文章《几个行政机关购料的组织及其运用》，介绍招标、开标和签订合同的详细手续。该文见《行政效率》第1卷第5、6号合刊，1934年9月16日。

二 裁局改科

裁局改科是 20 世纪 30 年代县政改革的主要内容。有研究者指出，国民党在抗日战争前所推出的一系列行政改革，无一不是先行于"剿匪"省区，而后推向全国的，"这意味着国民党的地方政制改革大多是与共产党战略互动的产物"①。这些改革措施因其逐渐推广，再加上众多县政改革专家在理论上加以泛化，掀起了 1930 年代中前期的县政改革浪潮。②

但值得指出的是，县政改革除了"剿匪"之外，还负有建设这一更重要的主题。应该说，裁局改科和整个国民政府的地方政治改革是联系在一起的。这一改革的主要内容是，将县作为行政兼自治机关，在自治开始时期施行官督民治，县以上调整省县关系，县自身进行机构改革即施行裁局改科，县以下将区改为行政机构，实行分区设署。并计划在自治完成后，即完全采取地方自治制度。

20 世纪 30 年代初的县政府，都是依照 1928 年 9 月南京国民政府颁布的《县组织法》所规定的"一府四局"的架构来组建的。该法规定县府按照县的等级设置 2 科至 4 科，同时各县又设立公安、财务、建设、教育 4 局，必要时可以增设卫生局、土地局等。在实际运行中，科、局两种设置在机构沿革、法律地位和管理体制等方面有着显著的区别。套用今天的说法，科属于"块块"管理体制，局则属于"条条管理"体制。③《县组织法》所规定的这种"一府四局"的组织架构，有两个不利于县政府权力集中的因素：一是各局局长均由省主管厅指派或委任，对上直接呈报主管厅，对下则直接发布局令，自成系统，县长没有行使监督指挥的充分权力；二是县政府的组织太简，经费过少，人员不过 10 人左右，难以提高行政效率、完成行政任务。

裁局改科的主要目的就是增加县政府和县长职权，同时充实县政府机

---

① 王奇生：《战前中国的区乡行政：以江苏省为中心》，载中国社会科学院近代史研究所民国研究室、四川师范大学历史文华学院《一九三零年代的中国》（上卷），社会科学文献出版社，2006，第 182 页。

② 曹成建：《1930 年代中前期南京国民政府推行县政改革的原因及主要内容》，载中国社会科学院近代史研究所民国研究室、四川师范大学历史文华学院《一九三零年代的中国》（上卷），社会科学文献出版社，2006，第 160～176 页。

③ 周联合：《南京国民政府县政府裁局改科研究》，《晋阳学刊》2004 年第 6 期。

构，以提高行政效率。1934 年 12 月 31 日，南昌行营颁布《"剿匪"省份各县政府裁局设科办法大纲》（简称《裁局设科办法大纲》），训令豫、鄂、皖、赣、闽 5 省遵照办理，限于 3 个月内实施完成，其他省份也可呈请行政院参照执行。其主要内容包括：县政府上行下行文书，概以县长名义行之；县政府所属公安、财政、教育、建设各局，全部裁撤，其职掌分别归并县政府各科管理；县政府置秘书 1 人，同时分设 3 科，教育、建设合为一科，其他各项事务，由各省根据实际需要，合理分配；县佐治人员由县长遴选，呈经省政府严加审查，分别核委或备案。承办教育、建设事务的佐治人员，必须具有专门资格或相当的学识经验，另外可酌设督学及技士。这些规定从公文运行、机构设置、办公场地、人选决定等方面解决了权力集中的问题，把原来分散在各局的行政权力收归县政府和县长所有。虽然傅斯年曾指出合署办公、裁局改科是"转向当年之幕府制复古去"，张锐部认为合署办公、裁局改科正是实现傅斯年本人提出的"行政手续要快"的对策，而且是很现代化的一种办法。[1]

裁局改科先是在"剿匪"区实行，其他省份参照执行，但其影响远在"剿匪"区之外，裁局改科为有识之士所认可和推行。例如，1931～1937年，梁仲华、孙廉泉、梁漱溟等人在山东省政府主席韩复榘的支持下，在邹平县设立乡村建设研究院，开展乡村建设，并对县政府的机构进行了改革。梁漱溟曾回忆——

> 县长由我们提名，省政府来任命、发表。后来我们就对县政府改组，一些事情都采取一个试验的性质，看看怎么样好，怎么样办法好。比如说，原来县政府之外是四个局，什么教育局、建设局，什么公安局、财政局，我们就把这些局都不要，统统归并到县政府里头，在县政府里头合署办公，合在一起办公，如此之类。[2]

1936 年 11 月至 1937 年 5 月，时任兰溪实验县县长的胡次威在《行政

---

① 张锐：《地方政制改善的途径》，《行政效率》第 2 卷第 5 期，1935 年 3 月。
② 〔美〕艾恺采访，梁漱溟口述，一耽学堂整理《这个世界会好吗——梁漱溟晚年口述》，东方出版社，2006，第 205 页。对此事的回忆还可见梁漱溟《回忆我从事的乡村建设运动》，载《乡村建设理论》，上海世纪出版集团，2006，第 384 页。

研究》上连续发表 7 篇名为《重要县政问题改进意见》的连载文章讨论县政改革问题。从他的分析来看，他完全赞成《裁局设科办法大纲》，认为其中规定可以适用于实验县，也可以适用于其他各县。

1937 年 6 月，行政院公布《县政府裁局改科暂行规程》取代《裁局设科办法大纲》，裁局改科正式推行于全国。1939 年 9 月，国民政府公布《县各级组织纲要》，确立县政府设科制度。由于裁局改科影响很大，甚至有人建议县政府特殊性质的职员如统计员、度量衡检定官、国民军政教官、合作指导员、兵役科长、禁烟室主任、无线电收音员等，一律纳于县府各科，实现紧凑严密、分工合作。① 受裁局改科的影响，当时甚至出现"裁科并股"，如南京市政府秘书处，出于缩小机构、节省经费、提高效率的目的，将原来的三科减为二科，将医务、清洁两股合并称卫生股。②

值得注意的是，与通常意义上的行政改革不同，裁局改科并不以精简机构和人员为目标，而是以充实县政府组织为目的。南昌行营在颁布各省办理裁局改科的训令词中指出："各局既裁之后，县府事务，益加繁剧，其原有组织，自当稍加扩大，另为增科添员，并酌加其行政经费，俾克延揽人才，共资佐治。"因此，裁局改科后县政府的工作人员增多，组织机构得到充实完善。随着县府行政人员的增加，各县均多办理县政人员训练所等组织，对县政人员进行培训，"开创了现代的'公务员'培训与管理制度"。③

三　行政督察专员制

中国历代地方行政制度，以三级制与两级制为主。南京国民政府建立之初，取消了北洋政府时期实行的省、道、县三级体系中的道一级，采取省县两级制，使之与孙中山手订的国民政府建国大纲所规定的地方行政省县两级制相符合。

---

① 闵天培：《调整地方行政机构之建议》，《行政评论》第 2 卷第 1 期，1941 年 1 月。
② 《京市府秘书处变更组织》，《中央日报》1935 年 3 月 26 日，见《行政效率》第 2 卷第 7 期，1935 年 4 月。
③ 游海华：《重评南京国民政府时期县政府的"裁局改科"——以江西、福建为中心》，《江西师范大学学报》（哲学社会科学版）第 42 卷第 4 期，2009 年 8 月。

行政督察专员制度被誉为"地方政制改革之先声"①。其创制可以追溯到广州国民政府时期，在广东省设立的介于省县之间的区行政委员制。当时，广东省为谋行政统一和管理方便，将广东的行政区划分为广州、西江、东江、南路、琼崖5区，每区设置行政委员公署，监督指导辖区各县行政事宜。1932年8月，内政部为将事实上已经存在的安徽首席县长制、江苏行政区监督制、浙江宪政督察专员制及江西行政区长官制纳入政府法制渠道，制定并公布《行政督察专员暂行条例》，以此统一各省此类机关的设置。同月，豫鄂皖"剿匪"总司令部颁布《"剿匪"区内各省行政督察专员公署组织条例》，行政督察专员制度遂告确立。1936年10月，行政院颁布《行政督察专员公署组织暂行条例》，1932年的《行政督察专员暂行条例》和《"剿匪"区内各省行政督察专员公署组织条例》均被废止，此前的两种行政督察专员制度也因此合二为一，统一了起来。

行政督察专员制度规定，行政督察专员的设置、行政区域的划定以及专员公署所在地的确定，均由省政府决定。行政督察区的范围，一般以数县或十数县为宜，实际中行政督察区一般辖县在7个左右。② 据统计，"到1936年，有16个省共成立了122个行政督察专员区"③。行政督察专员的职权，与以前的道官署相仿，多为监督性质。不同的是，在专员制度下，专员一般兼任一县县长，因此在监督性质之外，还有一种表率或倡导的职权。

有研究者认为，"与行政督察专员制度相关联的舆论知识还有当时流行的行政效率的观念"④，而行政督察专员制度的形成和改进问题也一直是行政研究者关注的重点。钱端升研究了行政督察专员制度的法律地位问题。他指出，该制度刚开始是为办理特殊事务而在某省内某一区域实施的，但事实上，某一特殊事务处理完毕，行政督察专员公署也不会因之裁撤，而是继续存在。而且那些没有特殊事务不必设立行政督察专员公署的地区也开始实行该制，于是"本为办理特殊事务设置之专员制度，至是已变为办

---

① 陈之迈：《研究行政督察专员制度报告》，《行政研究》第1卷第1期，1936年10月。
② 翁有为：《南京政府行政督察专员制度的法制考察》，《史学月刊》2004年第12期。
③ 翁有为：《行政督察专员制度的创设、演变及其知识背景》，载中国社会科学院近代史研究所民国研究室、四川师范大学历史文华学院《一九三零年代的中国》（上卷），社会科学文献出版社，2006，第201～202页。
④ 同上书，第201页。

理正常事务之机关"，行政督察专员公署也几乎成为省县之间的一级政府。大概正因为如此，出于事实，《行政督察专员公署组织暂行条例》表述专员设置的目的是"行政院为整顿吏治，绥靖地方，增进行政效率起见，得令各省划定行政督察区，设置行政督察专员公署，为省政府之辅助机关"。删除了最初条例中关于专员制度临时性的规定"盖在谋切乎实际情形而给今日一般专员以法律之地位"。①

1936 年，蒋廷黻在行政院负责地方行政改革问题，于夏天约请清华大学政治学教授、《独立评论》的代理编者陈之迈于暑假期间到各省考察和研究行政督察专员制度。陈之迈在考察研究报告中指出："近年来中国地方政治曾经一番重要之改革，此项改革构成中国政治之新精神，代表中国国家前途之新方向。"②他将这些改革内容概括为省府合署办公、县府分区设署、县府裁局改科和行政督察专员制度，并指出："凡此改革均为'管教养卫'新政之制度，其共同目标为行政效率之提高，以期行政效率之收获。"

通过研究，陈之迈认为办理特种事务、监督指导等都不是专员设置的中心目的，设置专员的中心目的是领导。他认为，领导目的的发挥之所以重要，是因为"吾人以为地方政治之推进，不在上级机关督促之严，而在能妥筹适当有效之方法，使上级机关之法令得以顺利执行"。但是当时全国 1932 个县，优秀称职的县长一时不易得到，若有优秀称职的专员作为示范，领导推进，则可以改善全国县政，设置专员就是要起到这种示范作用。他说——

> 专员制度之精髓，即在将一省之县治，按其地域之特殊情形，将情形相似之县治，划为数区，然后于每区中择一县治，畀诸特有才干之人员，责以领导其所辖各县之重任，使其领袖群伦，共策庶政之推进。

针对专员制度中引起最多争议和分歧的专员是否应该兼任县长的问题，陈之迈认为："凡一种政制，本无绝对理论上优劣之分，其评判之标准完全

① 钱端升：《民国政制史》，上海人民出版社，2008，第 496 页。
② 陈之迈：《研究行政督察专员制度报告》，《行政研究》第 1 卷第 1 期，1936 年 10 月。

系于该制能否达到预期之目的。"因此只有弄清楚了设置某一制度的目的，才能判断和决定与之相关的问题。实际上，当时对于专员是否应该兼任县长不但研究者意见各异，就是在实践上各地也颇不相同。例如，江苏省明确规定专员不兼县长，浙江省虽然规定专员兼县长，但仍然有几区的专员不兼县长，江西省屡经调试，认为"以不兼县长为宜"。由于陈之迈认为领导是设置专员的主要目的，所以他主张专员当然应兼县长。陈之迈还认为，就是监督、指导作用的发挥，也要求专员兼县长，"专员监督指导县政，必须先行彻底了解县政之问题及其困难，然后其指示之点方能切中要害而为县长之俾助"。

因为督察专员有示范行政、监督指导县政的职责，因此陈之迈对于专员和县长的人选非常重视，认为这是专员制度成败的关键。"专员领导功用之发挥，专在专员人选之得人，以及专员对于其领导功用能深切了解"。陈之迈提出，设立行政督察专员专区，要宁缺毋滥，因为专员人选的不易获得，没有合适的专员人选就不应设置专区。而且要对已有专员严加考核，不称职者立即撤职。而选择专员的标准或者什么样的人才能承担专员的责任，陈之迈给出了三条标准，即须有敏锐之脑筋，须具多年行政之经验，须熟悉地方之风俗人情。

对于行政督察专员制度的研究，学者往往认为专员制度促进了行政效率，作用突出。例如萧文哲指出——

> 专署辅助省政府监督指导暨统筹辖区内县市行政，俾省府无鞭长莫及呼应不灵之苦，县市官吏无阳奉阴违蒙蔽取巧之行，以达整顿吏治，绥靖地方，增进行政效率之目的。实行以来，颇著成效，如交通事业的发展，地方治安的巩固，以及动员地方人力物力以助抗战建国等，虽由于地方当局的努力，实则赖于专员制度的存在。[①]

陈之迈也将包含行政督察专员制度在内的诸项改革给予代表国家前进新方向的较高评价。但作为行政督察专员的实践者研究此问题又有别的认识角度和结论。自称"行政督察专员下之一县长"的东台县县长钟竞成写

---

① 萧文哲：《行政督察专员制度改革问题》，《东方杂志》第37卷16号，1940年8月。

成《我对于行政督察专员制度的意见》一文，表示"惟此种制度尚在试验之过程，若就观感所及，作坦白之论述，未始不可供研究行政督察专员制度者之参考"①。对于学者们提到的各种成绩，钟竟成认为几年间地方政治的进步不是由于行政督察专员制度，而是因为"九一八"之后——

> 外患一天天的加紧，"匪区"一天天的扩大，人民对于政府的怨恨也一天天的增加，各省当局乃深刻的觉悟，非励精图治，不但不足以图强，亦且不足以自保。所以各省当局，不约而同的一方面削除贪污，一方面选拔才智，一方面提高县长职权，一方面强化督查。专员之设置，不过为省厅强化督查工作之一部分，其影响于政治之进步甚微。

陈之迈认为设置行政督察专员的意义即办理特种事务、行政督察及指导、统筹、领导，而且以领导为最主要的任务，应占到专员工作时间精力的90%。由于专员多要兼任公署所在县之县长，要起到模范带头作用，所以领导的意思是领行、表率。钟竟成作为一个行政实践家，并不同意陈之迈的"多方研究之结论"，他对陈之迈的研究报告提出异议，认为陈之迈的说法其实主要是根据南昌行营秘书长杨永泰的说法而来。杨永泰曾说，行政督察专员"除督察而外，还有统筹和领导两种职务"②。钟竟成认为，行政督察专员主要责任在承省政府和各厅之命监督、指导、统筹辖区内的市县行政，而不在建立模范县政以供其他县市效仿以起到带领示范作用。

他认为，所谓办理特种事项并不是各设置专员的区域均有的事项，因为不是各专区均有"剿匪"、治水等特种事项，而且绥靖地方的职责是由督察专员另一个头衔"保安司令"的职责决定的，不是行政督察专员的职责。所谓统筹，是督察后的必然工作，但除了统筹，同时还要指正、奖惩、设计、协助，统筹不过是其中的一种而已。在陈之迈的理解中，统筹的意思是召开行政会议，研讨行政问题，交流行政经验；审核区内各县市行政计划，统筹制订全区行政计划，部署加以实施；审查全区情形，调节区内各县财政经济，帮助落后县市，使全区县市能够平均发展；联合区内县市，

---

① 钟竟成：《我对于行政督察专员制度的意见》，《行政研究》第 2 卷第 7 期，1937 年 7 月。
② 张锐：《地方政制改善的途径》（续前期），《行政效率》第 2 卷第 6 期，1935 年 3 月。

共同举办单独县市不能举办之建设事项。对此，钟竟成认为在省县财政还没有理顺的时候，统筹也只能统筹事务，统筹财政是根本不可能的。所谓领导，因为专员所兼任县长之县，往往在收入、组织、人员等方面优于其他各县，所以其经验不能为其他县所效仿，无法起到领导的作用。钟竟成从一个县长的认识出发，用一个例子说明自己对于专员职责和专员是否兼县长的态度——

> 我以为普通县长努力之原因，不外下列各点：第一是求良心之安慰，第二是为事业之成就，第三是为报答知遇，第四是希图奖励，第五是避免惩罚。前两项重在选择，后两项重在督察，第三项重在感化。故选择感化督察，实为推动县长努力之三要件，并无须乎领导。父母师长管辖玩皮懒惰的孩子，须要的是指导勉励惩罚，不要陪他去读书拍球。专员的作用，不但在事实上是督察，在理论上亦应该是督察。[1]

既然专员的主要工作是督察以促进行政效率，为了实现这一目的，钟竟成认为关键在于：第一，专员不要附带办理本来就很繁重需要全力以赴的县务。专员县务办得好，别人会说这不一定全是因为专员个人的能力，所以也未必令他县信服，县务办不好则更无法督察其他各县。因此，专员不必、不能、不可兼县长。第二，专署不必承转省县行文。公文虽然是小事，但因为多了一道承转的手续，结果降低了行政效率。况且，设立专员不是从事办公室内的书面工作，而是从事实地的督察。第三，尽量增大专员的奖惩权力。比如专员可以对县长及以下人员直接行使免职、记功记过之权，以保证督察作用的发挥。

在这样的认识基础上，钟竟成提出专员公署的设置问题。他认为专员不兼县务、不承转行文，所以公署无固定设置的必要。而应在各县设置一个专员办事处，专员每月进驻一个县进行督察，每年督察辖县一到两遍，每月由秘书到省城向省府报告一次督察情况，每三个月由专员回省城向省府报告督察情况。这样才能既切实了解各县情况报告省府，又能按照省府

---

① 钟竟成：《我对于行政督察专员制度的意见》，《行政研究》第 2 卷第 7 期，1937 年 7 月。

指示督察各县，从而实现设置专员的本意。

对于陈之迈这样一个留学海外、任职著名高校的有影响力的学者，钟竟成作为一个县长并不以为冒犯，而是从自己的行政经验出发，大胆进行讨论，实属难得。后来的事实是——1937 年 11 月行政院通令行政督察专员兼任团管区司令者，一律免兼县长。[①]

大概是实践者的认识往往比较一致，时任武昌县县长的杨适生在行政督察专员制度的一些具体方面与钟竟成虽有分歧，但他也主张从实际出发改善专员制度——

> 我从前不曾做县长的时候，尝喜评论县政，一般县长给我的答复是"县长的甘苦只有做过县长的才知道"。同样也可以说"专员的甘苦只有做过专员的才知道"。我希望有理解有操守而又富于农村服务精神的学术界同志，大家都决心到下级来服务，从实际得到的经验，提供改革地方行政的方案，以为刷新政治之张本。

经过对行政督察专员制度的研究，杨适生认识到了行政组织的重要性，他有感于实际工作的困难，认为——

> 中国一向重人治，对于组织运用，常被忽视，此实错误。现在国家所需要的专员县长，好像要他们能开汽车驾驶飞机，而使用的工具是破牛车，虽有良好司机，亦徒唤奈何！在上级求治心切，而下级往往不能如所期，此由上下隔阂之故。[②]

为了解决和改进行政督察专员制度作用不明显的问题，他指出要明确专员职权、增加公署人员、提高公署经费等。杨适生尤其谈到了专员的人选和考核问题，他认为要慎选专员，要精选"有为有守而又富于服务精神之干员"，要逐渐改变早先因为军事需要军人多任专员的状况，这样既能减轻军人的勉为其难，又能得才适用。另外，他主张省府要严格考核专员，

---

① 萧文哲：《行政督察专员制度改革问题》，《东方杂志》第 37 卷 16 号，1940 年 8 月。

② 杨适生：《专员制度之研究》，《行政研究》第 1 卷第 1 期，1936 年 10 月。

因为"年来专员未能表现显著成绩，不厉行考成，亦一主因"。张锐也认识到了行政督察专员人选的重要性，他认为"行政督察专员制的好坏要看专员能否选择得人和能否利用近代的行政技术以为断"①。

对于实践过程中行政督察专员制度遇到的一些问题，不同的研究者提出了许多改进的建议。闵天培认为改变专员公署督察行政名实不符的现状，就要"不必于固定地点设置公署，应于所属各县市轮回巡视，必要时，得设置临时办事处，如须携带佐理人员，可于省府职员中调用之，其旅费与办公费，亦统由省府行政经费项内支给"②。这样就可以避免行政督察专员成为省政府的下级承转机关，失去其本应为省政府内部之一员的作用。为了改进行政督察专员制度，还有人还提出一个"新专员区制"，即将专员区同级机关分别调整合并到行政督察专署内，分设民、财、教、建、军五科，其他自省派到专区的各种督导政务人员及其办公处，也均并入专署各科办理。③

张锐则认为设置公署后，就要相应地缩小省府及各厅的组织，否则叠床架屋，行政督察专员就属于多设。他认为"中国的公文最认真也最不认真"，因此建议行政督察专员要一改"屋内办公事"的旧例，不能以为只将桌面上的工作打扫完了就算将公事办完了，应该多到所辖县走动，调查了解实情。尤其是行政监督经常以公文的形式来办远远不够，应该研究行政监督的方案。这个方案，一要注意上级政府对下级政府的指导和帮助，二要注意运用"政治审计"。他说："现在国内各级政府当局有很多只会开空头支票，做行政计划。只要有行政计划的煌煌大文，便以为尽了责任，至于计划将来能否实行，是否实行，完全是另外一件事。"④

由于行政督察专员制度在实践中存在较为明显的效果不佳问题，因此有人提出废除这一制度，但也有人表示反对。实践中，该制度更是长期坚持了下来。值得一提的是，行政督察专员制度也影响到了中国共产党领导的抗日根据地的政权建设，"1945年8月至年底，各根据地共有专员区119

① 张锐：《地方政制改善的途径》（续前期），《行政效率》第2卷第6期，1935年3月。
② 闵天培：《调整地方行政机构之建议》，《行政评论》第2卷第1期，1941年1月。
③ 陈一：《在新县制实施中所感到的九大问题及其解决之道》，《行政评论》第2卷第1期，1941年1月。
④ 张锐：《地方政制改善的途径》（续前期），《行政效率》第2卷第6期，1935年3月。

个，到 1946 年发展到 125 个，1948 年 4 月 140 个"①。新中国成立后，该制度更是得到普遍推行。

第三节　行政三联制、幕僚长制、分层负责制

一　行政三联制

民国时期的诸多行政改革和创制，声名最大、规格最高且最成体系的应该是"行政三联制"。除了 20 世纪 30 年代流行的行政效率观念之外，行政学的广泛传播以及行政学书籍中对于设计、考核的介绍都是"行政三联制"提出的理论铺垫。但行政实践的迫切需要，成为其提出的直接原因。

机构庞大、人浮于事、效能低下是国民党党政机构的痼疾，且在进入抗战以后更加明显。在 1938 年国民参政会第一次会议上，罗隆基等人提出成立"调整行政委员会"的提案，以调整行政机构、集中人才、提高行政效率。这一提案促成行政效率促进委员会的成立，该会设立初衷是秉承行政院长旨意，考核中央及地方各行政机关之组织与职权分配并调整其相互关系，考核财务收支并促进其合理化与经济化，考核官吏任用奖惩办法及办事效率并督促其改进。而在此前，陈仪亦在国民党临时全国代表大会上提出《改进行政机构以推进抗战时期政治经济设施》的提案，主张国民政府设立战时设计委员会，各省政府设立战时设计室，聘请专家主管全国、全省各种施政计划之草拟审核事宜。两个提案，一个主张考核，另一个主张设计，也因此被看作实行"行政三联制"的初步主张。②

实际上，早在 1934 年甘乃光就提出了施政的程序问题并付诸实践。在《施政程序导论》这篇较早的文章中，甘乃光提出了类似于"行政三联制"的施政程序设想。他提出，施政程序包括设计、编配与调整、指挥与监督、考核四个方面。设计是拟定计划与编造预算；编配与调整是运用人员、物质，使之协调无碍；指挥与监督是运用人员及物质到特定的事件以达到目

---

① 翁有为：《抗日根据地政权建设中的重要地方制度：行政督察专员制度》，《中共党史研究》2004 年第 2 期。

② 《行政改革——"行政三联制"的推行》，http://www.360doc.com/content/10/1115/11/3039173＿69479695.shtml，2012 年 7 月 13 日引用。

的；考核是审查一切事务，视其是否合于计划。其中设计与考核为"重要之关键"。他认为，行政计划必须与预算打成一片，必须顾及人财物力，分出轻重缓急，否则就是不切实际，导致好高骛远和"巧妇难为无米之炊"。而指导监督最有效的方法，即需要对下级机关有人员任免权、预算审核权、计划审核权。如果没有这三种权力，政令发出机关就会变成一个公文承转机关。有了此三种权力，再加上其他办法作为辅助，就可以达到行政监督的目的。这些辅助方法具体包括：给予补助费，下级机关若不遵令执行，就取消其补助费或津贴费；派人视察，发现问题进行就地指导；上级机关根据报告书进行审核批示。甘乃光将这一带有归纳性、理论性的认识借助行政效率研究会进行了初步实践，即从研究各部会的处务规程入手，调查比较各部会的施政程序，并提出了新的办事通则，改善了各部会内部的办事程序，健全了内部组织。①

除了甘乃光的研究之外，李朴生也十分重视施政程序问题。1935 年 3 月，李朴生撰写长文介绍中国的行政计划编制与考核问题，提出编制行政计划要注意的三个原则，即要适应环境的需要、与预算打成一片、做到意志统一和步骤谐协。他认为，以年度预算编制计划，要注重阶段考核，比如三个月考核一次。在执行计划时，要注意先办能办到的，由易到难；注意在范围较小、经济条件较好的地区先办；注意策略方法，避免遭到过度的抵制；注意选用有一定训练、道德高尚的人才，避免如历史上的一些改革一样，因人废事，以致失败；注意人才的专任，培养专业人才。同时，注意竞赛方法的运用，提高行政的效率。② 李朴生指出，计划的执行要有指导和考核，具体方式可分为派员视察、召集负责人开会报告以及每月做书面工作报告，并对每种方式的运用进行详实的介绍。

而在实践中，对于计划工作，国民政府并不陌生，早在建立之初就对行政计划作了规定，比如要求自 1929 年起，各部会按季预定"三个月行政计划"。1933 年，又规定根据会计年度，将"三个月行政计划"改为"一年行政计划"。③ 这些规定得到了贯彻和实行，在 20 世纪 30 年代前期，中央、省、行政督察区基本都有月工作报告，个别实验县也有月工作报告。

---

① 甘乃光：《施政程序导论》，载《中国行政新论》，商务印书馆，1943，第 121～127 页。
② 李朴生：《行政计划的编造与考核》（续前期），《行政效率》第 2 卷第 6 期，1935 年 3 月。
③ 李朴生：《行政计划的编造与考核》，《行政效率》第 2 卷第 5 期，1935 年 3 月。

到了 1936 年 8 月，行政院又要求各省省政府从民国 25 年度起，拟订全省各期建设中心工作计划，呈候核定。同时，要求设有行政督察区的省一并上报各区各期建设中心工作计划。为了便于上报，还一并颁发了表样以统一要求。①

在地方，也颇有人注意以计划的方法行政。1939 年 6 月，蒋经国任江西第四区行政督察专员。蒋经国 1925 年到莫斯科中山大学留学，在苏联 12 年。也正是在这 12 年间，苏联先后实行了两个"五年计划"，这是人类历史上首次按照事先详细编撰好的规划，进行大规模生产建设。两个"五年计划"完成后，苏联一举从落后的农业国跃升为欧洲第一、世界第二的工业国。具有留苏背景，目睹苏联计划经济巨大作用的蒋经国到任行政督察专员后，即实行"三年计划"，在工业、农业、基础建设、教育等方面设立具体目标，计划在三年内完成。② 或许蒋经国在其专员区的计划工作，对其父蒋介石提出"行政三联制"有一定的催生作用。

因此，"行政三联制"在 1940 年的提出不是平白无故、无缘由的，1930 年代的行政研究和实践，已经为其正式提出做了实验和铺垫。到了一定的时机，具备一定的诱因，"行政三联制"便得以正式提出。在 1939 年的一届四次国民参政会上，张君劢等人批评"抗战两年，机关化简单为复杂，人才变有用为无用"，"言调整机构，叠床架屋，依然如故"③。他们认为，大量的行政官员或虚与委蛇、不务实事，或沉溺文牍、公文腾挪，甚或贪污腐化、违法乱纪。虽在战争时期，各机关办事根本无效率可言。并举例说，中央防疫处有某事须办，先得呈报顶头上司卫生署，再依次向内政部、行政院、国民政府、国防最高委员会逐级呈报请求核准，待准许后再逐级下达，如此上五级，下五级，以每级需 3 天计算，上下一个流程至少需 1 个月。④

在行政积弊和强大的舆论压力之下，行政改革呼之欲出。1939 年 11

---

① 《工作计划》，《行政研究》第 2 卷第 7 期，1935 年 4 月。

② 孙展：《江西：蒋经国"赤化新赣南"》，载唐建光主编《解封民国》，金城出版社，2011。

③ 《国民参政会第四次大会记录》，1939 年 11 月，转引自《行政改革——"行政三联制"的推行》，http://www.360doc.com/content/10/1115/11/3039173__69479695.shtml，2012 年 7 月 13 日引用。

④ 《中央周刊》第 1 卷第 29 期，1939 年 2 月 23 日。转引自同上。

月，国民党五届六中全会决定蒋介石重新担任行政院长，原院长孔祥熙改任副院长。1940 年 3 月，蒋介石在中央人事行政会议上作了长达 15000 字的题为《行政三联制大纲》的训词，"以为改革中国各级行政指导的最高原理"①。同年 7 月的国民党五届七中全会，有一项"总裁交议案"，名为《总裁交议拟设置中央设计局统一设计工作，设置党政工作考核委员会以立行政三联制基础案》。在该提案中，蒋介石表明了他主张实行"行政三联制"的理由是："凡政治经济之设施，必经设计执行考核三者之程序，不有精密之设计，无以利事业之推行；不有切实之考核，未由察执行之进度。"

　　1941 年 2 月，蒋介石又先后发表两篇训词，第一篇是 15 日在党政工作考核委员会第一次会议上所作的《党政工作考核之责任与工作要旨》，第二篇是 22 日在中央设计局第一次会议上发表的《中央设计局之使命及其工作要领》。蒋介石的三篇训词和一项提案，构成了"行政三联制"的基本理论和实施要领。"行政三联制"在国民党五届七中全会后正式实行。

　　"行政三联制"，简单地理解，就是将行政的全过程分为计划、执行、考核三个部分或者三个步骤，分别由不同的部门来承担，各司其职，达成各种行政目的。同时，将设计、执行、考核三个环节加以联结，设计是行政活动的开始，执行是对于设计的实施，考核既是对执行的检验，又是对下一个设计的反馈。如此首尾相连，形成一个有机的行政系统，使行政能够前后联系、递次前进。"行政三联制"的提出得到有关人士很高的评价甚至吹捧。孔祥熙认为："行政三联制不是采取任何国家的一种制度，此项制度可以说是总裁以几十年从事军政党三方面工作的经验精心研究得到的结果。"② 时任国防最高委员会副秘书长的甘乃光也说行政三联制"在现代政治制度上并无先例"，"我们翻开各国行政学来看，要找行政三联制，是找不着的"。③ 富伯平认为："全国行政科学化之实际运动要当认为肇始于第五届七中全会所通过之行政三联制。"④ "行政三联制"虽然是以大纲的形式发

---

① 甘乃光：《新行政年的展望》，载《中国行政新论》，商务印书馆，1943，第 248 页。

② 孔祥熙 1943 年 5 月 29 日在行政三联制检讨会议闭幕典礼上代表蒋介石致辞。转引自《行政改革——"行政三联制"的推行》，http://www.360doc.com/content/10/1115/11/3039173_69479695.shtml，2012 年 7 月 13 日引用。

③ 甘乃光 1943 年 5 月 28 日在行政三联制检讨会议上讲演词。转引自同上。

④ 富伯平：《中国近年行政之动向及其问题》，《中国行政》第 2 卷第 1、2 期合刊，1942 年 5 月。

布的，但是按照钱端升的认识，"多年以来，人们使用了许多不同的名称来称呼应被叫作法律的文件，而所谓大纲就是法律"①。因此，"行政三联制"以大纲的形式发布，规格和效力与法律是一样的，被誉为"政治建设的最高原则"②。

制度设计需要一定的组织机制来保障。为了推行"行政三联制"，以实现这一"行政上之金科玉律"③，国民政府于 1940 年在当时的最高权力机构国防最高委员之下设立了中央设计局和党政工作考核委员会，分别负责设计和考核工作。按照《中央设计局组织大纲》，该局直属国防最高委员会，是主持全国政治经济建设计划之设计及审核的最高机关。其主管长官称总裁，由国防最高委员会委员长兼任。设秘书长 1 人，副秘书长 2 人，总管全局一切事宜。局内最重要的机构为"审议会"，负责审议政治经济建设计划及预算、党政制度及重要法规之调整，以及重要政策之建议。审议会设审议员 7 至 9 人，开会时以总裁为主席。另有设计委员若干人。为审核预算，又设有预算委员会。

依照《党政工作考核委员会组织大纲》，该委员会直属国防最高委员会，是考察检定设计方案的实施进度、考核党政机关经费和人事的最高机关。其主管长官称委员长，正副各 1 人，由国防最高委员会推定。委员 11 人，除五院院长、国民党中央执委会秘书长、国民党中央监委会秘书长、国防最高委员会秘书长等 8 人为当然委员外，其余 3 人由国防最高委员会委员长聘任。委员会下设党务、政务两组，分掌国民党和国民政府系统的考核工作。该大纲还规定，对于中央及各省市党政机关的考核，组织"中央党务考察团"与"中央政务考察团"，每年实地考察一次。

除了中央设计局和党政工作考核委员会分别负责设计和考核外，在执行方面，由中央党部和行政院共同负责，而三联制整体的实施，则由国防最高委员会总其成。这样，"行政三联制"以已有的党政机关为执行部门，以新成立的两个机构为计划和考核部门，建立起了推行"行政三联制"的组织体系，并逐步得到强化。"行政三联制"刚开始推行时，因考虑到各行

---

① 钱端升：《中国战时地方政府》，张连仲译，沈叔平校，《太平洋季刊》（*Pacific Affairs*），1943 年 12 月，载《钱端升自选集》，首都师范大学出版社，2010，第 543 页。
② 周连宽：《行政三联制的检讨》，《中国行政》第 3 卷第 3、4 期合刊，1943 年 12 月。
③ 《编辑后记》，《中国行政》第 3 卷第 1、2 期合刊，1943 年 2 月。

政机关主要以实施为主，因此多没有设立设计机构。后来，为了保证"行政三联制"从上到下普遍实行，国民党中央规定中央各机关必须在 1943 年 3 月底以前、省市在 6 月底以前、县在 9 月底以前成立各级设计考核机构，并为此专门制定了《党的各机关设计考核委员会组织通则》，规定除中央最高一层的设计与考核分设两个机构外，其余党政机关均将设计与考核合并设立"设计考核委员会"或"设计考核处"，从而确立全国设计考核纵向的组织基础。

"行政三联制"的提出，除了应付抗战局面，提高政治行政效率之外，蒋介石甚至认为成立中央设计局和党政工作考核委员会后，便找到了克服"党务政治不能进步乃至于腐败落后"的钥匙①，希望"行政三联制"能成为战争结束后继续实行的"国家基本制度之一种"②。这样一个规格很高、动作很大、声明很响、期望很高的行政改革举措，引起了学界极高的赞誉与极大的研究兴趣。陈之迈认为，新设中央设计局和党政工作考核委员会两个机关，"对于今后党务与政治，实负有起死回生的责任，而今后党国之安危与革命之成败，亦全系于这两个机关之能否发挥功效与尽其职责以为断"③。公建说："近若干年来，一般从事行政工作者，多在高唱主义，空谈改革。人人都想做政治家。而鲜有甘作行政干部，从实际研究若干中觅求行政之进步者。结果行政人员渐变为政客与官僚，行政机关亦渐趋于衙门化！因此必先从行政机能上予以适当之改善，确定各级应有之权责，以作革新行政之基础。"④ 而"行政三联制"正是改善行政机能的重要方式。

公建对"行政三联制"的三个环节一一进行了分析。在计划上，按照行政的对象可以分为行政设计、经济设计或国防设计，按照行政的性质可以分为政务设计、事务设计。在执行上，有四种方法，分别为分级负责制、分层负责制、职位分数制以及幕僚长制，其中职位分数制即在机关内部横向的方面，同级职位如科科之间、股股之间、科员与科员之间，工作界限

<hr>

① 袁继成、李进修、吴德华主编《中华民国政治制度史》，湖北人民出版社，1991，第 534 页。
② 蒋介石于 1943 年 5 月 26 日在行政三联制检讨会议开幕典礼上的训词，转引自《行政改革——"行政三联制"的推行》，http：//www.360doc.com/content/10/1115/11/3039173＿69479695.shtml，2012 年 7 月 13 日引用。
③ 陈之迈：《中国政府》（第 1 册），商务印书馆，1945，第 129 页。
④ 公建：《实施行政三联制之检讨》，《中国行政》第 3 卷第 1、2 期合刊，1943 年 2 月。

上做明确划分。在考核上，分为政务考核（政治考核），即中央对于政务官所主管之某种事业整个成效施以考核；事务考核（行政考核），即上级机关对所属机关工作施以考核，具体考核对象为人事、工作、经费。为了完成考核的工作，按照《行政三联制大纲》的要求，还具体有四种表报，即《年度政绩比较表》《前后任政绩交代比较表》《某种事务（新兴事业）进度表》《每三个月工作考核结果报告表》。公健认为，各种表报"假使真能作的切实，叮以发生一种另外的价值作用，即是可以籍此实行自己与自己竞赛，相同机关与相同机关竞赛，以至国家各种整个事业之互相竞赛"。经过这样的分析，他认为"行政三联制具有高深行政道理之价值，亦可谓步步有据之科学行政方法"①。

在"行政三联制"建立的过程中，甘乃光奉命参与草拟该制度。1941年间，他陆续写成了《行政三联制的特点》《人钱事的管理机构》《三年计划的拟订与执行》《三年计划的配合原理》《三年计划的配合技术》等一系列文章讨论"行政三联制"。作为建立、实行这一制度的重要领导者之一，甘乃光认为："从内容上来讲，设计执行与考核三种事并不新奇，但是在中国时代环境的应用上，就有些不同；再把这三件事联系运用起来，发生化合的作用，就会变成一种新的制度了。"他认为，"行政三联制"具有五大特点，第一个特点是三民主义政治与经济制度下的"设计预算双轨制度"，即将英美私人资本主义下的预算制度和苏联共产主义下的计划制度集合了起来，使预算和设计相互联系，并提出了控制预算的办法。第二个特点是分层分级办法的实施。甘乃光认为这非常重要，因为"中央方面的一个部会，或地方方面的一个省市政府，甚至于一厅一局，其中人员，多者总在数百以上，少者亦有百数十人，同时每天收发文件及总务诸事，亦至少在五十或百数十件以上，如果全要主管长官的两目两手来处决，不特精力不够应付，就是每天时间的支配也大成问题，何况不问巨细，事必躬亲，重要的计划与政务将由谁来作缜密的考虑呢？"② 第三个特点是由党政工作考核委员会完成政务与事务的共同考核。第四个特点是这是一种新创立的管理事的新制度、一个管制行政的制度。第五个特点是由此可以建立计划政

---

① 公建：《实施行政三联制之检讨》，《中国行政》第3卷第1、2期合刊，1943年2月。
② 甘乃光：《行政三联制的特点》，载《中国行政新论》，商务印书馆，1943，第296页。

治与计划经济制度。

甘乃光还从人、钱、事的角度来理解"行政三联制"的提出。他将负责设计和考核的机构，以及原有的各级执行机构一起视作管理事的机构，将考试院及各机关人事管理司科视为管理人的机构，将主计处及各机关的会计处室视为管理钱的机构。他认为"行政三联制"推行的目的就是要充实管理事的机构，因为相比较管理人和钱的机构，"管理事的机构，即设计与考核的机构，就不健全。总裁之所以提倡行政三联制，就是因为这个缘故"①。在"行政三联制"刚提出时，虽然中央设计局和党政工作考核委员会陆续成立，但是各级机关的相应机构并没有普遍地建立起来。在中央各部会 1941 年和 1942 年的工作计划中，曾有设计与考核机构的设立，但有些因为经费庞大被撤销，以至有人产生此类机构不必设立的误会。对此，甘乃光指出，为了充实管理事的机构，各机关在初步建立这种机构时，应该在不增加经费的原则下进行内部调整，而且在草创时期，不必追求过大的规模，应采取渐进的方式，随着事务的发展而逐渐扩大机构范围。

甘乃光还通过介绍苏联进行"大规模的科学的设计工作"的经验，作为中国实施"行政三联制"的借鉴。甘乃光认为"行政三联制"推行两年多来，所预期的效果还未能在短时间内完全显现出来，但是苏联的国家计划委员会成立于 1921 年，直到 1927 年才制定出第一个五年计划，该计划 1928 年才开始实施，因此对于"行政三联制"的成效不能过于着急。他认为苏联的经历可以提供几点经验——第一，坚决的忍耐性，即从设计机构的建立到真正制定出一个完整的计划费时很久，要有足够的忍耐。第二，大规模设计人才的训练，以拥有进行设计工作的足够人才。第三，很好的设计程序，即最高机关首先决定简单而具体的"主要目标"，然后由负责设计的国家计划委员会扩充为比较详细的"范围与方针"，再交给各事业机关编制"计划草案"，各种"计划草案"最后回到国家计划委员会经过审核会商，由政府通过，成为正式的计划发布执行。他认为，通过这样一个过程，计划与执行也发生了密切的联系。② 受此经验的启示，甘乃光在另一篇文章中号召应该建立一个自上而下的有完整系统的设计网，专门从事行政计划

---

① 甘乃光：《人钱事的管理机构》，载同上书，第 271~271 页。
② 甘乃光：《设计基础工作的推进》，载《中国行政新论》，商务印书馆，1943，第 249~250 页。

的设计工作。①

对于考核工作，甘乃光认为，各种考核首先是主管机关的考核，这是初步的、直接的考核，若这种考核不健全，那么主管机关以外的上级间接的考核也很难收到切实的效果。因此，考核工作要从督促各主管机关实际负责开始。而要做好考核工作，对人来说，首要的条件是分层负责制的切实实行，这样每个公务人员才有切实的职责，才能根据其职责考核其工作的完成情况，否则考核就没有一定的标准和依据；对事来说，则要根据各机关的年度计划和进度表来做考核的依据；在考核的工具方面，甘乃光尤其强调要认真按照"行政三联制"规定的各种报告书表做好日常记录，以作为考核的工具。②

虽然"行政三联制"被各方给予厚望、大加推广，但实际中的效果不尽如人意。周连宽虽称"行政三联制"为"政治建设的最高原则"，但他对该制度的施行情况毫不吝惜地给予批评。他主要从计划工作上加以批评，认为中央设计局成立于1940年10月，其主要职责为主持全国政治经济建设的设计及审核，并主持预算的审定，使计划与预算不相分离。但是在实行中由于组织机构、职能设置方面的原因，计划职能完成得并不理想。

首先，为了做好设计工作，原来计划在中央设计局下设各种专门委员会，将已有各种设计组织及中央政治委员会的各专门委员会合并于内，将计划工作划归一处。但"行政三联制"实行两年半以来，中央设计局组织方面尚欠健全，人才不够充实，除设计委员会外，并无各种专门委员会之设置。而且，设计委员会的组织过于空洞，委员中十有八九是兼任，并未切实负责。将已有各项设计组织及中央政治委员会的各种专门委员会合并于中央设计局也未办到，导致设计工作重复分歧。

其次，《行政三联制大纲》明确规定："设计的主要范围，除军事设计部分外，其他大概行政及经济范围所管辖的各部门都包括在内，党务有关部分，亦应一并设计。"但实际中有时不包括党务计划，却经常把军事机关的计划包括进来，在职能发挥上常常混乱。原来设想用规定各部门所占预算百分比的办法来控制各部门的经费，用规定各部门中心工作的办法来控

---

① 甘乃光：《设计网的建立与运用》，载《中国行政新论》，商务印书馆，1943，第 251 ~ 253 页。
② 甘乃光：《考核工作的检讨》，载同上书，第 128 ~ 129 页。

制各部门的计划，但是预算百分比没能办到，中心工作虽有明确但是未能达到控制的效果。"预算与计划的编制依旧是从下而上，凑集成篇，只有消极的审核，并无积极的控制"。导致工作呈现临时性的特点，成了"打摆子的工作"，处理时太过忙碌，处理完成又突然无事可做，不能实现常规化。

此外，周连宽还指出设计、执行、考核三者未能密切联系——

> 各执行部门的专门人才，设计和考核两方面应如何延揽罗致？以何种方式，才能和他们保持经常的有效的联络？有关执行的各种资料如何获得经常的供给？……临时发生了问题，然后发出通知，邀请各机关派人会商，以很短促的时间，讨论很复杂的设计和考核的问题，怎样会有好的结果呢？所以这些会议有一半以上是无结果而散的……[1]

公建批评了"行政三联制"的考核问题。"行政三联制"的考核主要依赖几种表报作为根据，但事实上很成问题。因为一般行政机关长官对此并不重视，往往仅指派一两人以应付公事态度编办此项表报，事实上近于虚设。而一般行政人员，对于计划、执行、考核的科学实施方法，缺乏养成，在观念上也有相当距离。所以，上下对报表工作比较轻视，当作其他已经存在的无数个报表一样漠然视之。而且，用报表的方法考核行政效果，本身是有问题的，因为各种数字仅能表现工作的量，在质的方面，则一般由填报人通过各种空浮文字加以粉饰，导致无从判断行政的效果。[2]

孙慕迦认为"行政三联制""最缪的，则是行政计画与行政预算并不衔接。……预算照例是实施以后半年或一年才通过，这也够使真想计画的人无所措手足。由于预算的不确定这才有机构的随时变易，更足以造成矛盾重复的现象"。他表示了对设立中央设计局的担心，"我们十二万分赞美中枢的这样新决定。可是决不可又成立一个新的机关再安置几个闲人。调整应当从现有的做起，计划也要根据已有的材料为改进的借镜。否则计划愈多系统愈乱"。

---

① 周连宽：《行政三联制的检讨》，《中国行政》第 3 卷第 3、4 期合刊，1943 年 12 月。

② 公建：《实施行政三联制之检讨》，《中国行政》第 3 卷第 1、2 期合刊，1943 年 2 月。

孙慕迦认为一个行政计划，必须要有时间、经费、人才、环境四个因素，尤其要有综合的目的与适当的分配。具体来说，计划要有整个或部分的目的性、有研究与执行机构、有轻重缓急与步骤。但是，实践中的行政计划往往只顾目前，只看部分，并不是就全盘统筹考虑，也不做日后的打算，做起来的时候都很仓促，一般各部也只是让部内各司科就个别业务举出些理想，总合成一部计划而已。而计划失效"内层必然的理由"：一是中央集权的机构还没有完成。发动力没有集中一个，计划的机构也不容易综合。尤其发动机构与执行机构之间并无十分严格管理监督的关系，执行与计划更在无形中脱节。二是计划机构不能集中联系。设计机构虽然不乏能设计的人，然而设计的时候，并不能与实际情形接头，设计起来也就不合实用，被人家置之高阁，"一经放在闲曹便无所施其技"。三是因为官场恶习，长官头脑一热提出计划也无人敢提出异议——"只要上面一句话，决没有考虑之余地。即算有错，责任不归自己。那怕这个意思也许长官一时之见，后有思虑周密，今日官场中决无人愿意回上去的。"① 四是因为平日准备基础不够，数据素不精确，调查多虚应故事。

既然"行政三联制"存在这么多的问题，如何改进？公建提出改进的办法，即依"徒法不能自行，为政在于得人"的至理，培养新的行政伦理观和行政职业化新风气，严厉考核奖惩，慎选各级行政长官，加强普通行政人员服务训练，同时制定各项详细办法，革新文书制作方法和管理手续。孙慕迦则提出应该注意以下几点：首先，明了要计划的是什么。应该按照在一个大目标之下分出无数小目标的办法，从各个依存的关系来求联系的综合，这样方不致陷于"支离蔓衍的状态"。其次，明了如何组织计划的机构。必须选全国第一流的专家学者乃至有经验、有头脑的人才来充任。不能浪图虚名，而要找有真知灼见的专家，因为"不客气讲，我国若干人都因为时候生的早一点偶然得风气之先来提倡某一种学术。其后翕然从风乃上以尊号。严格衡之倒也不见得都是名下无虚"②。他特别指出，整理现有的设计机构，最好不要丢了现状不管再来一套，应该在初步计划之中少寓调整机构之意，应将原来的各机关、部门涉及计划的人员合组成一个联合

---

① 孙慕迦：《论行政计划、考核与执行》，《行政评论》第1卷第3期，1940年4月。
② 同上。

会，直属于国防最高委员会，并特约名大学教授以及各学会、文化编译研究机构中的研究人士为研究委员，联合进行研究。最后，要注意计划和执行的衔接。将二者打成一片，既不单凭理想也不各守门户，更要避免闭门造车。为此，执行的人必须参加计划，计划的人也必须参加执行，因为在执行中方能看出实际的问题。

此类改进办法虽多，真要实行起来又是困难重重。"行政三联制"的设想虽然比较好，也比较超前，但是正如钱端升指出的那样："在一个统计资料缺乏或往往不可靠的国家——在那里，行政机构存在缺陷，战争造成严重的创伤，搅乱了正常局面——像这样雄心勃勃的计划可以付诸实施，更不必说实施之后会获得成功了。事实上，设计局至今已小心翼翼地走上设计道路，即使不是诚惶诚恐的话。它只管仔细审查年度预算。虽然如此，它从未认为应当深入研究问题。"①

的确，"行政三联制"实行以后的效用完全不像表面文章做得那样漂亮。行政院副院长孔祥熙在总结"行政三联制"实行结果时承认施行该制有三个普遍存在的毛病，即敷衍门面的毛病、不相联系的毛病、铺张夸大的毛病，并说"字面所写的多与实际不符，或者连十分之二三都做不到"②。更有国民党中央执行委员会秘书处在一份检讨报告中举了一个例子：中央党部秘书处所属人事处，草拟了一份人事制度请求批准施行，其办理流程是中央党部秘书处人事处草拟呈文——中央党部秘书处设计考核委员会审议——中央党部秘书处核定——中央党部党务委员会审议——中央党部秘书处将党务委员会审议结果整理呈核——中央常务委员会及总裁批准施行——中央党部秘书处受命执行——秘书处设计考核委员会考核——中央监察委员会接受考核意见后核转国防最高委员会。这一漫长的过程比之实行"行政三联制"前，无疑更加重了行政运行的负担，降低了行政效率，难怪内政部说这一制度"理想过多，难收实际效果"，经济部也认为"此制

① 钱端升：《论中国的战时政治体制》，朱立人译，《美国政治学评论》（The American Political Science Review），1942 年 4 月，载《钱端升自选集》，首都师范大学出版社，2010，第 529 页。

② 《行政三联制会议辑要》，第 14～15 页，转引自《行政改革——"行政三联制"的推行》，http://www.360doc.com/content/10/1115/11/3039173 __ 69479695.shtml，2012 年 7 月 13 日引用。

之推行，至多仅能维持原有之行政效率"。这些评价无异于认定"行政三联制"趋于失败的必然。

对于"行政三联制"的这种结局，富伯平道出了其中的原委——"笔者最近以职务之关系很荣幸的参与一部分四川省施政计划之起草，因而深知其问题之多，有出于吾人意料之外者"，"因为根本的政策如果尚有瑕疵，则无论如何努力于行政问题之研究，是舍本而逐末，总不会得到圆满解答的"①。

二　幕僚长制

1941 年是"新行政年"，其特征是计划建立"行政三联制"这一最基本制度，在执行方面重点建立幕僚长制和分层负责制。1941 年 2 月，国防最高委员会按照蒋介石在《行政三联制大纲》中的训示制定并颁行《各级机关拟订分层负责办事细则之原则与方式》，作为建立幕僚长制和分层负责制的依据。

"党政机构幕僚长制度的提出，是国民党战时体制要求'简化组织、集中事权、统一指挥'的基本指导思想的产物。是把军事组织形式推演于党和政府，使之提高机关主管指挥效能的一种方法。"② 蒋介石曾说："我十余年来在组织上所得的经验，简单来讲，就是各机关中，第一要建立幕僚长的制度，像军队的参谋长一样。"③ 蒋介石长期作为军事长官，对于幕僚机构重要性的认识应该是很深刻的。

早在 1935 年，张锐在《地方政制改善的途径》一文中就提到，在南昌行政会议所同意的原则中，有一条是请省府秘书处延用专家，酌量添设参事及设计专员，并主张这种"专家幕僚式的组织"应该充实到省政府、专员公署和县署每一级政府。④ 由于时局不稳和政治纷争等原因，这一设想直到幕僚长制提出才逐渐成为一种普遍制度。

---

① 富伯平：《中国近年行政之动向及其问题》，《中国行政》第 2 卷第 1、2 期合刊，1942 年 5 月。
② 《实行幕僚长制度》，http://www.360doc.com/content/10/1115/11/3039173＿69479695. shtml，2012 年 7 月 13 日引用。
③ 引自龚履端《论幕僚长制》，《地方行政》（福建）第 3 期，1942 年 1 月。
④ 张锐：《地方政制改善的途径》（续前期），《行政效率》第 2 卷第 6 期，1935 年 3 月。

　　幕僚长制的产生与英国专家沈慕伟的建议有一定的关系。沈慕伟在其3年受聘期满回国前，写了《改进中央行政管见》一文作为最后建议。他认为英国各部大臣权力分散，各负其责，因此大臣和高级属员能够专心从事最重要的事务。而中国是一个高度中央集权的国家，且政局不稳和经验欠缺不容许有激烈的改革。权宜之下，可以模仿法国"幕府"（caeimet）制度，处理好秘书与部长的关系，增加行政上的伸缩性，使部长能够更多地考虑重大问题而不为细枝末节所累。[1]

　　富伯平认为："近代行政学者所谓幕僚，实译自英文 staff，与参谋同义。"根据《各级机关拟订分层负责办事细则之原则与方式》第九条之规定，幕僚长可诠释为"各机关事务方面之第二级官，对于各种机关活动，负有处理，或指导监督之责，并负责汇集重要参考资料，及辅助长官之记忆者也"[2]。具体哪些人是幕僚长，《各级机关拟订分层负责办事细则之原则与方式》列举如下：常务次长、秘书长、书记长、秘书处长、主任秘书、秘书（如专员公署以下之秘书）、书记（如县党部以下之书记）。并规定，这些职位负有政务官与事务官两方面的责任，但幕僚长是只就其负责事务方面责任的身份而言的。《各级机关拟订分层负责办事细则之原则与方式》特别指明，政务次长或副部长、副局长等责任在处理第一级官委托事项或代表第一级官处理机关政务的，其责任多与第一级官同，因此属于政务系统之内，不可与幕僚长之责任相混淆。

　　一般而言，国民党与国民政府中的幕僚长由秘书长与各部会的常务次长两种官员构成。在此值得指出的是，秘书长的地位本来仅是文书、机要、印铸等工作部门的主管官员，不拥有推行政务的职权，但实行幕僚长制后，秘书长成为协助本机关长官组织实施本机关长官所决定的计划与政策的常务总管，地位更加重要。程思远曾这样回忆翁文灏担任李宗仁总统府秘书长即幕僚长的经历——

　　　　李宗仁出任代总统后，派我去台湾，此行有两项任务，一是与台
　　湾省政府主席陈诚洽谈释放张学良，一是翁文灏由台返宁，担任总统

---

① 沈慕伟：《改进中央行政管见》，《行政效率》第 2 卷第 8 期，1935 年 4 月。
② 富伯平：《幕僚长制之研究》，《中国行政》第 2 卷第 7、8 期合刊，1943 年 2 月。

府秘书长。当时李总统考虑翁文灏做过行政院院长，以阁揆之尊转任总统府幕僚长，未免过于屈就了，可是我与翁先生会晤后，他竟一口答应下来，他说，只要有利于国共和谈，我什么事都愿意做。①

由这段史料可以看出，实际政治行政中，常常认为秘书长就是幕僚长，而以前行政院长出任幕僚长，也说明了幕僚长职位的重要性。

在各部会中，发挥幕僚长作用的是常务次长。国民政府各部，均设有政务次长与常务次长，常务次长一般由富有行政经验、在本机关任事务官而资历较深者担任，其责任是根据已经决定的政策，具体组织实施，并主持日常工作，使部长和政务次长得以摆脱琐屑事务而专心考虑较大问题，这也正是建立幕僚长制的初衷。但甘乃光分析认为，当时在各部会实际担责幕僚长职责的，是政务次长、常务次长或者主任秘书。为了避免推行分层负责制时遇到过大的阻力，他建议不必强求由常务次长担任幕僚长，"如果现在硬性的规定以常务次长为幕僚长，就不一定可以行得通。不过这个制度的主要精神之一，就是要分开第一级官与幕僚长的责任，以建立幕僚长制为先；至于要建立以常务次长为幕僚长的制度，那时可逐步来求其实现的"。对于地方上担心实行幕僚长制后，秘书长成为幕僚长妨碍厅长的权力，甘乃光解释道："幕僚长不过是一个事务长，并非直接对外的。至厅长是委员所兼，这是一个政务官，决不会因为幕僚长的建立，而影响到厅长的地位。"②

富伯平从幕僚长制进一步探讨了幕僚组织的问题，他对幕僚组织做了较为宽泛的定义。他认为："近代所谓幕僚组织，原兼具下列三义：一、研究与建议的机构；二、综理大部分的机关活动；三、兼司控制及调整。"③因此，虽然幕僚组织与一个机关的办事机构如秘书室、秘书处比较相似，幕僚长多指各机关秘书长、主任秘书或秘书，但不能据此以为各机关现有的秘书处或秘书室等皆为健全的幕僚组织，也不能就此认为各机关除现有的秘书处（室）以外的单位都不可能是幕僚组织。因为原有的秘书处（室）的任务多是一般机关活动的处理，偏重于文书管理方面，所负责的工作仅

① 引自王梅《翁文灏的六十年》，《读书》1998年第8期。
② 甘乃光：《分层负责制的基本精神》，载《中国行政新论》，商务印书馆，1943，第88页。
③ 富伯平：《幕僚长制之研究》，《中国行政》第2卷第7、8期合刊，1943年2月。

仅是幕僚工作的一部分。除了这些机构之外，总务司（科）、参事厅、会计处（室）与统计处（室）以及编译室等都有幕僚性质的工作。

龚履端对幕僚长的地位、职责、特质、人选等问题进行了研究。他认为，幕僚长的地位是辅助者而不是权力者，因此不能直接对外。幕僚长是事务官，主要负责"办理推行政令之内部工作"，这也决定了幕僚长是参赞者而非决定者。幕僚长的职责，主要是"对上襄助第一级官一切行政计划，并切取全计划的纵横联络，对内代表第一级官撰拟及综核最机密文件，并随时注意各个行政计划进度的实际考核，以促成完整、统一与敏捷的执行"。他认为，幕僚长的特质，不同于第一级官，第一级官主要"担负行政上的组织或制度的活动，其产生完全基于政党的关系，是副业而非专业者，他要能顾全到全体社会的需要"，但幕僚长是专业者或行政技术专家，这就要求其能够精细小心、克尽厥职、绝对服从，而不需要其是能够发挥创造才能、大刀阔斧的政治天才。这种特质也要求其能够长期任用、不参加政治活动。而这些因素决定了幕僚长的人选，要有辅弼之资而兼有领导之才，要有健全体魄而具刚毅性格，要能相知互信具有同一兴趣，还要缜密准确、完备周到、任重耐烦、机警灵变、敏捷果断。

龚履端还谈到一个问题，即由于幕僚长的性质虽然为事务官，但是经常代表第一级官主持政令、决定大计，所以也具有政务官的性质和特点。同时，法令上也没有明文限制第一级官任用幕僚长的权限，幕僚长在人事制度上也不受职守的保障，所以在当时的情形下，出于实际需要，幕僚长一般为第一级官的私人亲信，这样便于推心置腹、参赞机密，因此也导致第一级官一般不愿留用前任幕僚长，幕僚长也就经常随第一级官的进退而进退。但幕僚长的职责却要求其能够永久任职、为终身事业，以体察了解各部门的政事环境情形、应付裕如。

为了解决这种矛盾，龚履端大胆地提出"副幕僚长"。按他的意见，"副幕僚长"即"为常任对内而实做的事务官。其职务为襄助幕僚长，悉听幕僚长之指挥或授奖，无需规定"。他指出，"副幕僚长"并不是要重新设置和增加此类人员，实际上，现在各机关已经实际存在这样的"副幕僚长"，如各部会的主任秘书、省政府或省党部的秘书、专署县府的助理秘书，"其功能与任务，大都与幕僚长相仿佛，惟其任用保障方面，则迥然有别，所以副幕僚长的任用，依据其特殊技术，应定为专业者，至于滔天政潮，也不和他发生关系。任期有保障，其职位为终身职，副幕僚长一经任用，既有保障，不得轻易去职，所以登庸伊始，必慎所选，应以公开考试录用为原则，以期达到普遍公平的目的"①。

三　分层负责制

分层负责制，实际上也是要解决长官包办的问题。该制主张使每一层级的官员都能够承担应有的责任，以此提高行政效率，避免过度集中造成的行政迟缓和积压。同时，也使机关的首脑有充分的时间来考虑重大的政策以及实施监督指导工作。

甘乃光举例说明分层负责的重要——"若果一个新式医院，眼科医生开药方的时候要院长核准，药剂师配药的时候也要院长核准，看护用药的时候也要院长核准，你想这会变成一个什么样的医院了？"对于分层负责的必要性，蒋介石大概深有体会，他曾说："你们不要当做委员长是一个字纸篓，什么公事都拿给我看，你们一点责任都不肯担负，那不是对待长官及对待自己的办法，有失政府设官分职的本意。"②

分层负责制的道理很简单，就是"每一个机关由首长到最低级的员司，均应规定明确的责任和职守"，使他们能够负责。③ 但时人仍有困惑，有人指出人事制度尚不健全、考试制度尚未普遍实行、人事配合也未必适当，因此不是每一层的公务员都能负起责任。如果有一个层级的公务员没能负起责来，则整个分层负责制就要出问题。也有一种意见认为："分层负责办法能否推行尽利，尚有一前提要件……即通常所谓'职位分类'是已，职位既明，则循不责实，秉承有自。"④ 对此，甘乃光解释职位分类制不可能一蹴而就，因此分层负责制也不必等到职位分类制完成之后实行。反而，分层负责制的推行有助于职位分类制的实现。

富伯平对分层负责给予很高评价和期待，他将《各级机关拟订分层负责办事细则之原则与方式》誉为"我国近年关于公务员服务法规中最合理

---

① 龚履端：《论幕僚长制》，《地方行政》（福建）第 3 期，1942 年 1 月。
② 引自甘乃光《分层负责制的颁行》，载《中国行政新论》，商务印书馆，1943，第 80 页。
③ 甘乃光：《分层负责制的基本精神》，载同上书，第 87 页。
④ 胡次威：《四川省一年来之民政中心工作》，《中国行政》第 1 卷第 6、7、8 期合刊，1941 年 11 月。

而又最进步的一种规定"。① 根据分层负责制的精神，他研究了机关主管之职务及其运用问题。富伯平认为，机关主管职务的性质为各机关主管职务的共通之点，"只是综理与指挥监督其所属而已。换言之，各机关主官的职务并不是实地工作，其职务只是在于监督，调整，并统辖其所属人员及单位如何迅速，经济并完善以处理各该机关之工作而已"。

富伯平还特别注意公务人员服务道德问题，他认为机关主官为完成其职务所应注意的法则，其中之一是员工服务道德之启发——

> 行政效率，原为人类集团之操作的效率。机关主官之基本任务，惟在如何监督指挥其所属以努力操作耳。但所谓监督指挥云者，尚系就法定的职权而言，若从心理学方面一为考察，便知监督指挥之效果如何，恒视各级人员服务道德之强弱而异。故若干成功的机关主官，罔不首先注意于公务员服务道德之启发，良以公务员服务道德高时，其监督指挥自易为力也。此为行政管理，最重要亦最困难问题之一。

值得一提的是，分层负责制还与当时的"工作竞赛运动"相得益彰。在国民党五届五中全会上，蒋介石以国民党总裁身份将《工作竞赛制度大纲》交付斟酌实施。《工作竞赛制度大纲》规定"工作竞赛"是"将运动比赛的办法，扩充于农工业及其他各业，籍以增进生产，加强工作效率。竞赛的方法，要先使参加比赛者，互相讨论观摩，由专设之总机关拟订办法，以便规定工作时间，工作数量及质量，实行后，成绩优良的，可以得到奖励，这就是这种新制度的来源及意义"②。

在中国实行这一运动，应该是受苏联"士塔哈罗夫运动"的启发和影响。甘乃光等研究者深刻地认识到，社会主义制度下的统制经济，取消了放任主义的自由竞争，就取消了求进步的诱惑力，为了弥补这一"社会主义的缺憾"，苏联就采取了工作竞赛的办法，以心理的诱惑力代替自由竞争中金钱的诱惑力。而在当时中国实行民生主义的国民经济建设运动，目的

---

① 富伯平：《机关主管之职务及其运用》，《中国行政》第 2 卷第 3、4 期合刊，1942 年 8 月。
② 甘乃光：《工作竞赛运动》，载《中国行政新论》，商务印书馆，1943，第 110 页。

就是要发达产业、增加生产，而民生主义带有社会主义的性质，因此工业界也受到了同样的工作动力不足的影响，开展工作竞赛就显得十分必要。虽然"工作竞赛运动"主要目的在工农业的增加，但不限于此，在党政军的公务人员间也可以实行该运动。

为此，中央设立工作竞赛推行委员会，其下设机关业务组主管行政效率竞赛工作，由萧文哲任组长。萧文哲这样筹划行政工作竞赛——

> 初期行政工作竞赛，宜就目前急须推进之行政业务举行（子）户口编查竞赛，以便征集人力，（丑）土地清丈与陈报竞赛，以便开发地利，（寅）税额增加比较竞赛，以便充实财力，（卯）征量储量竞赛，以便满足粮食。同时为促进各机关内务之改进，举行（子）人事管理竞赛，以便人尽其才，（丑）文书处理竞赛，（寅）财务管理竞赛，以便财尽其用，（卯）物料管理竞赛，以便物尽其利。以上各项事业，范围颇广，又宜分别择其中简而易行者先办，并各按其情形，分为（甲）机关与机关工作竞赛，（乙）机关内部各单位与各单位工作竞赛，（丙）个人与个人工作竞赛。[①]

第四节　县政建设实验、新县制、分区设署

一　县政建设实验

在传统社会，中国县政的主要内容是征收赋税、摊派徭役、审理诉讼、教化乡民以及组织协调小农经济下较为简单雷同的男耕女织的社会生活，县官的主要职责是"刑名钱粮"。县官的治理和乡绅在地方社会的权威构成了中国县域半自治状态的管理体制。20世纪初，在清末"新政"的潮流中，中国的县政改革缓慢启动，清末颁行过《府厅州县地方自治章程》《城镇乡地方自治章程》，民国初年和北洋政府时期颁行过《划一现行各县地方行政官厅组织令》《县官制》《县自治法》。到了南京国民政府建立初期，开始推行"县自治"。20世纪30年代初，则兴起县政建设实验。

---

① 萧文哲：《行政效率研究》，商务印书馆，1944，再版序。

　　1928 年，南京国民政府宣布"训政"开始，为期 6 年。"在中国历史上，训政是一种比较特殊的政治制度，它以民主宪政为目标，以较具集权特点的党治体制和分权特点的地方自治为手段，是西方的民主政治理想受到中国现实制约的产物。"① 按照孙中山的《建国大纲》，训政时期的中心工作是县自治，县是自治的基本单位。但是近代以来以自治为目标的县政改革屡屡受挫，到了 30 年代初，面对内外交困的压力，南京国民政府开始从奉行"总理教义"对自治的理想追求退回到了现实，县政建设实验应运而生。

　　县政建设实验于 1932 年末召开的第二次全国内政会议之后启动。第二次全国内政会议的主题是"完成地方自治，整理匪区善后，奠定国防基础，促进行政效率，统一内务行政"，"尤以县政改善为当今之急务"。② 会议通过了《县政改革案》和《各省设立县政建设实验区办法》。

　　《县政改革案》指出当时地方制度的六大缺点，即县政府之监督机关太多、县政府之组织太简、县之经费未能确定、县之职权未能划清、县之行政区域过于辽阔、办理县政制人才未能充分储备等，并有针对性地提出县政改革的方针，包括厘定地方行政系统确立县之地位、充实县政府组织提高县长职权、划分省县权限增进行政效率、确立县财政系统实行预算决算制度、设立实验区及研究院、举行县长总登记、增加县政经费提高县行政人员待遇、整理县行政区域增设新县治、积极筹设县参议会、提高县政视察地位明定考级标准。

　　《各省设立县政建设实验区办法》从总纲、组织及权限、经费、实施的方式与程序等方面对县政建设实验区的设定作了原则上的规定。其主要内容包括：设立县政建设实验区的目的在于改善地方人民生活，实现地方建设，因此要采取"政教富卫"合一的办法，谋农村之复兴。实验县的范围，原则上以县为单位，必要时可扩充为数县，同时各省为了比较实验的效果和方便观摩，可在风土民情不同的地方，设立两个以上的实验县。各实验县取得显著成效后，要及时推广到其他县。《各省设立县政建设实验区办法》规定，成为县政建设实验县必须具备以下条件之一：可代表本省一般

　　① 黄珍德：《官办自治：1929～1934 年中山模范县的训政》，文物出版社，2009，第 214 页。
　　② 史文忠：《中国县政改造》，南京县市行政讲习所，1937，第 92 页。

情形、交通便利、以前办理地方自治较有成绩、地方有领导人才且能出力赞助、实验场所有相当设备。《各省设立县政建设实验区办法》还规定县政改革实验的时间为四年，分两个时期实施：一是行政整理时期，主要整理财政、公安、教育等行政，以整饬吏治、涤除积弊为中心工作；二是地方建设时期，主要为测量土地、修筑道路、改良农事、提倡合作、添设学校、普及教育等。

《县政改革案》和《各省设立县政建设实验区办法》颁行后，县政建设实验在全国范围内迅速开展起来。当时全国有冀、鲁、豫、绥、苏、浙、湘、粤、桂、滇、黔 11 个省积极响应，20 个县被划为县政建设实验县，其中最著名的有四个，分别为河北的定县、山东的邹平、江苏的江宁和浙江的兰溪。由于当时南京中央政权仅能控制长江中下游的部分省份，其中鄂、豫、皖、赣等省还因共产党领导的土地革命而被划为"剿共军事区"，其他大部分省份都在地方实力派的控制之下，所以，涉及 11 个省、20 个县的县政建设实验可以称为"规模宏大、内容丰富"①。

1937 年 7 月，山东省政府划定邹平县、菏泽县为县政改革实验县，隶属乡村建设研究院。梁漱溟亲自担任邹平研究院院长，并一度兼任实验县县长，推行县政改革。具体做法除了前文提到的裁局改科之外，还在政府机关实行 8 小时工作制，建立考勤制度、例会制度等。改革后，县长、科长和科员们一样衣着简朴，没有特殊享受，大家一起在食堂就餐，"毫无官僚作风，政府工作面貌焕然一新，工作效率大为提高"②。作为另一个著名实验县兰溪的县长，胡次威一面领导推进实验，一面为文开展研究，从 1936 年 11 月至 1937 年 5 月，他在《行政研究》连续发表 7 篇名为《重要县政问题改进意见》的连载文章讨论县政实验问题。

甘乃光对县政建设实验十分关注。在第二次全国内政会议召开之前，为了筹备会议，1932 年 10 月内政部成立了 3 个调查组，到各省区视察。时任内政部次长的甘乃光先后去了定县、邹平等乡村建设实验县。他在定县视察了 4 天，"深切感到，为了促进并加速向定县所制定的乡村建设计划的

---

① 李伟中：《20 世纪 30 年代县政建设试验研究》，人民出版社，2009，第 11 页。
② 李远江：《山东：新儒家的乡村"复辟"》，载唐建光主编《解封民国》，金城出版社，2011，第 35 页。

执行，有必要重建县政府的机构"①。因此，他对晏阳初说："你的方案像一张只有三条腿的桌子，还缺一条腿，缺少了政治腿。有了它，桌子才站得稳。"② 他的看法得到了晏阳初等人的接受。值得一提的是，"县政建设实验区"的名称还是甘乃光折衷内政部提出的"县政实验区"和乡村建设派提出的"建设实验区"两个称呼产生的。而这一称呼也表明了这一实验包含"县政改革"和"乡村建设"两层含义。

二　新县制

1939 年 9 月 19 日，国民政府行政院公布《县各级组织纲要》，推行"新县制"。蒋介石把"新县制"的内容归纳为"管教养卫"四大职能，管即编查户口，健全机构；教即设立学校训练民众；养即确定地价，开荒造产，整理财政，开辟交通，推行合作，实施救恤；卫即办理警卫，推行卫生。为了便于"管教养卫"的同时并举，在人事上，规定乡镇长、乡镇中心学校校长及乡镇壮丁队队长由一人兼任，保长、保国民学校校长与保壮丁队队长由一人兼任；在区划上，规定县以下行政区域与教育、警察、卫生、合作、税收等区域合一。这样，就实现了行政组织、军事组织和教育组织的"三位一体"。

时人归纳新县制的基本精神为"党、政、民，三位一体之通力合作，其特色为管、教、养、卫四大政术连环运用"③。其间的关系是，管教养卫合一"以政教为中心"，养、卫的推行，均须先有管、教的设施；管的目的在教、养、卫的机构组织与人事的健全；教的目的在管、养、卫的人才、方法的训练与充实；管、教能联系推进，养、卫自亦顺利完成。④ 同时，本着"全国一致性质的事务划归中央，因地制宜之事划归地方"的原则，新

---

① 引自晏阳初《定县的乡村建设实验》，载《晏阳初全集》第 1 卷，湖南教育出版社，1989，第 227 页。

② 引自〔美〕约翰赫尔塞《晏阳初——向愚昧贫穷开火的斗士》，谭健华译，四川省政协、巴中县政协文史资料委员会合编《平民教育家晏阳初》，四川大学出版社，1990，第 264 页。

③ 刘中南编《新县制地方行政事业推进方法》，东北文化服务社，1946，第 5 页，转引自曹天忠《新县制"政教合一"的演进和背景》，《近代史研究》2008 年第 4 期，载中国社会科学院近代史研究所民国史研究室、四川师范大学历史文化学院编《一九四〇年代的中国》（上卷），2009，第 151 页。

④ 胡次威：《半年来的川省民政》，《政教旬刊》第 4 期，1940 年 11 月。

县制赋予了县、乡镇的自治地位，划分了省、县、乡镇的职权，确定了县政府机构设置、人员配备的标准，立定了县长任用法规、县长职权法规，使之简单明了、完整合理。同时，提高了县政府秘书科长的资格，以储备县长人才。

在新县制的实施中，最大的问题是实现合一目的时遇到的人事及组织问题。就管和教的关系来说，经历了从"政教合长"到"政教分长"，从"政教分长"再到"政教不分家"或"政教相连"的变化过程。在乡镇层面，《县各级组织纲要》规定乡镇长、乡镇中心学校校长及乡镇壮丁队队长，暂以一人兼任。乡镇公所设民政、警卫、经济、文化四股，各股设主任一人，干事若干人，由副乡镇长及乡镇中心学校教员分别担任。但同时规定，在经济、教育发达之区域，乡镇中心学校校长以专任为原则。在保甲层面，《县各级组织纲要》规定保长、保国民学校校长、保壮丁队长，暂以一人兼任。保办公处设干事二人至四人，分掌民政、警卫、经济、文化等事务，由副保长及国民学校教员分别担任。但同时又规定，在经济、教育发达之区域，国民学校校长以专任为原则。

由于《县各级组织纲要》虽然规定行政机构长官和同级学校校长由一人兼任，行政机构工作人员由相应学校教员兼任，但又同时规定乡镇中心学校校长、国民学校校长可以"以专任为原则"，更没有硬性规定"谁来兼谁"这一问题，于是政教两界便各取所需，出现本位分歧。有研究者认为乡镇长、中心学校校长及壮丁队队长一人兼任，保长、国民学校校长、壮丁队长一人兼任的"三位一体"的制度符合中国基层经济落后、社会分工不发达的国情，对于地方行政也可以达到减少摩擦、增进效能、节省经费、利用人力的目的。[1] 但这种认识遇到了教育界的强烈反对，他们认为教育是一个专门的领域，需要由懂教育的人来从事教育事业，而不是由素来并无教育研究和经历的乡镇长及保长来领导，否则就会出现教育成为行政的附庸，"顾此失彼""荒废教课"。两方面的主张在实践中表现为："教育厅主张以乡镇中心学校校长兼乡镇长，保国民学校校长兼保长；但民政厅则主张以乡镇长兼中心学校校长，保长兼国民学校校长，各以其本身职务为主

---

① 栗显运：《新县制的实施》，国民图书出版社，1941，第34~36页。

体，各欲在人事方面取得较大的控制权和任用权。"①

虽然乡镇长和保长兼任校长使教育有了行政强力的推动，教育"在量的方面，已有飞跃之进步"，并被誉为新县制"最大的收获"②，但由于各方面反对力量所促成，1942 年 2 月，全国国民教育大会通过了《乡镇中心学校保国民学校校长专任兼任问题案》，提出了"中心及国民学校校长以专任为第一原则；以校长兼任乡镇保长或副乡保长为第二原则；而以具有校长资格之乡镇保长兼任校长为第三原则"的办法。③ 这样，"三位一体"的"政教合长"就走向了突破"三位一体"的"政教分长"。

但是，政教分离而不合作的问题随之而来，甚至造成两败俱伤。广西省主席黄旭初在一次省府纪念周上讲道："目前有一种不良现象，就是专任校长，往往看不起乡镇长，以致两方面不能密切联系合作，甚至两方面所用器具，界限亦分得很清楚，毫无通融之处。"④ 对于这一问题，广西的教育界多认为，校长专任旨在使政教更好地分工与合作，是政教分长，而非政教分家，并提出了一些加强协调合作的具体做法。作为实施新县制最重要地区之一的四川省，则提出"所有学校筹募基金、建筑校舍、充实设备、督促入学等必须用行政力量推行之事务，由乡镇保障负责，其余校内人事及教务训育事项，由专任校长负责办理"，"办理乡镇保教育及其他文化事业，应规定其分层负责，专任校长者由校长负第一责任。乡镇保长负第二层责任，不致因校长之是否兼任而又畸轻畸重之现象"等。⑤ 这种"政教不分家"的意见，又开始为各方所接受。

从"政教合长"到"政教分长"，再到"政教不分家""政教相连"，反映了新县制推行的困难。蒋廷黻认为新县制是战时中国行政上的一项重大措施，但是该制度面临很大的困难。他说——

　　　　1939 年政府在此一制度上花费了很多时间。报纸上，对这一制度

---

① 陈柏心：《新县制实施的检讨》，《建设研究》第 5 卷第 4 期，1941 年 6 月。

② 胡昭华：《新县制概论》，商务印书馆，1942，第 173 页。

③ 张英：《本省目前实施国民教育应有之认识及努力》，《国民教育指导月刊》（贵州）第 2 卷第 1 期，1943 年 1 月。

④ 引自梁上燕《论三位一体制的研究与政教分长》，《建设研究》第 6 卷第 3 期，1941 年 11 月。

⑤ 沈朋主编《县实际问题研究》，正中书局，1943，第 25 页。

曾有很多佳评。依此制度，每项要设立卫生所，要增设学校，同时要增加县府的工作人员。……此种制度战时财政将无法负担。……即使我们能够筹到经费，我们也很难物色到所需人才来担任新增设的职位。……起草委员会坚持立即全面实行。最后他们胜利了。但是，他们的胜利变成纸上谈兵，因为中央政府没有经费推行。事实上，只是增设了许多没有工作的新机构。①

因为新县制是"地道的政府工作"，为了熟悉各省的情况，1940年春到7月间，时任行政院政务处长的蒋廷黻与时任经济部长翁文灏助手的社会学家吴景超一起到湖南、江西、浙江、广东和广西视察，他们发现新县制在地方并没有得到实现——

> 我们发现中央政府大部分改革方案均原封未动，变成具文。地方政府经费不足。更重要的是：他们缺乏训练有素的人员。……最出人意料的是：所有的省主席、省委和县长都以全副精力推行新县制，而结果却完全失败。②

蒋廷黻将新县制的失败归因于经费和人员的不足，富伯平则更多地从组织角度认识包括新县制在内的诸多改革失败的原因。他认为："政策，只是目的之确立；行政乃所以完成其目的之手段。"自治行政自启蒙以来，中国行政的动向是行政组织之集中，统制行政之加强，科学行政之开始。尤其在《县各级组织纲要》颁布后，也即新县制实施后，中央行政机关权力日增，具体表现在财政收支系统修订、各省施政计划独立性丧失、田赋及大部分粮政改归中央机关直接处理等。而"一国的整个行政组织最难解决之问题厥为各个机关相互关系之决定——即一国行政组织形态之决定"。在这方面，如同省政府合署办公"终因中央各部会有其立场，在省各有其所属厅处，各对其所属厅处直接指挥命令，所属完善之省组织，乃终未能实现"一样，随着中央派遣机关之增加，导致"近年各省行政效率之未能提

① 蒋廷黻：《蒋廷黻回忆录》，岳麓书社，2003，第222~223页。
② 同上书，第224页。

高，虽有种种原因，而完整或组织之不能确立，究为其中主要因素之一"。①
富伯平认为，中央的过度集权、对地方的横加干涉、地方行政组织权能上
的不独立、不集中，导致了各项地方行政改革的失败。

三　分区设署

新县制推行过程中的一个关键问题是区署是否保留的问题。在国民党
执政的 22 年间，县以下的基层政权组织，其演变轨迹大体上可分为三个阶
段：第一阶段是假托自治（1927 ~ 1934），第二阶段是重建保甲（1934 ~
1939），第三阶段是"新县制"（1939 ~ 1949）。② 其具体演变情形是，1928
年 9 月，南京国民政府第一次公布《县组织法》，规定县以下的组织依次为
区—村（里）—闾—邻四级。1929 年 6 月，国民政府又公布《重订县组织
法》，将村里改为乡镇，县以下仍分为四级：区—乡（镇）—闾—邻，并规
定五户为邻，五邻为闾，百户以上的村庄为乡，百户以上的街市为镇，乡
镇户数最高不得超过 1000。5 个到 10 个乡镇组成一区，每县划分为 5 - 10
个区。县以下组织为自治组织，区设区公所，为区自治的执行机关，设区
长一人，管理区事务，区长由区民大会选任，任期一年。区公所为自治法
人，在不抵触中央和省县法令范围内可制定公约。此外，区级自治组织还
包括区监察委员会、区调解委员会和区民大会等。但实际情况是"这个时
期的地方自治与晚清地方自治如出一辙，徒托自治之名而已。区民大会、
乡镇民大会以及闾邻居民会议没有一地真正举行过，区及乡镇的监察委员
会也有名无实"③。

保甲制度在 1930 年代的重建则是国共军事对峙的产物，肇始于 1932
年，最初在鄂豫皖赣等"剿匪"省份实行，1934 年通令全国推行。在重建
保甲制度的同时，南京国民政府一面在省和县之间建立行政督察专员制度，
一面将自治名义下的区公所改设为正式的官僚行政机构——区署，规定其
为国家官治机关，区长为国家正式公务员，将正式官僚行政机构下沉一个

---

① 富伯平：《中国近年行政之动向及其问题》，《中国行政》第 2 卷第 1、2 期合刊，1942 年
5 月。
② 王奇生：《革命与反革命：社会文化视野下的民国政治》，社会科学文献出版社，2010，第
395 页。
③ 同上书，第 397 页。

层级，"这是中国几千年来首次在县以下建立正式的行政层级"①。

中国历来的保甲制度主要是出于军事控制的考虑，以保统甲，以甲统户，以户统人，层层节制，联保连坐，彼此负连带责任。南京国民政府的保甲制度形式为县—区—保—甲—户。十户为甲，十甲为保，甲设甲长，保设保长。五保以上的大乡镇设保长联合办公处（简称"联保"），设联保主任一人。联保办公处是保与保之间的联络机关，而非保的上级机关，联保主任没有指挥保长的权力。但事实上，联保逐渐变为保的上级机关，其组织系统实际变为县—区—联保—保—甲—户。不过，"各省在实际推行过程中，其县以下的组织名称和层级数亦纷繁互异，有的一省一制，有的一省多制。……在1939年推行'新县制'以前，即使在南京国民政府直辖下的长江流域各省，也未能建立一个完整统一的乡村基层政权组织。至于长江流域以外的各省，其基层政制之纷歧则更明显。……即使在已经呈报建立了保甲制度的长江流域各省，其实施的真实性亦颇值得怀疑"②。

新县制将基层政权的重心放在乡镇，区变为县的辅助机关，保甲变为乡镇内部的编制，基层政权的层级结构在法理上就变为县—（区）—乡镇—（保）—（甲），区、保、甲由实级变为虚级。除基层政权的设置发生一些变化之外，新县制重新标榜地方自治，规定"县为地方自治机关""县为法人""乡为法人"，同时在县以下设置各级民意机关，乡镇长和保长分别由乡镇居民代表会和保民大会选举产生。但实际上在1947年之前，各省乡镇长和保长一般均由县政府直接委任，且此时乡镇长和保长已经脱产专任，由政府任免，并领有薪俸，"已转变为政府公务员"。县以下的行政层级实际运行仍然是区—乡镇—保—甲多级制，国家政权也因此进一步下沉到了乡保。国家政权的扩张和渗透达到了历史上前所未有的程度。③

新县制推行后产生的这些变化，就导致在如何对待区署这一问题上，意见不一——

---

① 王奇生：《革命与反革命：社会文化视野下的民国政治》，社会科学文献出版社，2010，第398～399页。
② 同上书，第399页。
③ 同上书，第407页。

以中国之大，及情形之复杂，如县境之广阔者，实有设置之
必要。①

故凡区域较大，人口较繁之县，区署应予在置，即其他稍较小较
简之县，区署亦应逐渐撤销，候乡镇设立，能负担应负之责任，而与
县取得紧密之联系时，区署即可卸其责任而撤销。②

据以往设区之成绩观之，往因多一层组织，即为多一层靡费与手
续，故今后当注意其灵活运用也。③

采用不设区署之区而设之指导员制加以改进。随时来往于县乡之
间进行督导。④

其中，废除区署的意见渐多拥护。萧文哲认为，分区设署是县政府因
时因地制宜的临时办法，而区署并非经常固定的地方行政层级，它的存在
必然会导致基层行政层级的混乱；区署的设置与乡镇重合，二者相互冲突，
区署的存在增加了县政府管理基层的难度；战时财政困难，经费不足，废
除区署可节省大量经费人才，用于充实乡镇保甲，便于基层政治建设；区
署本身为一种承转机构，县政府责成区署所办之事，区署往往推诿于乡镇
或联保，在实际政治运作中起不到什么作用。⑤ 在浙江兰溪主持县政建设的
胡次威也以实践经验对区、乡镇两种县以下的行政区划设置给基层地方行
政带来的不便进行了批评，并认为"县以下的层级越多，不但没有法子能
够使每一层级都得到充实，并且足以影响行政的效率"⑥。为了改进区以下

---

① 李宗黄：《对新县制实施之意见》，《行政评论》第 2 卷第 1 期，1941 年 1 月。
② 李旭：《实施新县制之意见》，《行政评论》第 1 卷第 4 期，1940 年 6 月。
③ 李鸿音：《对于新县制的实施之意见》，《行政评论》第 2 卷第 1 期，1941 年 1 月。
④ 陈：《在新县制实施中所感到的九大问题及其解决之道》，《行政评论》第 2 卷第 1 期，
1941 年 1 月。
⑤ 萧文哲：《县政制度研究》，独立出版社，1942，第 80~90 页。
⑥ 杨焕鹏：《南京国民政府时期县级以下行政区划的变动——以浙江省为例》，《东方论坛》
2008 年第 3 期。

事务行政基础"徒具虚名"的弊端，闵天培提出废除区署。[①] 而在实践中，废除区署已经开始。例如，四川省曾依据《"剿匪"省份分区设署办法大纲》的规定，共设区署 474 处，实行新县制后，将不合设署条件的区署裁撤，共计 223 个。而且表示将继续进行，以求彻底。[②]

---

① 闵天培：《调整地方行政机构之建议》，《行政评论》第 2 卷第 1 期，1941 年 1 月。
② 胡次威：《四川省一年来之民政中心工作》，《中国行政》第 1 卷第 6、7、8 期合刊，1941 年 11 月。

第八章　民国时期对于人事行政的研究

人事行政是行政的基本问题之一。薛伯康认为，研究人事行政的目的是寻求公务员待遇之平等、任务之相称，引起办事者的兴趣，增加行政上的效率。而研究的范围，在考选方面，要研究如何选取真才，包括公务员招考方式方法、试题及考试门类、考试结果，还要研究如何杜绝舞弊、候补人员分发方法、各国人事行政制度、考试制度推行等。在铨叙方面，要研究职位分类、厘定俸给、如何增加公务员办事效能、科学管理方法等。①

第一节　人事行政的起点

中国历史上的选官制度发展得比较成熟，西周的"乡里选举""诸侯贡士"、西汉的学校制度与察举制、魏晋南北朝的九品中正制、隋唐以后的科举取士制，都在不同程度和不同侧面反映了中国独具特色的选任官吏制度。然而，中国历史上的选任官制度最终没有在近代化的过程中发展成为更先进的人事制度。1905年，清政府下诏停办科举考试，标志着兼具教育与选官职能的科举制度在实行一千多年后被废除。近代学校教育代替了它的教育职能，但是新的选官制度一直迟迟未能真正建立起来，其他与此相关的吏治问题也需要探索新的答案。

古代社会向现代社会的转型、政治制度与社会生活的突变、大规模现代政府的建立都需要新的人事行政制度。南京国民政府成立后，全国形式上趋于统一，政局稍稳、政府初建，开始着手重建考试制度，开启了较为完整、持续的人事行政实践。值得指出的是，一谈到人事行政，其范围要比公务员管理为广，民国时期就有人主张"人事制度之精神，应普及于行

---

① 薛伯康：《研究人事行政之目的范围及方法》，《行政效率》第3号，1934年8月。

政制度下每一个机关每一个人员，如国营或省营事业之邮电路航等机关人员，国立公立学校之教职员，及其他组织法上未规定官等之人员"①。实际上，这还仅仅谈到了"公办"领域的人事行政，在私营的工商业、出版业等领域都有人事行政问题。甘乃光就认为："就我国目前的情形而言，人事制度，应当广泛的包括党、政、军、工、商及社会人民团体等，所有关于人事方面的制度。"② 但是，不论人事行政包含内容如何广泛，行政学谈论人事行政问题的核心内容仍然是公务员管理问题。

讨论民国时期的人事行政及其研究，首先需要明了的是，民国时期在公务员的分类上，薛伯康将其划分为政务官和事务官③，吴胜己将公务员等同于事务官④，这是两种有代表性的意见。但在实践中，国民政府对于公务员的划分是按照任用方式来划分的，具体分为特任、简任、荐任和委任四种⑤，这四种公务员也统称为文官。⑥

一 保障制度

着手建立人事行政，从哪里着手？什么是人事行政的起点？甘乃光认为施行公务员保障制度是人事行政建立的起点。⑦ 这一认识经过了一个不断思考的过程。在为薛伯康的《人事行政大纲》一书所作的序言中，甘乃光尚认为职位分类是人事行政的起点，他说——

---

① 钱卓伦：《如何树立健全的人事制度》，《人事行政》创刊号，1942 年 12 月。

② 甘乃光：《中国人事制度发展的趋势》，载《中国行政新论》，商务印书馆，1943，第284 页。

③ 薛伯康：《中美人事行政比较》，商务印书馆，1934，第 4 页。

④ 吴胜己：《人事行政之原理与实施》，广西省政府编译委员会，1940，第 2 页。

⑤ 在中华民国临时政府至北洋军阀和国民党统治时期，文官的官阶分为四等：特任，文官的第一级官阶，由大总统或国民政府主席以特令任命，如中央政府的部长、驻外国大使等；简任，文官的第二级官阶，由大总统或国民政府主席任命，如中央各部的次长、局长，各省的厅长等；荐任，文官的第三级官阶，由各主管长官推荐给中央政府任命，如中央各部、局的科长、各省的县长等；委任，文官的第四级官阶，由各主管长官直接任命，如国家机关的科员。

⑥ 钱端升认为这种称谓"实由日本抄袭而来"。日本的文官，向分"亲任""敕任""奏任"及"判任"四等。见钱端升《论官等官俸》，载《钱端升自选集》，首都师范大学出版社，2010，第 391 页。

⑦ 甘乃光：《行政效率概论》，载《中国行政新论》，商务印书馆，1943，第 15～16 页。

顾人事问题之先觉条件，为职位分类。盖职位分类，非特以权限分类奠定考试制度，一扫保荐植私之恶习；且可利用职位分类铲除用人行政上不平等之设施。[①]

此后，在《人事制度建立的起点》一文中他又颇有新意地提出人事行政的起点是制定公务人员保障法，把全体公务人员都保障起来。他谈道，最早他以为考试制度是彻底解决中国人事制度的起点，但是经过仔细考虑，觉得这个办法太过于迟缓，不能适应现代建国迎头赶上的步骤。后来他又考虑职位分类制是人事制度建立的起点，其关键是确定职责与同工同酬，但是即使实现了同工同酬，而大部分公务员时常变动，职位分类制的效果也必然微不足道。除了考试和职位分类制，他也曾考虑分层负责制是人事制度建立的起点，但是分层负责虽然重要，而公务人员变动太大，也不能发生效果。因此，经过多番思考他最终认为，只有全体保障法施行，考试、职位分类、分层负责等办法才能够见效。

甘乃光这一认识，大概受一次调查结果所触动。该调查表明，行政院所属部会人事的变动，服务两年以下者，简任人员中占55%强，荐任人员中占43%，委任人员中占46%。一般认为中央机关人员比较稳定，但是平均算起来，两年以内变动在一半以上。他不由感慨："人人怀五日京兆之心，不知何日去职，试问一切人事制度，何从谈起？"[②] 事实上，这种"事随人走"的现象比较严重，"常常某部长登台，上自次长，下至门房，有时全体都得改易。最奇妙的是部长为某省人，则该部便成某省人的地盘，只消一听部中人说话的口音，便可知晓"[③]。难怪甘乃光认为："现在人的来源大部分都脱不了一个'私'字，这是中国人事行政上最大的毛病。"[④]

当时也有研究者认识到了官员保障问题的重要性——

① 薛伯康编著《人事行政大纲》，正中书局，1947，甘序。
② 甘乃光：《人事制度建立的起点》，载《中国行政新论》，商务印书馆，1943，第99页。
③ 闵仁：《为什么我们的政府不能做出像样的事业》，《独立评论》第103号，1934年6月，载管效民编著《民主还是独裁：70年前一场关于现代化的论争》，广东人民出版社，2010，第92页。
④ 甘乃光：《行政效率概论》，载《中国行政新论》，商务印书馆，1943，第15～16页。

为什么任职一定要有保障呢？大凡一个官吏，最怕的就是不能安于其位，而国家所最忌的，也就是它的官吏不能安心于一种专任的工作。……员吏之能增进其效率，必凭其宏富的经验，时时在更张的局面之下，常常使他们从这个机关调到那个机关，如何可以增加他们的经验呢？况且一个不安定的位置，如何能使人忠于职务呢？其结果必致敷衍偷安，机关的职员虽多，而真心做事的却寥寥无几。求吏治之有效率，不等了缘木求鱼？①

1930 年，薛伯康曾以专家资格列席"加美国际考铨会议"（The National Assembly of The Civil Service Commissions of the United States and Canada ），提出"今日我国人事行政方面之最大通病乃为公务人员之无相当保障"②。不过，他认为对所有公务员实行保障势所不能也不切需要，因此建议将公务员分出类别，再规定何种可以保障，逐步扩大保障范围，并认为英美实行公务员保障之初受保障的公务员只限于书记类职位的经验可供参考。在第一次全国考铨会议上，浙江、安徽、河南省政府也都提出了相关的公务员保障议案，建议制定公务员保障法规。

先后在监察院、行政院任职的沈乘龙通过对各有关法规的梳理，对公务员保障问题进行了专门的研究。他认为，公务员权利是否应该保障，要看公务员身份成立的法律关系。政务官理应不受保障，而事务官的保障，国民政府虽有"事务官不得任意更动"的要求，但相关规定简单，没法实际操作，也不构成有力约束。而《公务员惩戒法》和《公务员考绩法》对去职却有明确要求，例如《公务员考绩法》规定各机关每年的年考必须去职本机关人员总数的2%，三年总考必须去职本机关人员总数的4%。两相比较，公务员保障显得很不够。③

不过，虽然认为公务员保障问题非常重要的人很多，但是并不意味着他们就认可公务员制度建立的起点是实施公务员保障。国人翻译美国 W. E. Mosher 和 J. D. Kingsley 所著的《公共人事行政学》一书，将其中一部分先在《地方行政》发表。在所翻译发表的部分中，W. E. Mosher 和

---

① 邹文海：《员吏制度与吏治》，《地方行政》（福建）第 1 期，1941 年 7 月。
② 薛伯康：《全国考铨会议之我见》，《行政效率》第 1 卷第 11 号，1934 年 12 月。
③ 沈乘龙：《事务官的保障问题》，《行政研究》第 2 卷第 1 期，1937 年 1 月。

J. D. Kingsley 认为公务员制度建立的起点是"职位分类制"——

> 凡属任务，资格，以及来担任此任务所必需的经验，凡是相类似的，就统归为一类。……在美国通常由立法机关来监督人事机关去执行这种分类的工作。此种职位分类，乃是健全人事行政的唯一基础。职位必须先分类，然后才能确立考试制度，订定升迁的程序，实施考绩制度，以及调往，裁员，复职，抚恤等政策。分类的基本原则，就是"同工同酬"。①

持同样看法的大有人在，谢廷式在《考绩的理论与实际》一文中对认为公务员制度的起点是保障制度颇有微词②，但直接对此提出异议的，是孙慕迦。

二 确定职责

在《人事行政建立的起点是什么》一文中，孙慕迦认为，"我们坚信万万倍！只要职责确定，不仅人事的安定可以保证，连一切人事行政方面困难的症结，都可以迎刃而解"，因此"人事制度建立的起点，应该是确定职责"。③ 不过，孙慕迦似乎对研究人事行政也提出了反思性的意见。他对当时人们热衷于人事行政改进报以不满，认为"目前好像已经由调整行政又进而究研人事行政问题。可是人事行政只不过是行政中一部门。整个不改进，部分是否能推动呢？"④ 之所以这样认为，是因为他觉得之前行政调整收效不大，不是设计不周，而是没有把握焦点，就像看病没有把握病因就诊断开方，只能是拖延病情。

他认为，之前研究者认为行政的病因要么是机构不合理，对于整个事业没有完密的计划；要么是人才方面没有科学管理。但他认为这都不是重

---

① 引自张国键、郑庭椿《人事机关的功能与性质》，《地方行政》（福建）第 2 期，1941 年 10 月。

② 谢廷式：《考绩的理论与实际》，《行政研究》第 1 卷第 3 期，1936 年 12 月。

③ 孙慕迦：《人事行政建立的起点是什么——与甘乃光先生商榷》，《行政评论》第 1 卷第 5、6 期合刊，1940 年 8 月。

④ 孙慕迦：《论确定职责调整行政改进吏治之先决条件》，《行政评论》第 1 卷第 2 期，1940 年 2 月。

点，关键是部门本身的职责始终不能明显确定，确定职责"乃是一切病象的症结"。他说，"抗战以后曾考察过九个省区，会过若干负责的当局，都疾首蹙额的感于现有权责不分，有责无权，权责不定之痛苦"，并认为"我们真得承认现在不少公务员，无论大小都在拼命努力而且智慧能力并不下于你我批评家。他们之所以中沮，并非由于一开始便想腐化，或根本能力不足。而是目前行政机能的运用失措有以使然"。而解决职责没有确定的唯一途径，就是将各阶层的公务职责迅速加以恰当的确定。他尤其指出新机构的设立，必须经过专门行政研究机构的审议，新设机构的"任务，经费，人才三项因素都要有独立存在的条件，不能随意以某一个人的位置或建议而设立"。

参照美国菲尔德曼（Herman Fieldman）为联邦人事分类局所提的建议，孙慕迦建议中国成立一个独立机构专门负责行政职责的确定。菲尔德曼建议的关键是集中一切政府有关人事的机构为一个综合体，设立一个美国行政管理署。孙慕迦联系中国实际，建议"目前最适当而简捷的方式，莫如将现在国防最高委员会内第二期行政考核团扩大他的权能"，"这个机构应该由国防最高委员会、委座侍从室第三处、主计处、岁计局、审计部、考试院、监察院、行政院效率会、财政部、中央训练委员会、卫生署的代表联合组成，他不但是考察，并且还是一个研究和供咨询的机关"，主要负责检定各机关职能，拟定职位分类办法，审核开支与计划，调整机构设立裁并事项，以及考核机构工作成绩等。

虽然孙慕迦对甘乃光的意见提出了批评，并建议借鉴美国的经验，但甘乃光说："人事制度的产生，不是出于制度本身，而是源自其他促成制度的外在因素，概括言之，就是政治与经济。"[①] 在另一篇似乎是回应孙慕迦批评的文章中，甘乃光提出研究人事行政问题必须放大眼光，考虑政治经济环境的可能变化对于人事行政的影响，以了解趋势、因势利导、迎头赶上。他指出——

一国有一国的历史，一国有一国的环境，由不同的历史，演化成

---

① 甘乃光：《中国人事制度发展的趋势》，载《中国行政新论》，商务印书馆，1943，第292页。

不同的环境，由不同的环境，产生不同的事实。论政创制的人，就要从这些事实中，挑出几个重要之点，作为论断的根据，再参证其他的成法，划分成为种种制度。新制度形成之后，又因时间的延续，渐次在本国的土地上生下根，成为本国固有的产物。①

对于借鉴他国的成法，甘乃光提醒说——

引用别国的办法，来窥测本国的实际，这其间，确大有取舍，大有变通，并不是连根代枝的移植，一套一套的搬来就可了事。……所以我们对于任何一种制度，都得需要很多的人来绞脑汁，揉杂成符合国情的东西。②

他举例说，正如一条公路要受到地形的支配一样，建立中国的人事制度，需要注意中国以下几个固有的特点：

第一，中国的人事制度，需要扩大研究对象，不仅限于政府人事问题即文官制度方面，党务方面、军事方面的人事问题都得包含在内。"如此，然后才能追溯到若干有关人事制度的根本问题，然后对于中国的人事方面才能有所贡献。"③

第二，中国目前无法讨论政务官与事务官的划分问题。"因为实在找不出一个适当的根据或标准，将这两者的区别，用一条直线来一笔划清……"④ 虽然有关法规曾解释政务官就是指由国民党中央政治会议通过任命的官吏，但甘乃光认为实际上名为政务官实际上并不一定署理政务，名为事务官实际上并不一定只掌理事务。以各部为例，除部长外有政务次长和常务次长，往往以为二者一为政务官一为事务官，但事实上政务次长和常务次长职责划分并不一致和清晰，政务次长常理事务，常务次长常理政务，甚至部长本人也亲理事务，而且部长易人，政务次长和常务次长一同共进退。他指出："中国对于政务官与事务官的划分问题，要以代议制度已

<hr>

① 甘乃光：《中国人事制度之特点》，载《中国行政新论》，商务印书馆，1943，第275页。
② 同上。
③ 同上书，第276页。
④ 同上书，第277页。

否建立为前提，在代议制度尚未树立或未臻完备以前，只能让书痴们去争论，根本上是无从说起的。"① 甘乃光还谈道，部长和政务次长处理不属于分内的事务性工作，原因是"政务官的政务，还不够忙，并非衷心一意去干政务，所以才有闲暇来过问事务"②。他建议政务官要全身心地投入政务中，事务性的工作要由类似常务次长的事务官来完成。

第三，与第二点相联系，中国的文官也就不需要奉守"中立原则"、不参加政治活动，而是应该信奉"三民主义"这一中华民国立国的原则和"举国的共同信仰"。除非将来中国政治上产生党争的事实，文官才有奉守"中立原则"、不参加政治活动的问题。

第四，与西欧的官吏代表人民权利或者说是人民的权利代表不同，中国的官吏代表知识，是知识的代表，因此考试制度在中国历史上比较发达，用知识考试来选择官吏，并要求官吏必须是专家和内行，以至于还曾用考试来选择民意代表和保甲长。而西方只要求政治家由选举产生、代表民意和政治意见，并由固定的文官专家去负责具体实施。此外，与西欧的官吏代表民意不同，中国的官吏还代表道德，因此在中国，官是社会道德的表征，政治与道德因此不分。"作之君、作之师"，"政者正也，子率以正，孰敢不正"，官职不论高低，都要为民师表，要有很高的道德素质，否则就要受到指责和处分。而在西欧，政治家只要不违背民意，就算尽了官的责任，至于私生活的道德，若非声名狼藉，是不会发生多大的影响的。

第五，针对当时有人认为人事行政没有改进，行政效率未能提高，是因为官与职划分错了的意见，甘乃光不赞成"官"与"职"的对立并存，认为这种对立会促成有官无职的趋势，大家只想着做官，而不去任职做事。应该让官随职走，不在职就无官位，去职就去官，卸任后不能保留官位以超乎法律约束之外。因此，对于当时"特简荐委"四种官等的划分，他认为完全可以废弃不用——

　　现行特简荐委四级，本来源自清代，是表示拔擢关系的不同，这在以权力为社会中心观念的专家制时代，官的名份，有一种尊荣高下

---

① 甘乃光：《中国人事制度之特点》，载《中国行政新论》，商务印书馆，1943，第 277 ~ 278 页。
② 同上书，第 277 页。

存乎其间，固然需要有这一类的区别。现在推进人事制度，用人源自人事管理机构，办事实行分层负责，工作按职分类，行政上有系统，人格上无高下，特简荐委的原意尽失，实大可一笔勾销为是。①

最后，甘乃光再次强调，他所提出的这些中国人事的特点是不全面和深入的，但他的本意是唤起大家对于人事行政的研究态度，应该从实际问题本身入手，而不是不劳而获，照搬照抄西欧的成法现制，也不能仅仅从人事行政的某一个部分考虑问题，局限在内抱着不放——

我们对于人和事，必须放大眼光，做综合的探讨，如仅埋着头向着官制问题一个角落去做挖掘功夫，虽不能说是曾完全碰壁，但最多只能表现其有限的技术于管制范围以内，超出此范围，则其他人事问题，仍有不能控制的遗憾。②

第二节 人事行政组织

一 人事机构

1928 年 10 月 8 日，国民政府公布《国民政府组织法》，该法规定考试院为全国最高考试机关，掌全国公务员之考选与铨叙之权，所有公务员均须依法律经考试院考选、铨叙方得任用。同日，国民党中央常务委员会选任戴季陶为国民政府委员兼考试院长，筹备建立考试院。经过为时 1 年多的筹备，1930 年 1 月，考试院正式成立。

根据《考试院组织法》，考试院机构由考选委员会和铨叙部二部分组成，分掌考选、铨叙事宜。从考试院筹备、正式建立一直到抗日战争爆发，国民政府还陆续制定和颁布了一系列人事法规，如《考试法》《考绩法》《公务员任用条例》《公务员甄别审查条例》以及《公务员惩戒法》，并进行了多次修订完善。1931～1937 年，考试院举行了包含高等考试、普通考试、特种考试在内的多次文官考试，考选了一千余人。

---

① 甘乃光：《中国人事制度之特点》，载《中国行政新论》，商务印书馆，1943，第 281 页。
② 同上书，第 282 页。

但是，法律虽多却存在不能付诸实施的问题。比如，虽说"分发任用是考铨制度的试金石"①，但考试合格人员分发任用往往出问题，考选的人员分发不出去，严重影响了考试制度的权威和公众对于考试的信奉。此外，参加甄审和进行考绩的人员也很有限。总之，人事工作进展缓慢，成效不大。造成这一问题的一个重要原因就是人事行政系统的不健全和不完善。虽然中央有考试院和考选委员会、铨叙部的设置，但是因为在中央各部和地方的各级机关都没有设置人事管理机构，也没有专门制订有关人事管理的法规，人事行政仍然和以前一样，处于消极放任的状态。

对此，薛伯康指出，中央负责人事行政的机构情况比较复杂，除了考试院、监察院，还有1931年司法院成立的公务员惩戒委员会，以及1934年教育部与全国经济委员会为解决学术人才就业而成立的全国学术工作咨询处。他认为，分掌人事行政的机关太多，考试院内部部门之间也缺乏统一协调，经常各自为政，重复布置工作，因此需要有效整合、明确职责、有机统一。同时，薛伯康认为英美中央政府人事总机关只掌管中央政府公务员的管理事项，所以在工作推行上比较便利，而中国的考试院执掌中央及地方各机关公务员的管理事宜，因此建议在地方省市县各政府分设机关办理人事管理事项。②

对于中央人事行政机构，薛伯康认为，民国初年设立的铨叙局隶属于行政首领国务总理，后来设立考试院，使得人事行政组织独立于行政机关之外，除了荐任以上的官吏任免须经行政院会议决议外，其他的官吏之考试、铨叙事宜均由所属部会直接与考试院接洽办理，而且各部会不必呈报行政院，考试院分发考取人员以及调查在职人员资格时，也不通过行政院而直接与各部会联系。这样一来，行政院对于所属各部会的人员管理，只是就荐任以上的官吏任免进行决议和登记，而官吏任免的具体意见由各主管机关自己决定，行政院只担任一个通过的角色。他认为，按照行政统一的原理和《国民政府组织法》所规定的"行政院为国民政府最高行政机关"的法理，行政院长作为最高行政首长，应该对所属各部会所办理的任何事项负责，人事行政也不例外。他还指出，各部会大多没有设立人事机构，

① 张锐：《现行考铨制度的检讨》，《行政效率》第3卷第4期，1935年10月。
② 薛伯康：《中央人事机关组织概况》，《行政效率》第2卷第8期，1935年4月。

有的文书、机要、人事同科同人办理，有的人事管理职责分属不同部门，导致组织紊乱、职责不清。

因此，他建议行政院长应该对于所属各部会的人事行政有指挥、监督的权力，行政院应该设立一个专门的人事行政机关，负责各部会的人事管理事宜。相应的，各部会也要设立人事管理部门。而人事行政机关的职责在于增加公务员办事兴趣，包括实施职位分类、普及迁调方法、励行奖励制度、处理考绩事宜、办理训练补习、规定划一请假规则与工作时间、实行退休制度、计划及实行公务员福利事业。在选拔人才方面，要注意举行考试、分发候补人员、研究考试结果。[1]

对于地方人事行政机关，薛伯康建议设立考铨分机关。在第一次考铨会议上，考试院与内政部曾分别建议于各省府下设考铨专管机关，办理该省委任职公务员的铨叙事宜，该提议在会上得以通过。薛伯康进一步建议，考铨分机关设立不应只限于省府，工作开展也不应只限于铨叙，应在省、市、县均建立该机关，工作应将考试一齐纳入。而铨叙工作不能只限于消极的登记审核，应积极计划如何引起人员办事兴趣、增加人员工作效率等。[2]

薛伯康的研究反映了人事行政实践的迫切需要。顺应这些需要，1940年12月，国民政府公布了《各机关人事管理暂行办法》，初步规定在各机关设立人事处、司、科、股或人事管理员，负责人事管理工作。同时规定各机关的人事机构和人事管理员的工作，暂由考试院铨叙部负责指导。1941年3月，国民政府又召开中央人事行政会议，于1941年12月公布《党政军各机关人事机构统一管理纲要》，于1942年9月公布《人事管理条例》，紧接着又公布《人事管理机构设置通则》和《人事管理机构办事规则》，在健全人事行政机构方面形成了较为完善的制度框架。

《人事管理条例》强化了《各机关人事管理暂行办法》的最初规定，对人事管理机构的设置、人事管理机构的职责以及人事管理人员的任用和监督作了详细规定，在中国人事行政上实现了重大突破：第一，规定人事管理机构独立设置，各级机关依层级高低分别设人事处、人事室或人事管理

---

[1]　薛伯康：《中央行政机关之人事行政组织及其问题》，《行政效率》第1卷第7号，1934年10月。

[2]　薛伯康：《全国考铨会议之我见》，《行政效率》第1卷第11号，1934年12月。

员，明确"五院及其直属之各部会署、各省政府及院辖市政府设置人事处或人事室""国民政府各处局、各部会署附属机关、各省政府厅处及各县市政府等，设置人事室或人事管理员"，且规定人事管理机构的编制统一由铨叙部审核批准。第二，规定人事管理人员由铨叙部任免、指挥监督，设有铨叙处的各省之县市政府等人事管理人员由该铨叙处指挥监督，佐治人员任免由各该主管人员拟请铨叙部或铨叙处依法办理。为了处理好人事管理人员和所在机关的关系，《人事管理条例》还规定人事管理人员"应遵守各机关之处务规程与其他通则并秉承原机关长官依法办理其事务"，即服从所在机关长官的管理。第三，扩大考试权行使范围，规定国立省立中等以上学校及国营省营事业机关，都适用《人事管理条例》的管理。至此，全国各级行政机关从上到下均开始建立人事管理机构和人员，形成一个上下贯通的体系，中国人事行政系统初步形成。而且，人事管理机构的编制由铨叙部统一审核批准、人事管理人员由铨叙机构统一任免，又将这一系统塑造成了一个垂直的独立系统，获得了很高的独立性。

人事行政机构问题引起了研究者的注意，他们对其中的一些值得商榷之处提出了意见建议。张金鉴认为，人事系统"超然于行政系统之外，因对实际情形不甚明了，或行政机关未能与之密切合作，两者之步调未能一致，遂使人事行政效率未能尽管发挥，此应亟谋调整者"[①]。他指出，本来，按照孙中山的设想，考试院只负责全国的考试及其行政事务，并无"铨叙"内容。但在国民政府考试院成立时，基于考试院事权太少，增设了铨叙的机构和职权。加入铨叙，导致考试院多少显得名实不符。虽然从人事行政的角度看，考试院独立于行政部门之外可以不受政党及行政首长的干扰和控制，易于网罗人才，且不受政争的影响，对克服行政首长援引私人的弊端具有积极意义，但将铨叙职能从行政机关分离划归考试院，不仅违反机能一致的原则，而且妨碍了行政责任的完整性。作为人事管理机构的铨叙部，其所辖事权相当一部分应属于行政机关或行政首长，本质上属于行政管理工作，独立出来理论上站不住脚，实践上也必然造成考试院与行政院之间掣肘太多。

在地方人事行政机构方面，朱盛荃指出，上下级机关人事管理人员的

---

① 张金鉴：《中央现行人事制度述评》，《行政评论》第1卷第5、6期合刊，1940年8月。

联系应该是一级级逐级联系，而不是统统不论层级均由铨叙部直接管理，"全国各级行政机关，单位繁多。除去各省铨叙处指挥监督之省县市政府人事管理机构外，其余机关，为数仍有不少，倘悉由铨叙部指挥监督，负担未免过重，实与分层负责之旨不符"。他还指出，《人事管理条例》对于各机关人事管理机构开支经费出自何处未作规定，"就理论上言，各机关人事管理机构，自以视为各该机关之内部机构，由本机关负担其经费为宜"，但经费既由本机关负担，那么《人事管理条例》规定人事主管人员的任免由铨叙部依法办理，则尚须重加斟酌。"盖各机关既负担其人事管理机构之经费，而其主管长官对于所属人事管理人员之任免事项，完全无权过问，此种办法，未免过于理想"。同时，他还建议"各机关人事管理机构，必须直属各该机关主管长官，然后人事管理工作，始可推行无阻……"①

二　人事工作者

人事行政组织的不健全与人事管理人员的匮乏有很大关系。民国人事行政办理之初，首先遇到人事干部缺乏的问题。不得已，国民政府开始办理人事行政人员训练工作，先是在中央政治学校开办人事行政人员训练班，后又在中央训练团开办党政军人事管理人员训练班。但训练的效果不甚理想，一般机关漠然视之，更有甚者，"以某人曾经受训，以后遇有别种训练，即又重行令其受训以资熟手者"，出现了"专门受训人员"或"受训代理人"。② 就拿人事行政人员训练班来说，虽然该班设想调集中央与各省专署以上主管人事人员施行训练，计划每期调训 120 至 150 人，但是由于"中央方面虽煞费苦心而一般机关仍多漠然视之"，导致"若干机关不以管理人员年龄逾限不合调训标准为推诿口实，即谓某人业务繁重不克分身，或谓道路遥远交通不便不能调派，或以佐治人员参加受训为搪塞"，"结果四期训练卒业学员不过四百零六人"。③

除了人事行政人员训练，还有研究者提出要解决人事管理人才的缺乏，

---

①　朱盛荃：《关于人事管理条例之商榷》，《人事行政》创刊号，1942 年 12 月。

②　杨裕芬：《训练人才之管见》，《人事行政》创刊号，1942 年 12 月。

③　苏雷：《人事行政之检讨与今后改进意见》，《人事行政》创刊号，1942 年 12 月。另一说是该训练班总共办了 4 期，但囿于房舍与经费的关系，结业 300 余人。见钱卓伦《如何建立健全的人事制度》，《人事行政》创刊号，1942 年 12 月。

认为加紧调训现有人事主管人员只是治标办法，治本办法是"各大学各学院，广设人事行政学，凡习政治经济或法律者，规定人事行政学为必修课程……中央政治学校更宜设一人事行政系或人事管理系，俾得经常作育人事管理人员，人才的供给源源不绝……"①还有人主张"应在国立各大学，增设人事行政系，或在政治系加授有关人事行政之各项科目，以培养实际人事行政人才，与业务管理人才"②。

人才缺乏已经使人事行政颇感困难，而民国时期人事行政机构与人事管理人员工作之初遇到的阻力也不容小视。"人事机构，每为本机关内部各单位所厌恶，阻力丛生"③。人事管理人员也被时人称为"人事人"，给予讥评。"人事人"的处境是——"在其服务机关内，是本机关的一员，也似乎不完全是；同人们对于他们，至少存一点异感；有同事的情谊，又有点'见外'的观念——尤其是旧员改调专任者"。人事管理人员"为推行法令或要想举办一点合理的事，一个不小心，便会引起些无谓的误会，甚至常遭受着侵权、牵制、阻碍、冷淡、封锁、讥讽、暗示、诬指、中伤的痛苦"。④

人事行政工作者当然了解其中的苦衷。一位叫傅骅昌的基层人事干部将自己工作两年多的经验与感想写成文字，与大家讨论。他于1941年春到安徽省政府人事科工作，除了谈到人事机构狭小、下级干部缺乏、人事制度还不为人理解之外，他又谈到其他几方面的问题，并提出自己的看法：第一，人事制度的建立必须得到主官的重视和支持，主官要有建立人事制度的决心，否则容易因下级机关的抗拒而难以建立。第二，人事制度不应该是超然制度，建立人事制度是为了协助主官使机关的人事走上轨道，不能脱离主官的意志，妨碍主官的用人权，否则会引起主官反感而流于失败。第三，人事管理应该是统一的，不能一个机关一个办法，各机关的人事管理应该隶属同一个系统，以使之走上轨道，并实现科学化、合理化。第四，人事管理不应该仅限于消极的资格审查，而需要积极地做好人才的配备，去协助长官调查人才、登记人才、罗致人才，按照实际环境需要的人才性

---

① 明仲祺：《人事行政条例公布后》，《人事行政》创刊号，1942年12月。
② 韦尹耕：《对于现行人事制度之检讨》，《人事行政》第2期，1943年10月。
③ 同上。
④ 陆东平：《人事胜谈》，《人事行政》第2期，1943年10月。

质和数量去分配调适。而且这一点在省级以下机关尤为重要。第五，训练机关和人事机关要密切联系，按任用训练，在训练时考察，实现人尽其才、才尽其用。①

第三节　考选

为了推行考选，国民政府先后颁布《考试法》和《考试法施行细则》，并在实践中不断进行修正，对考试的种类、内容、应考资格以及考试的时间、地点作了详细规定，建立了一套较为系统的公务员考选制度。

《考试法》规定，通过考试选拔人才的种类有三种：第一类是公职候选人考试，以甄拔代表民意人士、服务于省县各级民意机构为目标。这被称为孙中山考试制度的一大创举。第二类是任命人员考试，以选拔政府机关任用之公务员，分发中央政府、地方政府各机关任用为目标。第三类是专门职业及技术人员考试，这是为鉴别社会自由职业人员的考试，涉及律师、会计师、农工矿业技师、医事人员、河海航行人员等。依考试水平或类级，考试又可分为高等考试、普通考试和特种考试三类。

一般而言，普通考试有普通财务、教育、外交、警察、卫生行政人员考试，建设、统计、会计、审计人员考试以及法院书记官、监狱官考试。高等考试有普通财务、教育、警察、卫生行政人员考试，建设、统计、审计人员考试以及外交官、领事官、司法官、监狱官考试。特种考试有邮政人员、边区行政、县长及司法处审判官考试等。

在考试程序上，凡决定举行高考、普考时，其考试种类、科别、区域、地点及日期，由考试院于考试前三个月公告。报名时间一般于考试前两月个开始，一月前截止。在考试方式上，高考、普考各分为三试或两试，每试及格参加下一试。但第一试及格第二试不及格者，或第一试、第二试及格而第三试不及格者，次届同地举行同类考试时，得免除其第一试或第一试及第二试，但以一次为限。在成绩计算上，分三次考试者，第一试、第二试各占40%，第三试占20%。分两次考试者，第一试占70%，第二试占30%。总分数80分以上者为最优，70分以上者为优等，60分以上者为中

①　傅骅昌：《人事管理之经验与感想》，《人事行政》第2期，1943年10月。

等。各试以均满 60 分及格，但受教育人数较少之边远省区者，得从宽取录。考试及格者，由考试院发给证书。

在考试科目上，第一试为基本科目，高等考试有国文、党义、中国历史、中国地理、宪法以及该项人员之基本或特别有关者一门，共六门，普通考试则将史地合并；第二试为专门科目，高等考试有必试科目五、六门，选考科目一、二门，共七门；普通考试则为五门。第三试在第一届高考时为笔试，但在 1934 年首都（南京）举行的普通考试以及第二届高考时已改为面试。从各科试题看，强调"推理与记忆并重，兼测验应考人之才识"，体现了知识和能力并重的原则。考试试题难度很大，试举一例：

1934 年首都普通考试行政人员考试试题（节选）

首都普通考试行政人员教育行政人员建设人员法院书记官监狱官考试：

国文试题

一、论文

礼义廉耻国之四维论

二、公文

拟教育部通令各学校使用国货，在校师生，互相助勉，以杜厄文

党义试题

一、中国如有民族主义，何故消亡，今欲恢复，应以何处着手

二、试述民权主义中关于平等之精义

三、以饮食作文证明知难行易之学说

中国历史及中国地理试题

一、试述诸葛亮在蜀及王猛在秦之治绩

二、唐以前，我汉族时能挞伐四夷，开拓疆土，宋以后，则受异族侵辱，且或至于亡国，试就历史上之情事，推论其原因

三、黄河下游，河道屡次迁徙，试说明其所以迁徙之故

宪法试题

一、宪法与他法律之区别点安在

二、现代财产自由之观念与十八世纪财产自由之观念，有何不同，约法关于财产所有权如何规定

三、考试权与监察权，在三权宪法国家，如何行使，此二权应独立之

学理如何

再举一个高等考试的例子。第二届高等考试普通行政人员第一试也即甄录试的历史试题为：

> 卫遭狄难，文公复兴；越事强吴，勾践以霸。迨秦灭诸国，而卫越之裔，享祚特长，能就郦风及春秋内外传，史记诸书所述，历举其要欤？

一个叫赵学铭的人评论说："这类题目，拿来做甄录，不太冤枉吗？这虽然可说是出题目的炫学，不清楚现在大学教的是什么课程，而以次要科目做甄录，有此流弊，更难补救了。"①

从录取情况上看，从考试院成立到 1935 年底，举行高考 2 次，普考 9 次，临时考试 3 次，共计 14 次。应考 14645 人，其中高考 4896 人，普考 9749 人，录取 1169 人，其中高考 231 人，普考 938 人。平均录取率为 8%，高考为 5%，普考为 10%。② 此后录取率有所提高。③

抗日战争爆发后，各种公务员考试已无法正常进行。不得已，国民政府对公务员考试作了重大修改。一是取消定期举行考试制度。抗战前，公务员高考、普考均为一年或隔年举行一次。战争开始后，不再定期举行考试，各种考试依事实上的需要随时举行。二是改制了考试与训练办法。各类考试分为初试和再试。初试及格人员先由各机关予以训练或分派学习后，方参加再试。例如，高等考试初试取消三试制度，只进行一次笔试。初试每年举行一次或二次，考试合格后，即可送中央政治学校接受训练，受训时间为 3 个月至 1 年。再试在训练期满后举行。再试成绩与训练实习成绩及初试成绩合并计算，构成总成绩。再试及格后发给证书并分发全国各机关任用。

---

① 赵学铭：《现行考试制度述评》，《行政效率》第 3 卷第 4 期，1935 年 10 月。
② 《历届高普考录取人员统计》，《行政效率》第 3 卷第 4 期，1935 年 10 月。
③ 根据何家伟的统计，1931～1946 年，高等考试共报考 31791 人，录取 3409 人，平均录取率 10.74%，最高 20.11%，最低 4.31%；普通考试共报考 22323 人，录取 4267 人，平均录取率 19.11%，最高 42.72%，最低 8.54%。见《国民政府历年高等、普通考试应考与及格人数比较表》，何家伟《国民政府俸给福利制度研究》，福建人民出版社，2010，第 288 页。

应该说，民国时期在探索不同于中国传统科举制度的考选制度方面做了很好的探索。但是，现代人事行政制度创立是要在实践中不断探索和改进的，当时的研究者针对考选中存在的问题进行了深入广泛的研究并提出了许多很好的建议。

如前文数据显示，考选公务员数量有限，效果不显，这导致社会舆论诟病考试太浪费金钱，缺乏效果，对考试制度也一度产生怀疑，以至于胡适在1934年3月4日《大公报》的"星期评论"上说——

> 考试院举行了两次考试大典，费了国家一百多万元的经费，先后共考了二百零八人，这二百零八人，听说至今还有不曾得着位置的，国家官吏十多万人，都不由考试而来，只有这两百人，由正途出身，分部则各部会没有余缺，外放则各省或者不用，所以考试制度，至今没有得到国人的信仰。

的确，1928年考试院成立至1940年，考选而来者总计1262人，"此数在全国七十余万之公务员中才千分之三耳"①。

而在实际用人方面，依然是通过任用旧人和举荐等途径，而且有相应的制度作保障。在1933年3月国民政府公布《公务员任用法》前，人事任用权为各级官吏分享，各机关的任用标准不一，有的过宽、有的过严。《公务员任用法》的颁布，使任用有了统一依据，但该法同时规定考试及格、学历、任官经历以及勋劳和工作年限都是任官的资格。因此除了考试之外，其他条件都为长官任用私人提供了可能。同时，为了兼顾考取人员任用和长官私人任用，《公务员任用法》和该法的施行条例还对铨补次序作了规定，明确出缺3人以上只能有1名考取人员叙补，即使如此很多机关长官仍感不满。地方还曾提出一个长官用人更加宽松的办法，即"县政人员由干训团考训即可，任用应由县长就已训练人员中任意遴选请委，不可过于拘束"②。此外，当时规定选任官及特任官还可以保荐一定数量的简任官和荐任官。③ 以至于胡适干脆认为与其这样还不如恢复保荐制度。

① 张金鉴：《中央现行人事制度述评》，《行政评论》第1卷第5、6期合刊，1940年8月。
② 欧阳谟：《评福建县政人员管理》，《地方行政》（福建）第2期，1941年10月。
③ 《铨叙部拟就保荐条例》，《行政效率》第3卷第3期，1935年9月。

虽然杨君励指出，考试所选择的人员未必一定比机关长官自由任用的人员为优秀，但"考试之最大目的，不在拔取少数特出之人才，而在使一般公务员之程度，均能够及格，即均提至水准线以上"①。他认为这是考试的最大价值所在。但当时有相当多的人对任用私人持认可的态度，认为可以在考试的基础上广开用人渠道。甘乃光说："高考两次及格者不过二百余人，与普考及各省考试合计，所采录人数尚不及公务员全数百分之一，考试诚为较合理用人之途径，然非唯一之良好方法。"② 孙慕迦也认为："已在社会站稳地步的人，社会既需要他，他也就不需要参加考试。如果把铨叙之门打开，让各色各种社会职业都有相等的资格，则考试更所不需。"③ 他还指出，在选人上，要保举、查访、征才与求言（自荐）、专家推选等各种办法并用。在试人上，则可以通过训练考核、试用、公开竞争等办法。在用人上，则尊重各种职务实现分层负责、各负其责。在谈到考试的方法、方针时，孙慕迦主张不应该只重文字，还要重学识、能力、兴趣、个性等。

除了考选人员所占比例过小的问题，有研究者还指出了考试制度灵活性欠佳的问题。首先是考试地点问题。比如，高等考试在首都南京举行，对于偏远地区的考生极为不利，而这些地区更需要行政人才。第一届高等考试，从报考看，江苏省有考生 418 名，报考人数最少的宁夏、蒙古仅有 1 到 2 人；从录取看，江苏省最多有 29 名，山西、河南最少各仅 1 名，全国 25 个有考生参加的省份中有 9 个省脱榜。到了第二届高等考试，情形也一样，由于该考试在南京和北平同时举行，所以参加的人数以江苏和河北为最多，录取以江苏、浙江、河北、湖南为多，贵州、云南、察哈尔最少，反映了考试地点和地区受教育程度对考试公平性的影响④。因此，甘乃光建议考试"规模不妨力求其大，地域不妨力求其广，（考试不徒中央举行，而且在各省市均有考试机关之设立）……"⑤

在考试方式方面，师连舫介绍了瑞士的考试制度分为初试和复试两种，

---

① 杨君励：《推行中之考试制度》，《行政效率》第 1 卷第 7 号，1934 年 10 月。
② 甘乃光：《论用人》，载《中国行政新论》，商务印书馆，1943，第 90 页。
③ 孙慕迦：《中国人事行政改进问题》，《行政评论》创刊号，1940 年 1 月。
④ 赵学铭：《现行考试制度述评》，《行政效率》第 3 卷第 4 期，1935 年 10 月。
⑤ 甘乃光：《论用人》，载《中国行政新论》，商务印书馆，1943，第 92 页。

既考察"静"的知识，也考察"动"的能力。初试考察应试者的一般教育程度和能力，复试则是一种心理测试，考察应试者的注意力、记忆力、视力、活泼及敏捷程度。师连舫建议中国应借鉴瑞士的考试制度，在公务员考试中增加心理测试，避免尽招"书呆子"之病。① 具体的办法是，废除已有的一试是甄录试，只考普通知识，二试是正试考，考专门知识的办法，将二者合并，统一为第一试考普通知识，然后加上第二试面试与心理测试，考理解力、判断力、想象力以及注意力、记忆力、敏捷性等。他还指出，用检定考试扩大应考人员资格，不如直接取消资格限制，变"贵族式"的"阶级考试"为有条件者均可参加的平民考试。

在考试内容方面，杨君励指出，首先，考试在分类上要注意职位的不同，如"警察官"和"警察行政人员"属于不同的工作性质，考试内容应该不同，在考试分类上应该注意区分。其次，他认为1931年的第一届高等考试，规定国文用文言文而不用白话文，有开历史倒车之嫌。他还主张试题内容要记忆与推理并重，试题范围不能过窄，要注重考察应用能力，考试内容与时间应该适当。针对当时的面试主要是写几个字对对笔迹，问问学历经历，起立就主要科目做简单演讲等办法，他认为唐代"身、言、书、判"的择人方法，要求应试者体貌丰伟、言辞辩正、楷法遒美、文理优长，值得借鉴。

此外，在人员分发方面，杨君励指出《第一届高等考试及格人员分发规程》规定先征求及格人员的志愿，然后结合志愿与分数高低分发任用。但是因为铨叙部没有调查各机关有什么职缺、需要什么人员，所以几乎只考虑按照及格人员的志愿来分发，导致接受机关没有适合的职位安排及格人员，极大地损害了考试的意义。②

不过，当时也有为考试制度进行辩护的。有人认为高等考试、普通考试所考知识不够专业，师连舫通过对英国"普通知识考试"也即"常识考试"以及美国"技能考试"也即"专门考试"的比较，认为还是英国的"常识考试"更加合理。"行政事务究不能与学术企业等事务无别，而有若

① 师连舫：《如何改进现行考试制度——吏治行政之根本问题》，《行政效率》第1卷第7号，1943年10月。当时虽然高等考试最后一试为面试，但几乎没有实行，第一届高考口试没一个人去，第二届高考只去了一人。
② 杨君励：《推行中之考试制度》，《行政效率》第1卷第7号，1943年10月。

干'行政性'成分，存于其间；彼专门人才，头脑常局限于专门知识之内，致有时反不能应付裕如！"① 他赞成高等考试以大学知识为考试标准、普通考试以高中知识为考试标准的"普通知识考试"方式。

不论争论者有何分歧，真正参加过公务员考试的人对于该制度体会应该是很深的。侯绍文是第二届高等考试合格人员，服务于扬子江水利委员会。他分析了如何改进现行考试制度的问题。他举例说，二届高考录取101人，无一人实授，其中20人试署，其余皆为学习，试署无缺和有缺不补者，以委任职任用。结果分发以后，弃权者有之，留学者有之，造成很大损失。② 他认为考试制度未切实实行之原因，除了任用方式多样，不单以考试合格者任用之外，还受考试制度本身的影响。比如，本来任用无章已经导致人满为患，考试又没有从各机关所缺员额和实际需要出发，考试及格人员自然任用困难。此外，考试院对于考试人员过于疏淡，考试完成后对于分发任用等其他事项又不加过问，分发规程不能维持考试人员的合法权益，就留下了考试合格者被分发机关延迟任用或者降级任用的空间。

针对考试制度存在的一系列问题，侯绍文提出全面的改进办法：考试以前举行公务员调查，若候补人员超过现职所有名额的一半，则停考此类人员一次，以免加重分发任用困难；普通考试不限定资格，以比较公平地吸引更多人的参考；改订考试方式，已有笔试口试方法太简，容易失真，需要加上心理测试、智力测试以及对过去行为成绩之检查等，以使考试更加准确，避免遗漏真才；考试科目不必一定与学校课程衔接，因为学校教育的主旨是充实人民生活、扶持社会生存、发展国民生计、延续民族生命，而考试的主旨在拔取能胜任某项事务的人才，两者之间有差别，因此考试科目要以拟任职务的性质范围及技能作为标准，考试的程度不必衔接学校毕业的程度；提高录取标准，美国文官考试及格标准为79分，英国为75分，中国以60分为及格标准，还常有加分，导致标准过低，不能起到选拔和激励的作用；修正《高等考试及格人员分发规程》，比如改实习以后试署再实授为实习以后直接实授，使之更加科学化，同时取消考试及格人员改分机会只有一次的限制，使分发更加合理；对考取人员施以官吏教育，训

---

① 师连舫：《如何改进现行考试制度——吏治行政之根本问题》，《行政效率》第1卷第7号，1943年10月。
② 侯绍文：《现行考试制度改进刍议》，《行政研究》第2卷第8期，1937年8月。

练业务能力与服务、进取精神；在考铨法令中加入惩罚条款，强制执行，以便考试制度能够顺利推行；按期派员检查各机关对于考试人员是否任用，以督促各机关依法办理。

第四节 职位分类

民国时期的人事行政研究者认为："所谓职位分类制，就是把各机关中的工作人员，按其职务内容，分为若干门类与等级，对于各个职位的工作内容，性质，责任，报酬，及担任者应具备的资格，经验，学识，技能，品德以及其擢升的路线，都一一加以准确规定。"① "职务分类之价值，在吏治行政中为根本问题，职务不据功能以分级，则考试制度铨叙制度均无由推进……"②

在世界上，美国大概是实行职位分类制较早的国家。1919 年，美国国会成立职位分类审查联合委员会，调查中央政府行政机关各职位之性质与俸给状况。该会成立后用了 3 年多的时间，将研究结果编制成《职位分类计划书》，1923 年经国会通过，由总统签字颁布实施。其主要内容，是将中央政府行政机关各职位之职务，分为 5 大类，即专门与科学类职务、次专门类职务、文书行政理财类职务、看管类职务、印缮机械类职务。每类职务之内，又根据难易程度分为若干等，每等又包括若干级事同名异的职位。每一职位的名称、性质等均加以详细说明。中央政府实行分类后，地方上也纷纷效仿，以至美国有了职位分类师这样的职业，并建立了不少职位分类公司，专门替地方政府完成职位分类工作。

英国则将事务职位分为永久和临时两类。临时职位包括科学专门工艺、保管、精细工、文书杂务等。永久职位包括皇室事务、高级执行事务、高级管理事务、财务委员会直辖事务、使领事务、特种事务以及邮政事务。其中，财务委员会直辖事务又分为打字与速记、助理司书与书记官、管理、执行 4 类，每类又分为若干等级。③ 临时职位与永久职位的区别是，临时职位退休后不享受退休金等待遇，但任职也是采用考试录用的方式，由考试

① 韩朴文：《职位分类制之理论与实际》，《中国行政》第 2 卷第 7、8 期合刊，1943 年 2 月。
② 江康黎：《官职分类之意义》，《行政效率》第 1 卷第 7 号，1943 年 10 月。
③ 薛伯康：《再论关于职位分类》，《行政效率》第 3 卷第 2 期，1935 年 8 月。

委员会考试合格，再经财务委员会批准任用。只是在考试和管理方法上，临时职位与永久职位略有出入，临时职位名称、任务、任职资格、薪俸等由机关长官自行决定。

民国时期的人事行政研究者一面介绍当时美、英各国的职位分类制度，一面对本国的职位分类进行研究。薛伯康认为，职位分类在人事行政问题中最为重要，是人事行政的中心。他将职位分类分为权限分类和职务分类。权限分类一般将职务分为政务和事务两类。职务分类则源于科学管理中的工作分析，将机关的执掌按照性质异同分为若干事务，如文书事务、工程事务、卫生事务等，每一事务又按照职责轻重和难易程度分为若干等级，如文书事务第一等、第二等，每一等级再分若干门类，每一门类又包含若干责任相同而名称互异的职位，比如录事、打字员、书记、收发等，同时规定每一职位的名称、工作性质、任职资格、体格、升擢程序等。他认为中国考试制度推行 6 年多来，各机关用人依旧靠保荐援引，所谓铨叙也是例行手续，其原因就是没有首先实行权限分类，此后的工作重点就应该在低级职位开始实行考试制度，逐渐更新吏治。

薛伯康认为，中国虽然在法令上没有职位分类法，但是事实上已经在实行职位分类制，如官等官俸表上的若干职位分类等。但他批评中国的职位分类既不能鼓励公务员努力工作、按级上升，也不能谋公务员工作之均匀与待遇之平等，殊无用处。他认为当时特、简、荐、委的分等方法，"为封建时代之阶级观念，非特有背民主政治精神，且有触科学管理之原则"[1]。他建议行政院某部或委员会先组织一个职位任务分类调查委员会进行调查分类工作。为此，他对调查的程序、调查表的内容、职位说明书的要素作了详细的说明。他认为，最后形成的职位说明书，至少应包括职位名称、工作性质或职位任务、任职者应具备的资格、俸给及增加方式、晋级程序与范围等内容。

对于职务分类的方法，薛伯康认为这是一种专门而又复杂的事业，要有相当的经费、组织与人才才能完成。其中，进行职位调查是最为关键的工作之一，为此他设计了专门的职位任务调查表（见表 8 - 1）。

---

[1]　薛伯康：《改进职位分类之研究》，《行政效率》第 2 号，1934 年 7 月。

表 8 - 1　职位任务调查表

一、姓名、性别、年龄、籍贯。

二、资历。

三、机关名称及所在地。

四、职位名称。

五、职位详细任务。

六、曾兼他职否？如兼他职，应将兼职之名称俸给及工作性质，略为申述。

七、到差时俸给，现在俸给，加薪方法及增加之次数。除俸给外有无其他津贴或办公费？

八、本职是否兼任或专任？

九、每日办公若干小时？由上午……时至……时，下午……时至……时。

十、办公时间之外，需做例外工作否？例外工作有无报酬？如有酬报，请说明支配方法。

十一、本职对于升擢，有一定规定否？

十二、本职任职者是否负指导或监督之责任？如负指导或监督之责任，请将所属职位数额名称及任务等开列于后。

十三、直接长官之姓名及其职位之名称。

（上列诸端，须由本人亲自填注。）

十四、本职于实际上究属担任何种工作？

十五、上述各点，如有不符之处，应请纠正之。

十六、本职任职人，应具何种资格：

（一）教育，

（二）经验，

（三）品性，

（以上请直接长官填答）

资料来源：薛伯康：《再论关于职位分类》，《行政效率》第 3 卷第 2 期，1935 年 8 月。

对于实施职位分类制的方法，韩朴文指出：第一，必须罗致有训练、有经验的专门人才，成立临时性的特设机构专办此事。这一机关必须与有关的研究机构以及公务员团体取得联络，得到其帮助。第二，要广泛收集材料，以为制定职位分类的资料。第三，要对材料加以整理和分析，用严密的方法做系统的布列，求得关于职位的工作、责任和待遇等事实，对全部公务定出完整的划分，并按照门——种类——等第——级次——职位来加以划定。最后，编订《职类范本》，对每个级次每个职位作确切的定义、说明和描写。①

对于职位分类的结果，早在 1935 年，沈慕伟就认为公务员划分类别应该简单明白，不要过于复杂，各类界限的划分应该清晰，同类公务员的职

---

①　韩朴文：《职位分类制之理论与实际》，《中国行政》第 2 卷第 7、8 期合刊，1943 年 2 月。

责应该尽量整齐划一。按照这些标准，他建议将中国公务员分为行政类、秘书类、抄写类。行政类公务员拟定政策及管理各部会、统辖一般行政；秘书类公务员辅助长官料理各种事务，如起草普通函牍、处理一般事务、编订简单统计、保管文书档案等；抄写类公务员从事辅助公务执行的机械性工作。①

钱端升在考察了英、美两国的分等分类方法后，提出一种中国官吏分类方法。首先他强调取消按任命方式分等的办法，将官吏另行分等，因为"分等的用处……一可为考试的标准，再可为支俸的标准。特简荐委四等的分类，既因不合理而失其作用，自应毅然废去，而另求良法"。他认为："凡须视为政务官而须经过一种政治上的考虑者（如现今须经中央政治委员会核准），索性加以列举，不必再混称特任官。其余的官吏，在事实上由主管机关，就合格人员中委用，根本就无所谓简荐委之分。如果有一部分公务员须经最高行政机关的核准，则亦不妨加以列举。"因此，他建议将一般的公务员分为行政与专门、执行、文书与财务、抄录与机械四大类，并认为——

> 若以此为分类的初步，则现在一般的司长，科长，技监，技正，厅长、县长，县政府科长等当属于第一类，科员则便应其职务而分别安插在第二，第三，或第四类之内，邮务税务人员则大都当属于第二类以下。每类之中，自应参合英美成规，及中国向习，各分为若干级及若干门，但亦不应过于复杂。按现行文官官等制度，文官仅有37个等级，俸级亦不过37级。如每类分为六七级，再分为工、教、法、外文，普通行政，等120门，则总数即可有三四百种不同的职位。虽其复杂并不甚于现行制度，却尽可以满足目前的需要。②

值得指出的是，虽然国民政府没有进行过大规模的职位调查，职位分类没有正式推行，但是，时人对于秘书、科长的研究已经有了职位分类的意思，例如周俊甫的《秘书在机关中之位置及工作改造》、陈屯的《关于

---

① 沈慕伟：《改进中央行政管见》，《行政效率》第2卷第8期，1935年4月。
② 钱端升：《论官等官俸》，载《钱端升自选集》，首都师范大学出版社，2010，第398、400页。

"科长"》、师连舫的《内政部之科长》等，专门研究秘书、科长职位的特点。而在实践领域，已有部分地区和部门勇于实践，着手探索实行职位分类制。例如，国防最高委员会曾举办一次调查工作，雄心勃勃地探索实行职位分类制。广西省政府曾组织一个人事管理委员会来办理此事，从1938年6月起试行职位分类。重庆市政府秘书处研究制定了《试行职位分类制计划草案》，按事务将公务员分为人事行政、文书行政、工程查勘验收、会计庶务与采购保管四类，每一类划分等级，并制定各事务各门类职位说明表，形成了一个体系。①

第五节　考绩

孙澄方认为考绩的主要作用，一是在于补充考试的不足，考察公务员真实的工作能力、办事经验与学识，二是成为升降黜陟的标准和依据，三是可以铲除营私舞弊与滥用私人。② 甘乃光认为民国时期铨叙制度的起源是"魏晋时，对于未入仕的人，先要讲'品'，就是指乡居履行的善恶，既入仕的人，要讲'状'，就是居官时才能的优劣，后来实施九品中正法，做中正官的人，必须以居官时的才能为定准，开后来铨官登记之始"③。

在民国时期的行政实践中，即使简单的考绩制度也是必要的。一位初入机关的公务员刚一参加工作就发现了"中国式的行政经验"。他大学毕业后参加工作，到湖北武昌的某政府部门任职——

　　刚到职不几天，我发现了有些人事实上尚未到办公厅，签名簿上则有了他们的名字，我最初不知个中底细，后来始晓得原来有些聪明者流于先一日之晚，就预先签上了次日上午的"到"，于本日上午下班之际，又签上本日下午的"到"，此不独小职员如此做鬼，就是"科长"和"股长"，也时常照样办理，这是第一个给我的坏印像，也是第

---

① 程懋城：《重庆市政府秘书处试行职位分类制计划草案》，《行政评论》第1卷第5、6期合刊，1940年8月。
② 孙澄方：《考绩制度与方法》，《行政效率》第3卷第5期，1935年11月。
③ 甘乃光：《中国人事制度发展的趋势》，载《中国行政新论》，商务印书馆，1943，第285页。

一个小"经验"。①

仅从考勤这一小小的问题，就可以看出当时考绩不严的实情。但每一个政府都会十分重视公务人员的工作成绩，国民政府也不例外。早在1929年1月，国民政府就公布了《公务员考绩法》，但效果不是很理想。"各机关所受参加考绩之人数则实失之过少，二十年举行第一次考绩，中央及地方各机关考绩人数只九千二百八十二人，在全国七十余万之公务员中为数太微"②。1935年7月，国民政府公布修正后的《公务员考绩法》，并于1937年11月1日起实行考绩，同时公布了《公务员考绩法施行细则》《公务员考绩奖惩条例》《公务员考绩委员会组织通则》以及《公务员年考绩表》《填表须知》《考绩合格证明书》《各省考绩表送达铨叙部时间表》等，共计有关公务员考绩的法规4种，表格及说明4种，形成了完整的制度规定。遗憾的是，由于该法公布的时间较晚，抗战前仅仅于1935年、1936年主持了两次考绩。抗战爆发后，国民政府为了加强对公务员的管理，并使考绩工作适应抗战环境需要，又对考绩制度进行了调整。1939年12月，国民政府另行颁布了《非常时期公务员考绩暂行条例》，并于1943年、1945年又两度作了修改。

当时的公务员考绩由铨叙部甄核司负责，大致上公务员考绩的种类分为平时考绩、年终考绩和临时考绩三种，修正后的《公务员考绩法》还曾规定有3年总考，后来予以废除。平时考绩，由各机关主管长官于平时对所属公务员的工作操行及学识随时严密考核，根据事实每月详加记录，并予以记功或记过。平时考绩成绩优异或低劣人员，各机关于每年6月及12月底，将考绩结果并提举确实事迹，列册汇报铨叙机构备查。年终考绩，以平时考绩为依据，对公务员一年的工作操行学识进行一次总考绩，并根据考绩结果决定对公务员的奖惩。临时考绩，主要是针对战地或具有特殊情形地方的公务员不能依规定时间考绩，而于适当时间随时补办的考绩。

考绩的内容，分为工作、操行和学识三项。工作考绩，对于主管人员以其工作计划及特殊事件完成的情况为标准，对于非主管人员以其职务上

① 文川：《我的行政经验》，载管效民编著《民主还是独裁：70年前一场关于现代化的论争》，广东人民出版社，2010，第188页。

② 张金鉴：《中央现行人事制度述评》，《行政评论》第1卷第5、6期合刊，1940年8月。

的特殊表现为标准；操行的考绩，以国民党党员的守则及其他有关法令为准；学识的考绩，以孙中山遗教、蒋介石关于主义政策之重要言论、国民政府各种根本法令以及直接与职务有关的基本学术及实践知识为主。此三种考绩所占总分的比例为：工作考绩占 50%，操行考绩占 25%，学识考绩占 25%。考绩分数最高为 100 分，以总分数 80 分以上者为优，70 分以上者为良，不满 60 分者为低，不满 50 分者为劣。《公务员考绩法施行细则》规定，工作考绩不满 30 分亦不能及格，后来又对此进行修正，规定学识和操行考绩分别不满 15 分不能及格。考绩结果方面，奖励分为升等、晋级、记功，惩戒分为解职、降级和记过。

公务员考绩贵在实行，在人事行政初建的时期，实践中就有对考绩认真实施的。1935 年修正的《公务员考绩法》，规定公务员考绩分为年考和 3 年一次的总考，并设计了相应表格。孙澄方认为这种考绩办法缺少了平时考绩，至少缺少了周考和月考，并且详细设计了周考、月考的每一种表格。① 而在战时，河南省政府按照《非常时期公务员考绩暂行条例》中指出的各机关主管长官“平时对于所属公务员在工作、学识、操行三方面应该随时严密考核”的要求，制定了《河南省政府职员平时成绩考核记录办法》，并设计了《每日工作日记表》《每日工作操行学识成绩记录表》《每月考核表》三种表格用以进行考绩工作。具体做法是，《每日工作日记表》由本人填写，《每日工作操行学识成绩记录表》由直接长官记录填写，《每月考核表》由考核长官填写，科长是科员的考核长官，厅局处局长是科长的考核长官。同时，为了比较职员的勤惰，还制定有《每月勤惰比较表》，各厅处局由人事管理人员办理，每月底封送秘书处人事科备主席查考，年终分别送考绩委员会参考。这套办法应该说是很细致周全了，所以设计者寄予厚望，期望“如能切实贯彻，相信对于职员的考核可以得到比较正确的结果”②。

对于考绩问题，早在战前，谢廷式就集中进行了研究。他讨论了本是十分清晰的考试和考绩的区别，认为“考绩，是考核一人所有的成绩……考试，是试验一人所具有的才识。……考绩是综核以往，考试是测定目

---

① 孙澄方：《考绩制度与方法》，《行政效率》第 3 卷第 5 期，1935 年 11 月。
② 李培基：《任使的商榷》，《人事行政》创刊号，1942 年 12 月。

前"①。他认为考试和考绩的关系是，由于考试方法有限，不能保证考试及格的人员合于忠于职守，因此需要进行考绩。"在考试与考绩双关的意义上言，考绩是调剂考试的不足。在考绩的积极方面言，考绩才是选贤任能的不能（二）法门"。《公务员考绩奖惩条例》规定考绩的目的主要是淘汰低劣以备考试人员之递补，谢廷式认为这只是应付时局的一种考虑，不是实行考绩制度的最后目的。考绩制度的最后目的是"取得效率的根据"和"实现组织的目的"。而要提高效率就需要整理人事，而整理人事的方法就是考绩，以考绩进行奖惩，能够促进人员尽力工作、竭诚合作。

谢廷式将考绩的功用分为法制上的功用和事实上的功用。法制上的功用表现在：作为提升职位、增减薪俸、品评考试结果、停职或复职、调遣或降级、人事管理人员提议裁撤低能人员、主管长官裁撤人员、被裁人才准备申诉、品评人员在组织产生"相关的价值"等方面的根据。事实上的功用则在于，由于"在未施行考绩之前，对于人员考绩的品评，不是出于臆测，便是被一二次好坏印象所支配。或者甚至于以貌取人"，而施行考绩，长官可以因此接近下属，并有意识地长期观察品评，以掌握真实情况，因才施用，便利指挥。同时，"人员在工作方面所表现的缺点，除少数是根本因才不适位，才力不敷，或有严重缺陷而外，大多是因为懒惰，疏忽，或自甘暴□等等"，考绩正可以起到勉励警示下属的作用。

对于考绩的对象，谢廷式认为首先要弄明白什么是成绩。他介绍了几种有关成绩的说法。一是工作说，包括工作的数量和质量，或者工作时间，例如海岸灯塔的管理员就靠值班时间来计算成绩；二是性行说，"注重各个人员所具的合作条件，与整个组织在每一个人员所受到的影响，作为每一人员的定评，立意至为深远"；三是学识说，考察学识有助于确定某人是否可以担任更高职务，也可以促进公务员保持上进心。其中，他特别指出考评性行存在诸多困难：长官的目的在计划的实现，因此无意和无时顾虑人员的性行；性行本身抽象，没有凭据以资证明；长官有一己偏见和好恶，评定他人很难准确；长官经常被一二印象所蒙蔽；性行优劣的成分无从比较；各长官评价他人侧重点不同、难以一律。

对于考绩的方法，谢廷式综合多方资料，进行了全面介绍。诸如，臆

---

① 谢廷式：《考绩的理论与实际》，《行政研究》第 1 卷第 3 期，1936 年 12 月。

测法（Judgment Rating 或 Judgment Ranking），一般由直接长官根据自己的判断来品评下属的优劣平庸；五级类别法（Five-step Letter Rating），即将每一个考核项目分优良平庸劣五级，用 ABCDE 五个字母表示并赋予一定分数，由考绩人按项填入相应等级，并计算最终得分；四级标准法（Four-step Rating），即以健康、考勤、性行、工作、对本组织的贡献五项作为考核项目，用优良平劣四个标准来评定等级；标准预测法（Judgment Ranking According to Factors），即按预先设定的几个因素作为考评的标准，进行比较排列；问答法（Self-Rating Scales），即设计 25 个到 100 个问题，交由受考人员一一填写；卡片淘汰法，即将人名制成卡片，分出上中下三级，每级再分上中下三级，直到分尽为止，实际也是一种变相的臆测法；军士比较法（The Army System 或 Man-to-man Comparison Scale），即以体格、治理、领导才能、品性、对于本职守的贡献等为指标，进行人与人之间的比较，分出等级；图表填写法（The Graphic Rating Scale），即借助一定的表格，由考绩人在图表上评定受考人的高下。除了这些方法外，还有实践中发明的威斯康星制、纽约市教员制、美国吏治委员会 1935 年制、白乐士制（The Probst System）、复表制等。联系中国实际，谢廷式还举出了本土运用考绩方法的实例，如《海关考绩表》从品行、学识、工作、操行、才能、健康及遭调、总评等方面进行人员考绩，《邮政考绩表》从个性、普通学识、邮政常识等方面对人员进行评价。

针对国民政府施行的考绩的一些问题，谢廷式给予了批评建议。《公务员考绩奖惩条例》对各机关升等人员数目进行了规定，例如规定由荐任职升等不得超过现有荐任人员 1/10，由委任职升等不得超过现有委任人员的 1/20。谢廷式认为一切考绩结果，都要依照考绩的实际所得而定，而不是先做出这样升等去职的百分比规定，因为二者根本无法兼顾。再比如，虽有考绩委员会的设置，但是考绩委员会在考绩过程中只起到收发的作用，对考绩过程并无任何影响，以至考绩表上没有委员会发表意见的设计。此外，他还从考绩法的规定、考级的程序、各种考绩表的设计、考语的填写、考绩委员会的组织等方面历数了考绩的问题和困难，但是他对于考绩仍然报以有胜于无、可以做好的乐观态度。值得一提的是，谢廷式认为考绩所考察的公务员性行是"要与工作发生直接关系的性行"，至于那些工作之外的诸如喝酒赌博等不规则的行为，只要不影响到其分内的职务，就应该不在考察性行的范围之内。

事实上，公务员的考绩是人事行政的一大历史性难题，民国时期实施考绩制度之初就出现要么流于形式要么人人晋升的弊端。陆东平指出，"每月工作操行学识记录表，有的办，有的不办；办的实施方法，各机关各有不同"，有的"连最基本的工作日记都没有普遍写作，却在做每月记录"。① 韦尹耕指出，"至于考绩方面，每月工作学识操行成绩记录表，内容空疏，不是为年终考绩之依据……尤以学识操行两项，每月差异有限，按月纪录，徒具形式"，"年终考绩，多以各单位主管人员所评订分数为依据，无客观之标准，致使年终考核，难期公允"。② 而且考核还出现一个问题，就是考核优秀的人很多，每年高达 60% 左右的公务员都会因考绩得到晋级或加薪，加重了财政负担。③ 其原因大概如韦尹耕分析的那样——"各单位主管人员，评订各该单位工作人员成绩时，多愿说优点，不愿说缺点"，究其原因是因为主管人员"为体恤部属之生活，予以加薪之机会，不得不提高其成绩记分，以求达到目的"。④

不过，不只中国的考绩不甚理想，即使在当时人事制度较为健全的美国也是如此，"现查在实施考绩制度较为先进的美国，已有十余个机关，无形中止，而且很少有重新举行的趋势"⑤。美国学者 W. E. Mosher 和 J. D. Kingsley 对此表现出一种无奈，因为考绩虽然可以通过奖惩提高行政效率，"可是考绩制度，虽然是如此重要，一直到了现在，还没有找到一个完善而满意的考绩制度，许多公委会都感到无法解决这个重要的问题"⑥。

第六节 俸给福利制度

国民政府时期各机关公务员的薪俸按官等支付。1933 年 9 月，国民政

---

① 陆东平：《人事脞谈》，《人事行政》第 2 期，1943 年 10 月。
② 韦尹耕：《对于现行人事制度之检讨》，《人事行政》第 2 期，1943 年 10 月。
③ 何家伟：《国民政府俸给福利制度研究》，福建人民出版社，2010，前言第 1 页。
④ 韦尹耕：《对于现行人事制度之检讨》，《人事行政》第 2 期，1943 年 10 月。
⑤ 谢廷式：《考绩之理论与实际》（续完），《行政研究》第 2 卷第 3 期，1937 年 3 月。
⑥ 张国键、郑庭椿：《人事机关的功能与性质》，《地方行政》第 2 期，1941 年 10 月。

府颁布了《暂行文官官等官俸表》，又根据机关的类别一共分成国民政府、五院及各部会、省政府及各厅、行政院及省政府所属市政府、县政府及各局5个分表，分别适用不同的官等范围。《文官俸给表》共分4等37级。具体见表8-2。

表8-2 文官官等官俸表（1941年9月27日修正）

任别	级别	俸额（元）	任别	级别	俸额（元）
特任		800	荐任	十一	200
简任	一	680		十二	180
	二	640	委任	一	200
	三	600		二	180
	四	560		三	160
	五	520		四	140
	六	490		五	130
	七	460		六	120
	八	430		七	110
荐任	一	400		八	100
	二	380		九	90
	三	360		十	85
	四	340		十一	80
	五	320		十二	75
	六	300		十三	70
	七	280		十四	65
	八	260		十五	60
	九	240		十六	55
	十	220			

表8-2所列的是公务员的本俸收入。在战前，公务员的本俸收入较高，公务员的平均年收入3366.48元，该数虽然低于大学教授与副教授、海军军佐、邮政职员的年收入，但高于铁路职员、大学讲师与助教、党务工作人员、陆军空军官佐的年收入，尤其比普通工人和农民的收入要高出很多，"国民政府的一个公务员的月俸给相当于当时一个工人或者农民2年即24个

月的收入"①，在全社会处于中等偏上的水平。

随着战争爆发，物价上涨，国民政府开始为公务员配售公粮，公粮不够时，则改发代米金，同时增加生活补助费。这样一来，各种福利待遇变得比本俸重要得多，有喧宾夺主之势。为了减轻战争和通货膨胀的影响，国民政府还通过举办消费合作社，供给平价煤炭、菜油、棉布等必需品来减轻公务员的生活负担，但收效甚微。尤其到 1940 年后物价疯涨，虽然公务员的货币收入有所增加，但真实收入却急剧减少。重庆市公务员的真实所得，1943 年的收入只相当于 1937 年的 1/10，其中，简任下降了 90%，荐任下降了 95%，委任下降了 85%。② 易劳逸认为，1940 年官员工资的购买力已下降到战前水平的大约 1/5，到了 1943 年，实际工资跌落到 1937 年的1/10。③ 到了战后，1946 年国民政府中央公务员的月收入已经不如战前国民政府最低级别公务员的月收入了，1947 年国民政府一个县级公务员的月收入仅相当于战前一个南京市黄包车夫的月收入，"国民政府大部分公务员的生活水平已经到了穷困潦倒的地步"④。

除了薪俸，还有公务员福利制度。公务员福利事业的举办，目的是使公务人员能够安心工作，不兼营他业以为老死之计，不为一切家庭琐务与个人康乐担虑于心，从而保证工作效率和吏治清廉。这些福利具体表现在衣、食、住、行、生、老、病、死各个方面。例如，工作制服、食堂、出差旅费、火车优待月票、宿舍、住房补贴、集资建房、生育补助、医药补助、伤病补助、恤金、退休金、假期⑤、保险、婚嫁补助金、子女教育补助金、进修考察⑥、消费合作社、久任奖金⑦等。还有一些涉及日常生活的福利事业，如浴室、理发室、洗衣室、图书室、俱乐部等。

---

① 何家伟：《国民政府俸给福利制度研究》，福建人民出版社，2010，第 248 页。
② 杨培新：《旧中国通货膨胀》，三联书店，1963，第 143 页。
③ 引自〔美〕费正清、费维凯《剑桥中华民国史（1912～1949）》（下卷），中国社会科学出版社，1994，第 674 页。
④ 何家伟：《国民政府俸给福利制度研究》，福建人民出版社，2010，第 268、271 页。
⑤ 假期最低时期，每年事假 2 周，病假 3 周，工作满 1 年勤劳称职者休假 1 个月，工作 2 年绝少请假者休假 2～3 个月。休假期间薪俸照发。
⑥ 公务员进修方式有 5 种：设班讲习、自修、学术会议或小组讨论、集会演讲、其他方式。1946 年修正后的《公务员进修及考察选送条例》规定考察进修分国内和国外两种。选送国外考察、进修者，考察期限为国内半年、国外 1 年，进修期限为国内外均 2 年。
⑦ 在同一单位工作满 10 年给予 1 个月俸额的奖金。

上面说过，国民政府的薪俸福利制度主要按官等确定，这也造成钱端升所认为的薪俸制度最大的问题是——

> 官吏等级的高下，与所任的职务的轻重难易，不发生直接的比例的关系；……俸给不是职务的报酬，不是工作的报酬，而成为地位的报酬。①

按等给俸，导致高级官吏的俸给过高，低级官吏的则又太低，特任官的俸给（公费尚不计在内）已15倍于最低级的委任官，"此种高下悬殊的状况实为一般国家之所无"。此外，"高级负责官吏，于正俸之外，尚有所谓办公费②者，则各机关各自为政，并无一定标准，其数往往超过正薪，审计机关亦若尚无法作有效的取缔"。③ 而且，虽说同等同级人员在政府任何机关，其报酬待遇是平等的，但实际情况是中央政府各机关间的公务员待遇不平等，例如，一个部的秘书最高为简任三级，月支600元，而在国民政府的秘书则可铨叙至简任一级，月支680元。一般机关与海关部务等机构以及国营事业机关特别是国家银行相比，待遇也要低很多。在中央政府与地方政府间，待遇也不平等，县长薪俸仅等于中央政府一个科长的薪俸。这与中央和地方公务员薪俸财政支出渠道不同有很大关系，中央公务员的俸给主要由中央财政支付，地方公务员的俸给主要由地方财政承担，中央财政相对有保障，可以按照俸给表执行，而地方财政状况较不一致，经常因为财政状况欠佳按季酌量减成支给。

为了改进薪俸制度，有人认为最公允的办法是"按现行官等官俸表，对于低级人员，依据当地之生活程度，酌予津贴，至一定程度为止，其津

---

① 钱端升：《论官等官俸》，载《钱端升自选集》，首都师范大学出版社，2010，第395～396页。
② 特别办公费，简称"公费"，主要发给个人，供各机关主管人员一些额外的花销，包括交际费、津贴、交通费等，实报实销，而所需的差旅费、纸张笔墨购置费等则另列预算作为正开支。在公费较低的时期，最高者部长，每月公费1000元，高于月俸；最低者科员30元，比月俸一半要多。
③ 钱端升：《论官等官俸》，载《钱端升自选集》，首都师范大学出版社，2010，第401页。钱端升建议公费应一律取消，只使领官得有外勤费；官吏办公所需费用，应另定详细办法，准其作正开支。

贴数目，原则上与其原俸薪额成反比例……"① 谢廷式则系统地讨论了改订官等官俸问题。② 他指出，特任官是政务官，不受《公务员任用法》的限制。简任官、荐任官、委任官都是按照《公务员任用法》规定的资格条件，由国民政府或各主管长官交送铨叙机关审查合格后任用。但资格能否作为官等的依据或者说能够将资格列为官等，本身是一个问题。他认为，官等的含义，一为封功，二为授权。封功是封建时代的产物，本质是一种报酬、享受与尊荣。授权是现代国家吏治制度的趋势，是一种授职委事的职务设置，以业务为出发点，根据工作与责任的繁简轻重而定。谢廷式认为，特简荐委的分等办法，维系着传统封官赐爵的封建思想，主张阶级观念，损害了服务精神。

不按资格划分官等，那么如何改进官等官俸制度？谢廷式认为，"厘订职位，是树立吏治制度的开始，也是厘订官等官俸的成功""是整饬一切人事行政唯一的起点"。厘订职位也即进行职位分析，由职位定官等再定官俸。但在实际操作中，就是政务官与事务官的划分，操作起来也非常不容易。谢廷式最初有一个决心，要对行政院所属各部署的官吏，按照官位的职位名称和法定的职责加以分析，划定政务官与事务官的界限。结果发现这种工作"易于立说，而毫无补于实际"。因为实际中，没法杜绝政务官不干涉机关事务或者事务官不参与政务。最明显的例子，部长去职，不光政务次长跟着变动，就是常务次长、司长、科长甚至科员都跟着去职，但决不可认为这些司长、科长、科员都是政务官。这就是理论与实际的扞格。所以谢廷式认为，还是从厘订职位入手，凡是有日常工作的职位，皆为事务官的职位，照此厘订一个职位，就固定了一个事务官，直到将每一个机关的日常工作厘订完毕以后，事务官与政务官也就区分了出来，从而为完善薪俸福利制度奠定基础。

谢廷式指出厘订职位的具体办法：第一，是将官职分为政务官、特务官和事务官三类。特务官是出于照顾事实的需要，主要指政务官的亲信，为政务官料理一些特殊事务。第二，官吏的任命使用政务官、特务官、事务官的名称，政务官由政治机关直接任命，特务官由政务官提交铨叙部任

①　任维均：《非常时期公务员俸给》，《行政评论》第 1 卷第 2 期，1940 年 2 月。
②　谢廷式：《论文官官等官俸的改订问题》，《行政研究》第 2 卷第 6 期，1937 年 6 月。

命，事务官经正式考试录取由铨叙任命。废弃特任、简任、荐任、委任的称谓，一洗阶级观念。第三，在官吏的等级方面，政务官可以分等级，而事务官只有工作难易和职责轻重上的等级，而没有身份地位上的等级，因此是只分类别不分等级。特务官介于政务官与事务官之间，具有非正式官吏的身份，因此不分等级，还要规定员额以最少为原则，薪俸也有一定定额。第四，在官吏的名称方面，政务官如主席、委员长、部长、次长、省长等名称可保持不变，特务官不另订名称，事务官则废弃原来办事员、书记官、科员、科长、协审、编审、技士、技正、技佐等含糊笼统、区分不大的官名，根据工作性质改作分门别类、切合实际的名称，如将负责缮写的科员、办事员、书记官一律称为缮写员。第五，在官吏的保障方面，政务官由政治变化决定，特务官由长官意志决定，事务官则非依法律不得撤职，公务员考绩法也只适用于事务官。

对于厘订官职的工作程序，谢廷式认为先要调查现有职位，进行职位分析，然后再系统进行厘订。

第七节　干部训练

一　中央训练团

国民党和国民政府非常重视干部训练。中央训练团缘起于国民党政府因围剿工农红军而成立的相应军事机关。1933 年，陈诚的赣粤闽湘鄂五省"剿匪"总指挥部军官团改称庐山军官团。1934 年庐山军官团继续举办，并扩大调训范围至华东、西北驻军。1935 年夏至 1936 年，改在四川峨眉山下伏虎寺举办峨眉军官训练团。1937 年夏，重回庐山继续举办，改名为庐山暑期训练团。因抗战爆发，庐山暑期训练团停办，于 1938 年又在武昌珞珈山武汉大学内成立珞珈山军官训练团。① 是年 10 月，武汉沦陷，国民政府迁至重庆，又于重庆南温泉成立中央训练团。1939 年春，训练团迁至重庆浮图关，直至 1944 年。② 1946 年，中央训练团迁至南京孝陵卫，称为南京

---

① 在珞珈山训练团，周恩来曾讲授《通信问题》一课，主要讲通信的保密问题。周亦曾代刘伯承讲授《游击战》一课。
② 秦筝：《我所知道的中训团》，载文闻编《国民党中央训练团与军事干部训练团》，中国文史出版社，2010，第 17～21 页。

孝陵卫中央训练团，随着战事转移，此后训练团随国民政府先后移至广州、重庆、成都，再至台湾，其间停止了一切班次的训练。由此可见，国民党及国民政府在干部训练方面进行了持续不断的努力。

训练团迁至重庆浮图关后发生重大变化，即停止了军官训练，改训党政工作人员，因此更名为"中央训练团"，简称中训团，蒋介石兼任团长。中训团党政训练班主要调训现职人员，对象包括县党部书记长，各省、市党部委员；省市政府委员，各厅局处长、科长、秘书，县长；部队政工人员以及其他机关职级相当人员。训练期限为一个月，期满后，仍回原岗位工作。一般情况下，每期党政训练班调训接近 1000 人，目的是培养"抗战建国"人才，完成"抗战建国"大业，训练目标是蒋介石亲自指定的"养成三民主义的忠实信徒及彻底奉行命令的战士"。为了扩大调训范围以及严格调训的执行，"1940 年初蒋即命令所有中央及各省市的党政机构，凡科长以上人员，均须由各该主管机构分期报训，每期由中训团通知需要调训人数，由各该主管机构报送"。1944 年，"又严令各部门科长以上人员凡未经受训的，即行查明列报，以便分期调训。又规定凡出国人员必须先行受训，否则不发给出国护照"。[①]

党政训练班的训练内容分为精神训练、政治训练和军事训练三大项。精神训练涉及总理遗教、总裁言行、小组讨论、个别谈话等。政治训练涉及"抗战建国"纲领、地方自治、新生活运动纲要以及国民党中央各部会首脑、著名学者的讲话。军事训练即操练军事基本动作。在具体课程方面，则有"总理遗教""总裁言行""力行哲学""三民注意之体系及其实行程序""国际形势""精神讲话"等。其中，"精神讲话"所占课时最多，讲师有于右任、戴传贤、宋子文、孙科、吴稚晖、孔祥熙、陈立夫、朱家骅、陈诚、何应钦、张治中、翁文灏、吴国桢、谷正纲、梁寒操、李惟国、陈博生、吴铁城、罗家伦、胡庶华、萨孟武等人。有意思的是，在结业仪式上，一般给受训人员颁发结业证书并赠送蒋介石署名照片一张。因此，曾任国民党中央训练委员会指导处处长、参加过第三期党政高级训练班的姚子和认为："国民党中央训练团，是蒋介石为了把国民党的党政工作人员，

---

① 马继周、魏锡熙、梁子青、董赞尧：《中训团内幕》，载文闻编《国民党中央训练团与军事干部训练团》，中国文史出版社，2010，第 32 页。

进一步发展为他的嫡系骨干、受业弟子而设的最高训练执行机构。"①

从1939年举办第一期党政训练班到1946年迁移南京，中央训练团共举办31期党政训练班，调训了3万多名荐任职人员。此外，还举办了3期党政高级训练班，每期训练期限为6个月，每年训练1期，历时三年共训练了300多名简任职或者拟任简任职的党政工作人员。党政高级训练班分别设置民政、财政、教育、外交等组，受训人员按照个人兴趣和志愿自由选入一组进行学习。学习方式以查找资料、自学为主，相关中央各部部长有时会专作报告，训练班有时也会邀请比较著名的专业人员来做演讲。② 受训人员在结业前完成论文一篇，作为受训的成绩和收获。结业仪式上，党政高级训练班的人员还可以得到蒋介石的单独接见。而在党政训练班结业仪式上，则是集体接受蒋介石的"接见"，被蒋介石一一点名应"有"。

中训团除了举办党政训练班和党政高级训练班外，还举办了党务训练班、计政训练班、青年干部训练班、中国童子军教导人员训练班、兵役人员训练班、出国人员训练班、音乐干部训练班、人事训练班、司法训练班、外交人员训练班、监察官训练班、新闻训练班、台湾人员训练班、励志班、转业军官训练班、绥靖班、政工训练班、妇女运动训练班、民众运动训练班、史政训练班（战史）、会计人员训练班等其他训练班，但以党政训练班为主。③

前文提到，在党政训练班和高级党政训练班，经常有蒋介石及其他国民党高官对于当时政治、行政、经济、军事等问题的讲座，其中不乏许多行政学的内容，对于传播行政知识，引起对于行政研究的关注很有价值。例如，在党政班第四期集训时，蒋介石讲述"科学办事方法"，主张要由小而大，由微而著，而且要踏踏实实地去做。④ 陈果夫作为国民党中央组织部

① 姚子和：《关于国民党中央训练团》，载文闻编《国民党中央训练团与军事干部训练团》，中国文史出版社，2010，第1~8页。
② 亲历者回忆："哲学、政治学、经济学等各种学科的著名专家，如冯友兰、钱穆、钱端升等，曾专程乘飞机来讲学。他们确是学有专长，但课时太少，同学们兴趣也不大。"见洪永书《中训团党政班和党政高级班受训纪实》，载文闻编《国民党中央训练团与军事干部训练团》，中国文史出版社，2010，第90页。
③ 除中训团举办的党政训练班及其他各种训练班之外，国民党在抗日战争爆发后，还在全国各地举办了多个国民政府军事委员会战时工作干部训练团，培训大批基层军事干部。
④ 马继周、魏锡熙、梁子青、董赞尧：《中训团内幕》，载文闻编《国民党中央训练团与军事干部训练团》，中国文史出版社，2010，第23页。

长，曾在党政高级训练班主讲"机关组织"，并在江康黎、顾毓泉、周亚卫等人的协助下，于1943年到1946年共出了四本讲义。研究科学管理的中统局局长徐恩曾也曾到团讲话。此外，卢作孚讲授"内务管理"，内容包括组织、计划、预算及管理者的使命。杨绰庵讲述"业务管理""庶务管理"和"机关管理"，内容包括对财物、房屋、工友、安全、膳食、杂务等的管理。1947年，杨绰庵将这些授课经验适用到自己任市长的哈尔滨市政府，并出版了一本《机关管理》。

出于干部训练讲课的需要，如同陈果夫的《机关组织》一样，还出现了其他一大批行政方面的讲义、图书。例如，祝修爵的《人事管理》、邹秉文的《主管长官与业务管理》、姜琦的《生活管理》等。就是对于行政工作中必备的开会方法，也有熊卿云的《开会的方法》（1924）、陈毅夫的《会议常识》（1926）与《开会集议常识》（1929）、费培杰的《会场必携》（1926）、邓叔良的《会议法》（1936）、钱实甫的《怎样开会》（1938）以及《集会常识》数种。

值得一提的是，在干部训练中，一些当时世界上比较先进的研究成果得到了很快的借鉴和采用。曾在中训团工作三年的吴恒祥回忆——

> ……"个性测验"课，这是自1941年增设的科目，也是吴兆棠[1]从国外搬回来的洋玩意。据说通过测验可以测知一个人属于内向型、外向型或者中型，从而可以决定其适合担任何种工作。试卷有问答、填空、选择等题。大部分是选择题，诸如：我很喜欢①闭门独坐；②访友清谈；③大型宴会。任你选择。[2]

二 地方干部训练

1940年3月，各省遵照中央颁发的《县各级干部人员训练大纲》，设立机关训练地方行政干部，常名之为某省地方行政干部训练团，一般由省政府主席兼任团主任。广东早在李汉魂于粤北接任省政府主席时就开始举办

---

[1] 为回忆人吴恒祥的叔父，德国柏林大学博士，时任教务组长。
[2] 吴恒祥：《国民党中训团杂忆》，载文闻编《国民党中央训练团与军事干部训练团》，中国文史出版社，2010，第12页。

训练事业。当时，有一批 1938 年夏季毕业的高中生，依照国民政府应届高中毕业生要在毕业后集中训练三个月，方可领取毕业证书的规定，集中接受军事训练。训练结束后，因为广州被日军占领，许多人无家可归。李汉魂便吸收他们，举办了一个广东省地方行政干部训练所，施以训练，以民政厅长何彤兼任所长。1939 年春夏间，李汉魂又创办了每期 1 个月、共四期的第四战区党政军干部训练团。结束后，继续在原址举办县政人员训练所，第一期调训各县政府人员和区长、乡长约 2000 人，原定 3 个月或 2 个月结业，因为日军进攻粤北，局势紧张，只好不足 2 个月便全部结束。其后于 1940 年 4 月，又在曲江县桂头乡凤凰山重张旗鼓，改名为广东省地方行政干部训练团。此后，地方行政干部训练团又迁至韶关黄冈村及平远县大柘乡，抗战胜利后迁至广州市越秀山，一直开展行政干部训练工作。[①]

广东省地方行政干部训练团由李汉魂兼团主任，广东省政府委员刘佐人代理主任，受训人员主要包括现职县长、候补县长，各县市政府民、财、建、教四科的科长、科员，县督学，县、区的指导员、警官以及区、乡长，还有新招录的公务员。训练时间 3 个月到 6 个月不等。训练内容包括政治训练、业务训练和军事训练。在训期间，学员一般编入军训分队，穿着军装受训。每天有早会，举行升旗仪式并由教育长讲话。每晚有自修，由驻队训导员讲话或个别谈话，并批阅日记。每周有精神讲话两小时，由团主任或代主任或教育长主讲。学员管理上实行军事化管理，每日生活均按号声为准，起床、集合、上课、下课、吃饭、就寝，均须迅速整齐，吃饭不超过 15 分钟。同时，规定学员不能外宿，军官则每周编定时间，可以外宿一晚。一般星期日不上课，早饭后至晚饭前，学员可离团外出，颇为严肃。

在福建，1934 年陈诚任省政府主席后就开始推行公务员训练事业，到 1941 年的 7 年间几乎没有中断。1935 年 2 月到 1940 年底，6 年间福建省共训练了 9087 人。而且计划从 1941 年起到 1944 年的 4 年内，将训练扩大到全省最广义的公务员，训练包括各级政府机关到农工商卫生人员、社会文化工作人员等在内的各种人员近 5 万人。[②]

训练团由陈诚兼团主任，省政府派顾问 1 人驻团代行职务，设教育长 1

---

① 陈榕亮：《李汉魂主粤之地方行政干部训练工作》，载《广州文史资料存稿选编》（第三辑），中国文史出版社，2008，第 27 ~ 34 页。

② 沈铭训：《福建省公务员训练概况》，《地方行政》（福建）第 2 期，1941 年 10 月。

人，下设教务、训育、总务、指导、研究五处，军训队部，秘书、会计两室以及图书馆和医务所。同时，还设有直属区党部和青年团支部，并附设服务社、农场、电灯厂、印刷厂等。训练内容包括思想训练、生活训练和智能训练三种，训练时间从3个月、4个月到半年、1年不等。

为了将公务员训练和新人事制度联系起来，福建省的公务员训练一般按照行政机关所需要的质量和数量进行。例如省政府要推行统计工作，训练机关即训练统计人员；省政府要实行粮食管理，训练机关就举办粮政人员讲习会。而且，受训毕业的人员，都由省政府分配工作，并不随长官的进退而进退。省政府还陆续制订了有关县政人员管理的规程和公务员任用法，对公务员的任用、俸给、请假、调任、考绩等都进行规定，以保证公务员适于其位、安于其位，"六年所训练的九千余名公务员，除少数因死亡、疾病、升学以及其他原因离职外，最大多数的已受训公务员都照常任职；又因考绩而升职者，数也不少"[1]。为了联系训练与使用，福建省的训练机关和行政机关还打成一片，各系主任由相应各厅处局长兼任，专科教师也多由各厅处局职员兼任。

至于对训练干部效果的评价，可以见到——

党政班每期只有一个月，能学到什么呢？主要是叫他们（指党政班学员）来洗个澡，打打气，洗掉那些动摇、徘徊、灰心失望或者赤化思潮，牢牢树立忠于"党国"、忠于"领袖"和"抗战必胜、建国必成"的思想。[2]

在蒋介石"消极抗日，积极反共"的思想指导下，整个训练，只是以空洞虚伪的对人对事道德来麻醉学员，天天讲"四维八德"，读"党员守则"（即童子军"十二守则"），其目的不外加强国民党的统治，而团内团外的贪污风气，投机倒把，发国难财，如蝇逐臭，不能遏止，训练效果不大；而消耗国家资财，却是不少；因为机构庞大，职教员工较多至数百，每月要支薪水，又每期学员千数百人，要供

---

① 沈铭训：《福建省公务员训练概况》，《地方行政》（福建）第2期，1941年10月。

② 吴恒祥：《国民党中训团杂忆》，载文闻编《国民党中央训练团与军事干部训练团》，中国文史出版社，2010，第11页。

应伙食及来回程旅费。而一切设备损耗，尤其讲义印刷、房舍修建，所费着实不少。但这样的训练团，每省都有，且每县又有训练所以训练乡保甲人员，其流弊不可胜算……①

在特定历史条件下，这些评价未必公允，但从中也可以看出训练效果欠佳、贪污之风盛行、浪费公帑严重的问题。孙慕迦也曾认为："短期的训练，对于身心的刺激，自然有莫大的好处。可是日子一久，疲玩复生。要想达到原来的目的，也还很远……"② 但毫无疑问的是，中央及地方训练团的存在，也在一定程度上启发了1949年以后中国共产党党校系统的建立。

第八节　公务员道德精神

1931年6月公布的《官吏服务规程》是国民政府公务员官规的核心法令，在此前后，国民政府先后公布了《公务员交代条例》《限制官吏兼职令》《政府职员给假条例》《公务员不得参加各种民众运动令》《公务员出差不得向地方需索旅费令》《宣誓令》等20多个法令，从不同方面规定了公务员的道德精神和行为准则。这些约束和强制的措施主要包括宣誓、就职、操守、禁令等方面。

其中，宣誓是进入公务员行列的第一个环节，要求进入公务员队伍首先要宣誓，表示"恪遵总理遗嘱，服从党义，奉行法令，忠心及努力于本职""决不妄费一钱，妄用一人，并决不营私舞弊，及收受贿赂，如违背誓言，愿受最严厉之处罚"。在就职方面，要求官吏接奉任状后，应于一月内就职，但具有正当事由，经主管高级长官特许，可以延长，以一个月为限。在操守方面，要求官吏须诚实、清廉、谨慎、勤勉，不得有骄纵、贪惰、损失名誉之行为。在禁令方面，要求官吏不得假借权力以图自身或他人之利益，不得利用职务上之机会加害于人。此外，还要求官吏要服从上级，保守机密；除法令所定外不得兼职，依法兼职者，不得兼薪；不兼营商业

---

① 陈榕亮：《李汉魂主粤之地方行政干部训练工作》，载《广州文史资料存稿选编》（第三辑），中国文史出版社，2008，第34页。

② 孙慕迦：《论确定职责调整行政改进吏治之先决条件》，《行政评论》第1卷第2期，1940年2月。

或公债、交易所等一切投机事业；应依法定时间到署办公，除疾病和正当事由不得请假等。

民国时期的研究者对于公务员精神道德也十分注意。富伯平在对机关主管的职责进行研究后，提出了机关主官为完成其职务所应注意的法则，其中之一便是员工服务道德之启发。他认为——

> 行政效率，原为人类集团之操作的效率。机关主官之基本任务，惟在如何监督指挥其所属以努力操作耳。但所谓监督指挥云者，尚系就法定的职权而言，若从心理学方面一为考察，便知监督指挥之效果如何，恒视各级人员服务道德之强弱而异。故若干成功的机关主官，罔不首先注意于公务员服务道德之启发，良以公务员服务道德高时，其监督指挥自易为力也。此为行政管理，最重要亦最困难问题之一。①

李宗义提出了现代公务员应有的信念与修养，包括三种信念：做人民的公仆，做人民的表率、公民的楷模，不是为了个人的荣华富贵奔走钻营而是为了民众幸福献身社会；三种修养：廉洁、尽责、合作；三个条件：爱国爱民的情绪、丰富正确的知识、百折不挠的毅力。②

孙慕迦极富浪漫精神和想象力地提出一种"公务员集体生活制度"，虽然该设想是针对公务员的薪俸提出的，但是却极富有行政文化价值。他说——

> 在此种制度中，公务员可说是建国运动中的拓荒者。他们将要自成一新的社会，所有衣食住行教育医药都由国家负担，另外更无名义的薪俸，有之也不过最少数之零用钱而已。在这种集体生活中当然可以实施精神总动员、新生活纲要等类的要求，不管上自部长下至录事一律以人口为标准分配他们的需要。公务员在集体生活中，既然有了永恒的保障同时也限制了他对于财富的使用权，无论是否为他祖先的

---

① 富伯平：《机关主管之职务及其运用》，《中国行政》第 3、4 期合刊，1942 年 8 月。
② 李宗义：《现代公务员应有的信念与修养》，《地方行政》（福建）第 1 期，1941 年 7 月。

遗传或亲朋的馈赠，都不能在大众生活标准以外标新立异。这种物质的高下就不是为人们竞争的标的。而公务员的崇高也就特别在一般民众目中显出来。此时他们所得到的报酬是大众的尊崇，精神的安慰，工作创造的兴趣，而不更是物质。①

这些规定、提倡并不能保证公务员精神道德的高尚，但事实上，民国时期公务员队伍的整体精神风貌一度还是很高的，"如果我们拿出良心来讲中国的公务员多数是勤慎奉公的——这多数自然是中下级的公务员"②。蒋廷黻虽然也曾指出有些科员怕负责任，对工作草草了事，但他也说——

> 我开始进行政院时对科组人员工作的好坏，很少表示意见。我认为他们都是官僚，后来，出我意料的，我发现科员们能以清楚、简练而恰当的文字，将极复杂的问题扼要的叙明，他们都能奉公守法，谨慎任事。……如果有人肯研究一下所有政府机关科员的签条，一定会发现大多数都是公正的。根据我在行政院的经验，我敢说我们中国并不缺乏使政府发挥效率的人才。
>
> 科员忠于例行公事而且平均都很称职……行政院有些参事和高级秘书人员都是严肃、正派、很有政治才干的。他们默默中的贡献虽然不为人知，但却是不折不扣的。③

公务员的精神面貌和身体素质在一定程度上是有关联的。值得一提的是，和清末民初以来整个社会崇尚锻炼体魄、体育救国相一致，民国政府也很重视公务员身体素质的锻炼，借锻炼身体、提高身体素质来磨炼精神、提升服务能力。蒋介石曾要求凡公务员一律勤习体育，以扫除过去萎靡不振的官僚气象。山东省政府主席韩复渠遵令要求全省公务员开展体育，"一纸令下，雷厉风行，业已数月"。为了考察公务员开展体育锻炼的进度并评判等级，韩复渠通令省府以下所属各机关及高等法院、盐务、税务、警局等部门的公务员等候检阅。检阅当日早晨4点半，数千公务员陆续到达体育

---

① 孙慕迦：《中国人事行政改进问题》，《行政评论》创刊号，1940 年 1 月。
② 同上。
③ 蒋廷黻：《蒋廷黻回忆录》，岳麓书社，2003，第 193～194 页。

场，6点韩复渠到场，检阅开始。数千公务员分为柔软操、太极拳和拳术三队进行表演，并由专家进行评判，整整进行了3个小时才告结束。韩复渠又训话一番，勉励要求公务员加强体育、塑造精神。①

---

①　《韩复渠检阅公务员体育》，《行政效率》第3卷第2期，1935年8月。

第九章　民国时期行政学的回顾与探讨

本书在前面几章研究了民国时期行政学产生原因以及著作、研究团体、刊物出版、大学教研、行政组织、人事行政、行政改革等方面的情况，并对时人如何理解"行政"与"行政学"进行了初步的介绍，对于整体把握民国时期行政学的发展，深入研究"行政""行政学"等问题奠定了一个基础，本章将集中对这些问题作更进一步的探讨。

第一节　认识"行政"与"行政学"概念

民国时期行政学者对于"行政""行政学"概念的理解，可以简单地归纳出几种不同的认识。第一种认识，一般如张金鉴指出的那样——"行政者乃为完成国家之目的而为之人与物之管理也。政府为完成其任务，执行其政策，自不能不藉力于人物财三者。……行政学即在研究对此三者之有效的科学管理"。有时候此类定义在人、财、物之外更加上组织、文牍、档案等。

第二种认识，也以张金鉴另一种表述为代表——"行政是公务之有效执行"，"行政学者是研究行政权力者在合法之组织，职权，及关系下，为完成国家目的及推行政府职务时，应采用若何之最经济有效之方法，步骤，及实施以期获得最圆满之解决与成功耳"。此定义强调了完成国家目的、推行政府职务时的执行活动，涉及方法、程序、考核等。

这两种认识的差异后文将专门进行讨论，但这两种认识如果合起来，还可以如张天福、茹管廷等人所表述的那样——"行政的本身乃于各种不同的行政中皆一般的存在"，因此行政学研究各种行政中的"共通事物"或"一般存在"，也即组织、人事、财务、物料、方法、程序、执行、监督、考核等。

　　观察同时期国外行政学者对行政学的定义以及对行政学研究范围的确定，应该说中国学者借鉴和吸收了他们的认识。例如，怀特在《行政学导论》的序言中指明——

　　公共卫生行政学者，公路工程学者，所得税征收学者，教育行政学者，可参阅有关此等专门题材之若干优良卷帙。惟在行政各支系之中，均有数种根本问题：组织、人事、监督、财政，此即本书所极欲揭示者也。[1]

　　再如，日本行政学者蜡山政道论述道——

　　在国家行政上，中央政府的行政与地方自治体的行政，两者在公法上的差异极大；其上下的体系关系，虽然不可轻视；但由行政学的见地而言，则完全非有同等的考察不可。又若研究行政的社会目的的种类时，则于警察行政与教育行政之间，虽有极大的差异存在；但于其组织内部的行政过程上，则除了特殊事项，并无何等差异。如更进而研究其中的理论，则在"嘉特尔"与"托拉斯"等大企业公司的经营与国家资本主义下的经营间，虽有法制上的地位的差异存在；但关于为行政学之对象的组织，则并无什么大不同处。[2]

　　而且，蜡山政道还大胆地断言，国家和私立团体在人事行政、财务活动或会计制度上的区别，"除了极端的情形之外，亦非性质上的差异，正是程度的不同而已。因此，如谓行政学的对象，应限于国家公共团体，则此仅由于历史的因由，或为学问研究的便利起见而已。绝对没有理论上的根据"[3]。他说——

　　一般行政恰犹一般人类或一般劳动一样，是学问的思维之抽象物。普通的所谓行政，乃指国家诸官厅的行政，或诸公共团体的行政，或

① 〔美〕怀特：《行政学概论》，刘世传译，商务印书馆，1940，原序。
② 〔日〕蜡山政道：《行政学总论》，黄昌源译，中华书局，1934，第21页。
③ 同上书，第41页。

大企业的行政而言；……因就论理而严格地说，由所谓行政的见地看来，则各种社会团体的区别，都是非实在的无用的区别，或对于由其他见地分类的团体，各加以行政的名称而已。行政学的意义，在撤除此无用的区别，认识其中的共通点，以构成一般行政的概念。①

　　要之，行政学的任务，在于研究：（一）统制秩序与行政组织的关系；（二）于此关系下，采择行政技术的过程，及（三）所采用的技术，其对于社会作用如何？②

因接受了这种认识或者说与这种认识相同，民国时期的行政学者就认为："我国传习，则素重实际，对法律不感兴趣，且受英美特别是美国的影响较深，所以我国行政研究的学统，却又有点承受怀特（L. D. White）或卫路比（W. F. Willoughby）的衣钵了。"③ 不论是张金鉴，还是同时代的其他行政学者，都主张行政学研究的范围主要集中在组织、人事、财务、物料、方法、程序、执行、监督、考核等各种行政的共通方面。

与以上两种认识不同，第三种认识认为，行政学的研究领域不应该如此狭窄，行政学不应该如此定义，如谢廷式曾抱怨如果按照组织、人事、物料、财务等内容来定义和研究行政学，范围太狭窄了，是不适当的，行政学还应该研究政令推行、省市县问题以及教育、卫生、公路、农业、公用、选举、警政等各种专门的行政。而观察民国时期各研究团体的理解，也有这样的认识，例如"行政效率研究会"所规定的研究范围，除了研究行政组织、人事行政、行政方法、财务物料、地方行政之外，还研究"关于各项专门行政者"，包括内政、外交、军政、海军、财政、实业、教育、交通、铁道、司法、蒙藏、侨务、禁烟等。很明显，这种对行政和行政学研究范围的理解要大得多，而且其中的很多内容已经远在"行政"二字所涵盖的领域之外。

虽然前两种认识之间也有差异，但前两种认识与第三种认识的不同更为明显。前两种认识与第三种认识之间最大的不同集中体现在对行政学研

---

① 〔日〕蜡山政道：《行政学总论》，黄昌源译，中华书局，1934，第 32 页。
② 同上书，第 18 页。
③ 吕学海：《我国行政研究之过去与将来》，《行政评论》第 1 卷第 3 期，1940 年 4 月。

究范围的理解上。前两种认识认为行政学是一门研究政府组织、人事、财务、物料、方法、程序、执行、监督、考核等"一般存在""根本问题"的学科，虽然其是以完成各种行政事务、达到行政目的为最终指向。后一种认识则认为行政学不仅仅研究这些问题，还应该研究各种专门行政。如何理解这三种定义的差异，需要对民国时期有关"行政"的理解进行必要的回顾。

一　"行政"的两种含义

民国时期中国学者对于"行政"一词的理解颇为含混。例如，具有代表性的学者张金鉴在一开始对于"行政"的理解就有很多含混之处，主要体现在：一方面，他说"'政治'是'众人事务之管理'，其范围极广。而'行政'仅是政治中一部分特别事务之管理或方策之执行，其范围颇小"①"政治之作用在决定国家政策，行政之作用在执行国家政策"②"行政是公务之有效执行"③。从这些论述可以看出，这种认识将"行政"理解为一种执行活动，而且这种理解和中国古代"行其政令""行其政事"的"行政"意思是一致的，这种理解也表现在上文提到的第二种有关"行政"和"行政学"概念的认识中。

而另一方面，张金鉴又指出"行政是'人'与'物'之管理"④"行政者乃为完成国家之目的而为之人与物之管理也。……政府为完成其任务，执行其政策，自不能不藉力于人物财三者。……行政学即在研究对此三者之有效的科学管理"⑤。再有，"行政学之目的在研究如何增进政府官吏、职员、雇工之工作效率使至于最大限度。换言之，即在对此等人员应为最适当之支配与处置，使其才力，智力，体力为最有效有力之利用"⑥。从这些理解可以看出，张金鉴在做这些论述的时候所说的"行政"，主要是指对政府人、财、物、事的管理，"行政"表达的是"管理"的意思，这种理解也

---

① 张金鉴：《行政学之理论与实际》，商务印书馆，1935，第1页。
② 同上书，第2页。
③ 同上书，第4页。
④ 同上书，第3页。
⑤ 同上书，第3页。
⑥ 同上书，第4页。

表现在上文提到的第一种有关"行政"和"行政学"概念的认识中。

以上两种对"行政"的理解，前一种是为着达成政府目的的执行活动，后一种则是为实现政府目的而对政府自身进行的管理。这两种理解都体现在张金鉴对行政学的定义中。他对行政学的定义，在其不同时期的著作中依次是：

> 吾人可知行政学者是研究行政权力者在合法之组织，职权，及关系下，为完成国家目的及推行政府职务时，应采用若何之最经济有效之方法，步骤，及实施以期获得最圆满之解决与成功耳。①

> 行政管理者乃行政权力者为完成国家目的推行政府职务时研究用如何之有力机构与有效方法，对公家之人、财、物、作最适切之支配与运用，期以最经济有效之手段，获得最圆满之解决与效果，同时并顾及时间与空间之关系及需要。②

> 行政学者乃政府机关或人民团体为达到其目的或完成其使命时，研究用如何有效之方法与合理之机构，对其所需用之人、财、物为最高利用，同时顾及时空之关系与需要之系统知识与一定理则。易言之，行政学者主持机关业务，领导办事之知识与方法也。③

而不论怎么定义，他所设定的行政学研究范围，则无一例外地集中在行政组织、人事行政、机关管理、财务行政、物材统制、行政程序、行政方法、行政研究等方面。④

为考察张金鉴对"行政"的认识，我们可以参照他此后的著作。在他"自信其内容新颖，理论正确，体系完整，实胜过前述二书（即《行政学之

---

① 张金鉴：《行政学之理论与实际》，商务印书馆，1935，第6~7页。
② 张金鉴：《行政管理概论》，中国文化服务社，1943，第5页。
③ 张金鉴：《行政学提要》，大东书局，1946，第2页。
④ 分别见张金鉴《行政学之理论与实际》，商务印书馆，1935，第30、495页；张金鉴《行政管理概论》中国文化服务社，1943，第44~45页；张金鉴《行政学提要》，大东书局，1946，第2、10页。

理论与实际》《行政管理概论》），乃著者对行政学第三度贡献"① 的写于
1956 年、增订于 1970 年、重订于 1979 年的《行政学典范》一书中，他
"综观各家的立论，参与著者的研究与观察"，定义 "所谓行政者乃是一个
团体或一个机关为达成其共同的目的与任务时，若干人员以合作的努力与
协调的活动，而推行的集体运作"②。

张金鉴又提出了概括行政所包含要素的 "15M" 一说。他认为，行政所
包含的要素有 15 个，即机关的目的（Aim）、机关的计划（Program）、机关
的职员（Men）、工作上所需用的经费（Money）、工作上所需用的物材
（Materials）、合理的组织（Machinery）、有效的工作方法（Method）、适当
的指挥（Command）、对职员的激励（Motivation）、切实的意见沟通（Com-
munication）、职员的服务精神或士气（Morale）、协调的行政或和谐的动作
（Harmony）、行政要能把握时间（Time）、行政要能因地制宜（Room）、不
断的改进（Improvement）等，共 15 个方面。③ 根据 "15M"，张金鉴再次定
义 "行政" 是——

　　　　政府为达成其既定目的或完成其任务时，适应需要，审查情势，
　　订定切实工作贡献，配备适当的人、财、物建立合理的组织，以有效
　　的方法谋求协调或和谐的执行。在工作进程中对工作人员以积极的激
　　励与指挥，切实的意见沟通以提高其服务精神，并顾及时空之间关系
　　与需要，同时谋求最高的效率与不断的改进。

大概是因为这种定义过于冗长，他又定义说："概而言之，行政就是
'主持机关业务及指导职员办事的方法、活动与措施。'"④ 依照这样的定义，

---

① 张金鉴：《行政学典范》，三民书局，1979，序言第 2 页。
② 同上书，序言第 4 页。
③ 同上书，第 5～6 页。"15M" 一说应该于 1968 年提出，当时张金鉴应邀赴吉隆坡参加 "东
　亚公共行政组织" 第五次大会，提交《行政改革之要径》一文，发表 "以十五个 M 解释
　行政之创见，博得全场喝彩"。见邱创焕《张金鉴先生行谊》，载《张金鉴先生八秩荣庆论
　文集》，联经出版事业公司，1982，第 7 页。在 "15M" 之前，张金鉴曾经提出过 "12M"
　一说，与 "15M" 相比，少 "切实的意见沟通"（Communication）、"职员的服务精神或士
　气"（Morale）、"协调的行政或和谐的动作"（Harmony）三项。见张金鉴《行政学研究》，
　台湾商务印书馆，1966，第 2～3 页。
④ 同上书，第 6 页。

张金鉴继续认为行政学的研究范围依研究对象，仍然是行政组织、行政行为、管理方法、人事行政、财务行政和机关管理六个方面。① 相应的，"行政学就是就行政现象与事实作有组织有计划的研究而获致的原理与法则和系统知识"②。

二 两种含义之成因

从以上的讨论可以看出，张金鉴并没有明确地指出和区分对"行政"的两种不同理解，而是将"执行"和"管理"两种含义含混使用。而且，民国时期的其他行政学者，对"行政"二字的理解都有同样的含混之处。这一情况的出现自然有其特殊的原因。

对于这种概念理解与使用上的混乱，笔者认为这是由于一门新兴、外来学科在中国传入、出现之初，在名词翻译、术语选择以及中外语言相互交流、互相影响的过程中产生的结果。一个学科在引入别国之后，必然有一个适应、改造和加工的过程，这一过程经常使同一学科在不同国别产生不同的特点。本书通过以上对民国时期行政学的研究，提出解释如下：

第一，汉语的"行政"是"行其政令""行其政事"的意思，这种"执行"的意思恰好能和西方"三权"之中的"executive"一词相对应，所以我们借鉴日本的译法，将"executive"先翻译为"行法"，后来统一翻译为"行政"。③ 于是"三权"在中文就表述为"立法、行政、司法"。这也为同时将"administration"翻译为"行政"，从而造成一些麻烦埋下了伏笔。因为英文的"administration"一词的一种含义正是"executive"，所以"administration"也被译为"行政"，随之"Public Administration"就被译为"公共行政学"，简称为"行政学"。④ 因此，中文的"行政"在英文中就有两个对应词，但我们很少注意到这一点。⑤ 这样一来，一个显然的结果就是

---

① 张金鉴：《行政学典范》，三民书局，1979，第9页。
② 同上书，第7页。
③ 关于"行法"到"行政"的演变，可参考张帆《"行政"史话》，毛桂荣《"行政"及"行政学"概念的形成：中国与日本》，东亚公共行政改革国际研讨会，秦皇岛，2012。
④ 值得注意的是，"公共行政"的译法也已经出现。例如"公共行政的效率不能与企业的效率相颉颃"。见谢廷式《考绩的理论与实际》，《行政研究》第1卷第3期，1936年12月。
⑤ 也有其他作者谈到这个问题，见孔青《"行政管理"的基本界定》，《中州大学学报》2002年第7期。

虽然中外学者介绍行政学，开篇都从"三权分立"谈起，但中国学者普遍没有注意到被我们翻译为"立法、行政、司法"三权中的"行政"英文原词为"executive"，而不是"public administration"中的"administration"。国人直接将"executive""administration"二者等同起来使用，就很当然地忽略了"administration"一词除了"行政"之外的其他含义，或者说根本没有注意"administration"一词的其他用法。

第二，英文中的"administration"除了"executive"的含义之外，还有"management"即"管理"的含义。虽然中国学者习惯认为，企业中的管理称为 management（管理），政府中的管理称为 administration（行政或行政管理），但实际上这是一种我们自以为是的区分。"从名词的语义来看，行政与管理（administration and management）对许多英语的使用者来说，没有什么本质的区别，经常互换使用。"① 企业之中的管理也并非一定就是 management，也是 administration。比如，管理学大师、行政学界公认对行政学产生过重要影响的法约尔（Henri Fayol）的《工业管理与一般管理》一书的原名为 *Administration Industrielle et Générale*。当"administration"在中国被译为"行政"之后，汉语中的"行政"一词就被赋予了英文"administration"中固有的"management"的含义，"行政"一词也就可以表示"管理"的意思。例如，民国以降，不论政府、企业，还是学校，其组织一般都有一个处理日常内部管理事务的"行政部"，而我们也经常说某个组织中的某个领导是负责"日常行政"或"行政工作"的，这里的"行政"就是"管理"的意思。也正因此，我们不难在阅读中发现，不论是在政府组织还是在私人组织，例如"personnel administration"一类的词有时被翻译为"人事行政"，有时被翻译为"人事管理"，实际上前一个翻译中的"行政"一词和"管理"（management）的意思是相同的，只可能是出于遵照中国一开始将"management"翻译为"管理"，而只将"administration"翻译为"行政"的习惯直接译为"人事行政"而已。

第三，因此，中国的"行政"一词就有了两种大不相同的含义：一是原有的"行其政令""行其政事"的"行政""执行"的意思，二是同于英文"management"的"管理"的意思。但是，遗憾的是，大家要么没有意

---

① 〔美〕蓝志勇：《行政官僚与现代社会》，中山大学出版社，2003，第152页。

识到自己使用的同一个词"行政"在使用中有两种不同的含义，要么是都知晓有这两种含义的区别，却没有指明和区分二者，而是含混使用。所以，"行政"一词在有些语境和情形下表示的是"行政"或"执行"的意思，在另外一些语境和情形下表示的却是"管理"的意思。由于对"管理"的含义没有特别说明和明确，所以在翻译行政学英文文献的时候，遇到将原意为"管理"的"administration"按习惯翻译为"行政"难以表达"管理"的意思的情况时，就翻译为"行政管理"，使得译文表达出原文的准确含义。所以我们不难发现，同一句译文中，同一个词"administration"有时候被翻译为"行政"，有时候被翻译为"行政管理"。但英文中并不存在这样的问题，因为"administration"一词本身就包含"行政"与"管理"两种含义，只需根据文意准确理解。

民国时期，行政学研究者们不仅对"行政"的理解存在含混，就是对"立法""行政""司法"三者之间关系的理解也存在含混之处。以对此叙述较多的张金鉴为例，一方面，他从执行政令、推行政策的角度认识行政，很自然地认为立法、司法中同样有行政的存在，因为立法、司法也是在执行政令和实行政策。另一方面，他又从立法部、司法部也存在组织内部人、财、物之管理问题，而认为立法、司法中有行政（即管理）的存在。这是两种不同的所指，但是由于并未作明确分别与指明，容易让人顾此失彼，产生疑惑。当然，其中的很重要的原因，还是因为没有区分"行政"一词的两种含义造成的。

如果认识到以上所说的这几点，那么民国时期行政学者对于"行政"或"行政学"含义理解的诸多分歧也就很好理解了。不管是张金鉴还是其他学者，如果提到行政是对人、财、物、事等的管理的时候，提到行政学的研究范围在组织、人事、财务、物料等方面的时候，那么是从"行政"一词的"管理"含义来理解"行政"的，强调了管理政府自身的具体内容。如果在解释行政时提到行政是用经济有效之方法、步骤去达成行政目的、完成政府事务，提到行政学研究程序、方法、工具等的时候，那么是从"行政"一词的"执行"含义来理解"行政"的，强调了达成政府目的的执行过程。正是由于这两种理解是从两个不同角度出发所得出的认识，有的学者或同一个学者有时候按照前一种理解谈"行政"，另一些学者或者同一个学者有时候却是按照后一种理解谈"行政"，使用的都是同一个词，却是两种不同的内涵，所以含混和分歧在所难免。

而当民国时期行政学者提到行政活动涉及人权之保障、吏治之澄清、行政能力之发展、政治道德之养成、公共秩序之维持、社会幸福之增进及公共灾害之预防，或者分门别类地列举出警察行政、卫生行政、医药行政、土地行政、礼俗行政、外交行政、林垦行政、渔业行政、畜牧行政、猎狩行政、工业行政、商业行政、劳工行政、交通行政、教育行政、财务行政、军事行政的时候，又多是从行政的"执行"含义引申出来的。因为行政执行的是政府事务，是为达成政府目的，而这些专门行政都是政府的职责所在，所以谢廷式等人和一些研究团体主张将这些专门行政或称特别行政纳入到行政学的研究范围之中。这种认识大概类似于我们今天普遍认为的行政是对各种国家事务和社会事务或公共事务的管理，行政学要研究对各种国家事务和社会事务或公共事务的管理。

而这种认识是有很明显的问题的。民国时期普遍认为，政治才是对国家事务、社会事务或公共事务的管理。众所周知，孙中山认为"政是众人之事，治是管理；管理众人之事就是政治"。这一认识被很多政治、行政实践家所引用。而在学界，曾任清华大学政治学系主任、创建"政治五因素论"的浦薛凤认为政治是"人类共同事务之有组织的管理"，政治的本质是"对公共事务的有组织的管理"。① 因此，我们不能说对行政的研究就是"行政学"，政治学一定研究行政，研究行政的很可能就是政治学。

当然，政治学和行政学也不可能如此泾渭分明。如前文所述，民国很长一个时期，大学中行政学的教授与研究是当作政治学的一部分来进行的。这与当时学者对"政治学"的概念、研究对象和范围的认识有关。例如，较早对政治学科进行系统理论阐述的钱端升认为："政治学者，研究人类政治活动及其政治组织者也。"② 因此他将政治学分为三部分，即政府、政事与国际关系。其中，政府部分研究政府的起源及发展、政府组织（法学、比较政府、某国政府、联邦政府）、职务之执行（立法与行政）。

① 浦薛凤：《政治学之出路：领域、因素与原理》，清华大学《社会科学》第2卷第4期，1937年7月；浦薛凤：《西洋近代政治思潮》，商务印书馆，1939，转引自孙宏云《中国现代政治学的展开：清华政治学系的早期发展》，三联书店，2005，第378~384页。
② 钱端升：《政治学》，载《钱端升学术论著自选集》，北京师范大学出版社，1991，第447页。他认为司法乃行政之一种，故将司法列入行政之中。

更好理解政治学与行政学关系的是，行政学家本身也往往是一个政治学家。例如，公认的重要行政学家怀特也被经常认为是政治学家——索密特等人在 20 世纪 60 年代的一项调查显示，在 1900 年到 1945 年这一期间"对于政治学的贡献最为卓著的政治学者"中，怀特（L. D. White）排第三，且在古德诺（F. J. Goodnow）、拉斯基（H. J. Laski）之前。①

三　认识"行政学"

有了对民国时期行政学整体情况的研究，有了以上对相关概念的讨论，那么如何认识行政学？这一问题的提出，出于这样一些困惑：如果行政学研究对国家事务、社会事务或公共事务的管理，那么为什么从行政学从最早出现直到今天，各种行政学教科书的内容却一致都是有关政府自身管理与运行的？如果行政学研究管理国家事务、社会事务或公共事务，那么政治学不更确切地是在研究管理国家事务、社会事务或公共事务吗？如果"行政"的理解没法与"政治"的概念相区别，而"政治"与"行政"的区分又是行政研究得以产生的基础，那么还有什么成立"行政学"的需要？如果说行政学是研究对国家事务、社会事务或公共事务的管理，那么还必须注意到与教育、卫生、交通等事务相关的学科都是在分门别类地研究这些事务的管理问题，行政学如何与这些学科相区别？而且，可以担心的是，学科划分愈加完善、细致，仅仅一门行政学如何能够胜任研究对各种国家事务、社会事务或公共事务进行管理的任务？

反过来，应该思考，我们为什么需要行政学？它有一个明确而又独特的研究领域吗？行政学研究了哪些别的学科没有专门研究的内容，并且这些内容能感召我们进行细致入微的研究，并对实际中运用这些知识提供帮助？这还得从民国时期行政学的起源和发展中找答案。

学科的研究范围不是靠宣示而是靠事实。我们必须注意"行政学"与"行政"是有距离的。我们一直以来就有一个误区，以为政府做什么，行政学就要研究什么，换句话说，也就是"行政"涉及哪些事务，"行政学"就都要加以研究。实际上行政与行政学二者之间是有相当大的距离的，并不

---

① Albert Somit and Joseph Tanenhaus, *American Political Science*: *A Profile of a Discipline*, New York, Atherton Press 1964, p. 66. 转引自孙宏云《中国现代政治学的展开：清华政治学系的早期发展》，三联书店，2005，第 235~236 页。

是政府所做的任何事情都要由行政学来研究。政府行政涉及方方面面，无法进行统一的研究，只能由多种学科进行分门别类的研究，事实也正是如此。试想国防、外交、教育、卫生、交通、治安，如何会容纳到一个"行政学"中呢？所以，民国时期有很多行政学者就明确指出行政学研究各种不同行政事务中的"根本问题"或"一般存在"，所以行政学也被称为"一般行政学""普通行政学"。以民国时期出版的"行政效率丛书"中的一种——《交通行政研究》为例，虽然是对某一具体行政问题——交通问题所作的单独研究，但是仍旧从组织、财务、人事、材料管理、效率等方面来研究交通问题。作者很清楚地解释道：决定修什么路，在哪修路，修多长路是决策的事，是行政院、交通部的决策；而修这条路所需要的测量、设计、修建、养护等又是工程技术专业的事；而交通行政部门人员、组织以及财务等这些事项才是交通行政学所研究的事。[①]

从西方行政学产生的原因和长期以来研究的内容来看，虽然行政因为其执行的是政府活动，实现的是政府目的，与管理国家事务、社会事务或公共事务密切相关，但行政学是在研究政府部门自身的管理与运作，以更富效率地完成管理国家事务、社会事务或公共事务甚至经济事务的活动，而不是直接、具体地研究每一项国家事务、社会事务或公共事务的管理。"公共行政作为这样一个研究领域而出现，它力图改革政府部门和机构，使它们的管理更加专业化。"[②] 或者说，公共行政就是公共事务的执行，其目的就是使公共计划得以最迅速、最经济、最圆满地完成，而行政学就是通过研究政府自身的管理与运行以达成行政目的，自威尔逊、怀特等人开始就是如此，民国行政学者也多照此理解。其内在的逻辑大概是：管理好政府自身，使政府自身的运作效率更高，就能更好地行政，就能更好地达成政府管理国家事务、社会事务或公共事务的目的，这几者之间是统一的。

长期以来，行政学受到政治学与管理学的双重影响。作为政治学分支的行政学往往更愿意讨论行政中的民主、公平、责任与伦理，更关注政治与行政的关系、行政与其他政府分支的关系以及行政决策过程等。作为管理学分支的行政学则更愿意关注政府自身的组织、人事、财务、程序、方

---

① 薛光前：《交通行政研究》，商务印书馆，1994，编旨说明。
② 〔美〕杰伊·M. 沙夫里茨、艾伯特·C. 海德编《公共行政学经典》（英文版第四版），中国人民大学出版社，2004，前言。

法等具体的管理与运行问题，正如民国时期行政学更多表现的那样。正是在这两条不同的研究途径上，完成了行政学最初设计的学科使命，形成了一直以来稳定的行政学的研究内容或者说研究范围。这个内容或范围就是更好地认识政府，包括政府的职能、行政与其他方面的关系；更好地管理政府，包括政府的组织、人事、财务等；更好地执行使命，包括行政决策、方法、工具、程序等。正因为如此，不论中西方的行政学教材其内容都是关于这些问题的。

所以，行政学在西方也被称为公共部门的管理学。夏书章回忆他在中山大学的行政学教学经历——

> 于 1947 年秋应聘来校，约定担任的三门课程即行政学、市政学和行政法。解放初进行课程改革，市政学不变，行政学改为行政组织与管理，行政法改为政策法令。①

其中，"行政学"改为"行政组织与管理"，多少就反映了这种实际。而实际从事行政工作的蒋廷黻也认为，政府的重点是政策、人、组织，以及国内外相关的因素。② 20 世纪 80 年代，行政学在中国重新恢复的时候，正在寻求政府职能转变和机构人员精简，谋求政府自身管理的规范化，所以将该学科定名为"行政管理学"，恐怕部分就是为了表达这门学科在集中探讨政府自身管理问题的缘故。因此有学者指出，"行政管理则被认为是管理学的一个分支学科""操作性比较强"。③

还有一点值得指出的是，虽然民国时期行政学者提到了行政学本为"Public Administration"（公共行政学），但是通过借鉴日本的翻译，也出于中国"行政"一词本来就仅仅指涉国家，有"公共"的含义，统一或者不约而同地将"Public Administration"翻译为"行政学"，省却了"公共"二字，这是出于习惯和简便，而且被普遍接受。但是，"公共行政学"中的"公共"的含义是什么？它在这个学科产生之初并不具有后来人们所追加的

---

① 夏书章：《百年回顾》，《中国行政管理》2005 年第 1 期。
② 蒋廷黻：《蒋廷黻回忆录》，岳麓书社，2003，第 193 页。
③ 赵宝煦：《21 世纪高校教材译丛·政治学与行政管理学总序》，见译丛各教材《总序》部分，华夏出版社，2000。

特殊的、伟大的含义。"公共行政学"之所以加上"公共"二字，只是因为管理大致是相同的，而 public administration 管理的对象是政府，而政府是公共组织，所以叫作"公共行政"而已。加上"公共"二字，仅仅是要和私人部门的管理区分开来，因为毕竟政府组织自身有其特殊性，其管理需要专门的研究，不能直接应用私人部门的管理方法。所以，公共行政学在中国完全可以称为"行政学"，正如民国行政学人所做的那样。如果非要称"公共行政学"，那么问题随之产生：有了"公共行政学"，那么必然有与之相对的"私人行政学"，但是"私人行政学"在哪里？私人可以行政吗？实际中是没有这种称为"私人行政学"的，如果有也即今天所谓的"管理学"而已。

第二节　认识行政

南京国民政府成立后，国民党在其执掌中国的 22 年间，能毫不含糊地控制的主要是长江流域有限的几个省份，其他省区只不过名义上承认南京国民政府的统治而已。1929 年 3 月，国民党政权仅控制了 8% 的国土和 20% 的人口。经过几年的南征北伐，到抗战前夕，控制地区扩大到 25%，控制人口扩大到 66%。[①] 在此期间，一个大规模的现代政府逐渐要步入正轨，行政要走上轨道。

民国时期的行政研究正是在尝试建立一种有管理的、正常的、规范的、统一的行政，而不再是私人幕僚式的、随意的、偶然的、一事一办的行政。为此，行政研究者和实践者不断地进行调查研究，互相学习借鉴，经过不断地研究、尝试、改进、实践，陆续解决了一些现代政府的基本问题，打下了一个大规模现代政府的雏形，奠定了现代政府的基础。因此，对于民国时期行政学的回顾和研究，对于我们理解行政有一定的启发意义。

通过对民国时期行政学的研究，可以认识到，行政本身有一个不断改革调整的过程。民国时期的行政改革和调整就表现得特别突出。甘乃光曾说——

---

① 〔美〕易劳逸：《流产的革命》，陈红民等译，中国青年出版社，1992，第331页。

> 政治制度无绝对的优劣，是随着时代环境的需要而演变的。……
> 在急剧演变成为一个现代国家的国度中——特别是中国——其各种政
> 治制度，常有赶不上时代需要的，所以就要不断的创造，裁并，或变
> 更性质；不然的话，其政治制度就不能担负起时代的使命。[1]

因为先天上行政落后于政治，性质上行政又从属于政治，和民国时期
政治调整频繁一样，民国时期的行政改革甚多，短短的十多年间从文书档
案改革到合署办公、裁局改科、行政督察专员制、"行政三联制"、幕僚长
制、分层负责制、新县制，再加上现代人事行政的建立、新的财务行政的
推行，行政改革频频，措施繁多。就是具体到一项改革，也处在不断的调
试之中。例如，行政督察专员制度经历了长时间的、频繁的调整，从 1932
年 8 月的《行政督察专员暂行条例》《"剿匪"区内各省行政督察专员公署
组织条例》，到 1936 年 10 月的《行政督察专员公署组织暂行条例》《行政
院审查行政督察专员人员暂行办法》《行政督察专员办事成绩考核办法》
《行政督察专员资格审查委员会规则》，再到 1941 年 10 月的《战时各省行
政督察专员公署及区保安司令部合并组织暂行办法》，修正频繁，而且凡有
变化和更改均以法规规定之。这种情形，以至"有一个外国人著作一本书，
名'中国政府'。做了十多年还未能出版，据说是因为他所搜集的材料，赶
不上我们政府制度的变动"[2]。

这种频繁的改革调整还突出地反映了行政改革需要一个勇于改革的领
导人的出现。不管是否仅仅出于行政改革的目的，蒋介石等人确是一些关
注行政改进、积极推行行政改革的人。当然，行政改革是每一个主政者都
考虑的事情，但是要在诸事纷扰的政治行政事务中，专注并持续地进行十
多年的行政改革探索，确实是不容易的。比如，民国时期的许多行政改革
是蒋介石从本人的行政经验以及他受其幕僚的启发中得来的，甚或是蒋介
石本人授意由相关幕僚人员研究创制的。但行政改革是很困难的，蒋介石
发动或者授意的行政改革还是随着他统治的失败而失败。1949 年 1 月 22
日，蒋经国在日记中写道："父亲隐退后，对于这回革命失败原因，曾在日

---

① 甘乃光：《省地位最近的演变》，载《中国行政新论》，商务印书馆，1943，第 194 页。
② 同上书，第 197 页。

记中作如下检讨：此次失败之最大原因，在于新制度未能成熟于确立，而旧制度先已放弃崩溃。"① 后来的研究者也认为："国民党人从未创造出一个感受到民众需求的，能够实行他所宣称的政治和经济改革的高效率的行政机构。"② 当事人的反思与后人的评论，都集中在未能建设一个新的良好的有效率的行政制度与机构方面。

另外，通过对民国时期行政学的研究，还可以发现与行政的调整性、变动性不同，行政也具有很强的延续性。"汉承秦制""萧规曹随"，虽然国民党政权被共产党政权所取代，从中华民国到中华人民共和国，虽然在政治制度上发生了深刻的变化，但是在这种深刻的变化之中，行政上却有很多的延续和发展。例如，民国时期全国人事行政系统的建立影响了新中国的人事行政，行政督察专员制度在新中国被延续和扩大应用等。这说明，政治容易有动荡，但是行政有不受其影响的稳定性。

而行政的稳定性，不光表现在好的方面，也表现在行政的弊端方面。这种弊端，民国时期就有，今天读来也倍感熟悉。对于这些弊端，蒋廷黻曾经这样叙述——

> 几世纪来，中国的知识分子都是要笔杆子，他们肩不能担手不能提。在学校他们学得是绍兴师爷那一套。他们认为：一旦把公文写好，工作就完了。这种积弊大部分还保留到现在。③

> 一项新措施在立法时，人们都很认真。一旦立法完成人们就把它淡忘了。政府中公文往来的确很多，但详细计划却很少，至于谈到努力不懈的去实施改革，那就越发的少了。④

> 这些老知识分子的通病是想将文字当作事实和政策。……他们认为他们的文字本身就很有名堂。⑤

---

① 唐建光主编《解封民国》，金城出版社，2011，第 63 页。
② 同上。
③ 蒋廷黻：《蒋廷黻回忆录》，岳麓书社，2003，第 236 页。
④ 同上书，第 223 页。
⑤ 同上书，第 234 页。

还有张忠绂认为——

> 我国之公文重形式而不重实质，善办公事者，以能推卸责任为第一义。在普通之行政机关中，例行公事常居十之六七。当其缮发之时，甚至并不问其有否意义……以政府各部各机关百十万之职员，大部之时间费在此重形式之公事上，其人力物力之不经济，亦昭昭明甚。①

张锐则指出——

> 政府机关办事，素来注重纸片上的工作，高级政府只要将令饬遵转的公文办出去，下级政府只要将等因奉此的公文办回来，双方都已认为满意，至于工作的能否执行，是否执行，那就只有天晓得。

张锐还指出，行政弊端导致人才浪费严重。因为普遍人员冗多，当时就有人说"公务员的生活无非就是'签签到、抽抽烟、谈谈天、看看报'而已"。这一现象还助长了人的好逸恶劳的本性，"于是做官成为青年职业唯一的出路"。② 其严重的影响还在于热衷"做官"，导致社会上的其他职业因为人才难求，难有健全的发展。

在行政学界之外也多有对于一个庞大、扩张的政府行政的警惕和批评。早在 20 世纪 10 年代，怀疑和批评"政府万能"，倡导建议有限政府、收缩国家权力的言论就相当激烈。1911 年杜亚泉发表的《减政主义》一文认为当今之统治者——

> 视社会上一切事务均可包含于政治之内，政府无不可为之，亦无不能为之。政权日重，政费日繁，政府机关之强大，实社会之忧也。

他认为，清末民初盲目仿照西方国家的行政组织机构和文官队伍配置，只是"增设若干之官厅、添置多数之官吏"，导致冗员充斥，但冗

---

① 张忠绂：《论行政效率》，《行政效率》第 5、6 期合刊，1934 年 9 月。
② 张锐：《行政效率是否高调》，《行政效率》第 2 卷第 7 期，1935 年 4 月。

员充斥——

> 而又不可无所事事也，于是乎编订种种之条例、设立种种之名目，新政之规模略举矣，而旧日之习惯不可尽废也，于是乎有重规叠矩者，有纷歧错杂者，且有无关于政治而为赘瘤者，群流并进，新旧杂陈，当局以张皇粉饰其因循，朝士以奔走荒弃其职务，问其名则百废具举，按其实则百举具废。

他分析导致这些现象的原因——

> 今日政治所以纷繁纠杂者，正因为官吏太多，彼此以文牍往还以消日力，所谓"纸张天下"是也。此等事务皆在官与官之间，与吾民无与，吾民之所须于国家者，处对外而求其捍卫国境，对内而求其缉除暴乱，此外则讼狱之事不可不仰官厅裁判，赋税之款不可不向官厅输纳而已，所谓刑名钱谷而已矣。吾望政府编订官制之时，勿仅存官多治事之见，而当虑及官多生事之害也。①

更有胡适这样的学者，从政治民主的高度谈论行政的弊端。他说——

> 我有一个很狂妄的僻见，我观察近几十年的世界政治，感觉到民主宪政只是一种幼稚的政治制度，最适宜于训练一个缺乏政治经验的民族。……民主政治的好处在于不甚需要出类拔萃的人才；在于可以逐渐推广政权，有伸缩的余地；在于"集思广益"，使许多阿斗把他们的平凡常识凑起来也可以勉强对付；在于给多数平庸的人有个参加政治的机会，可以训练他们爱护自己的权力。总而言之，民主政治是常识的政治，而开明专制是特别英杰的政治。特别英杰不可必得，而常识比较容易训练。②

---

① 杜亚泉：《减政主义》，《东方杂志》第 8 卷第 1 号，1911 年 3 月。
② 胡适：《再论建国与专制》，《独立评论》第 82 号，1933 年 12 月。

他的意思是说，民主政治是一种常识的政治，只要老百姓把自己的常识凑在一起，就可以成为国家的主人。因此西方议会中的政治家大多是平庸之辈，他们的优秀人才往往集中在学界、商界，而不是聚集在政界。因此西方社会能够涌现出许多科学家、发明家和企业家。而开明专制即现代独裁政治——

> 这种政治的特色不仅仅在于政权的集中与弘大，而在于齐分集中专家人才，把政府造成一个完全技术的机关，把政治变成一种最复杂纷繁的专门技术事业，用计日程功的方法来经营国家人民的福利。这种政治……不但需要一个高等的"智囊团"来做神经中枢，还需要整百万的专门人才来做手足耳目；这种局面不是在短时期中可以赶造得成的。①

同样，常燕生指出——

> 在几千年官僚政治训练之下的中国，妄想以国家的力量来兴作一切，结果每办一事即为官僚造一搜刮人民的机会。中国的官僚政治是和中国的家庭制度，中国的伦理观念有不可分解的关系，一时急切不能打破，要打破官僚政治只有取省事主义，裁官减政，无为而治，使官僚无法施其搜刮手段，自然消灭。②

这些话，将中国行政天然的弊端描述得淋漓尽致，发人深省。因此，张东荪主张国家除了履行必要职能之外，"凡经济、教化、道德、地方事务、学术、技艺、信仰等，均划出政府管辖之外，政府绝对不与闻，不干涉，而听人民自由处置之"。他指出，"人民如春草，但去其覆于其上者，即得自然而苗"。③

---

① 胡适：《一年来关于民治与独裁的讨论》，《东方杂志》第32卷1号，1934年12月。
② 常燕生：《建国问题平议——读独立评论以后的意见》，《独立评论》第88号，1934年2月。
③ 张东荪：《中国之将来与近世文明国立国之原则》，《正谊》第1卷第7期，1915年2月。

第三节 行政实践与行政学科的关系

对于行政学而言，作为一个外来学科，照搬照抄西方的学科设置和已有成果，是学科发展的初级水平。学科发展必须与本国实际相结合，尤其行政学本身就是一个实践学科。研究民国时期的行政学，有助于我们认识这一问题。

陈之迈曾谈到"为政端在实际经验而不在学理"①。这种认识是有一定道理的，从对民国时期行政学的研究就可以发现，在对于行政问题的探讨中，理论研究者经常陷入非此即彼的窠臼中，往往各执一词。而行政实践者的意见往往比较实际和中肯。再比如，理论研究者针对某一行政问题提出的对策或方法经常是简练概括的，而行政实践者的认识和意见则往往丰富、细致，其可行性和指导性也就因此更强一些。这恰恰是因为，行政实践者能够将行政研究和行政实际紧密结合起来。

在民国这样一个行政大变革的时代，行政学本身即应行政需要而产生，因而在研究主题上与行政实践结合得非常紧密。不管是对行政组织、人事行政、财务行政等一般行政要素的研究，还是对文书档案改革运动、行政督察专员制、裁局改科、分区设署、"行政三联制"、幕僚长制、分层负责、新县制等实际行政改革举措的研究，都时时能和实践的变化紧密关联，形成良好的互动关系。之所以能做到这一点，与行政研究者群体本身具有的特点有关。民国时期，虽说也有"不着边际的行政专家与虚张声势的人事专家"②，但大学中的行政学教研者往往能够通过参加研究团体、参与政府调研等形式积极接触、研究本国行政实际，努力将观察到的行政与所教授的行政学联系起来，甚至有人"为研究兴趣所驱使而去做人所不屑做的区长"③。

民国时期行政学的产生，在高等教育体系中是被动的移植，在行政实践中却是主动的需要，因此行政实践者经常主动地参与行政研究，成为行政研究的主力，成为行政研究和行政学本土化的主要力量。这些人大多是

---

① 陈之迈：《研究行政督察专员制度报告》，《行政研究》第 1 卷第 1 期，1936 年 10 月。
② 谢廷式：《论文官官等官俸的改订问题》，《行政研究》第 2 卷第 6 期，1937 年 6 月。
③ 高柳桥：《研究地方行政的方法》，《地方行政》（福建）第 1 期，1941 年 7 月。

政府公务人员，身份不断在学者和官员之间转换，既执行行政命令、完成行政任务，又关注行政研究和改进，一方面是行政实践的亲历者，另一方面是行政学的研究者，两种身份得到了很好的结合，也因此很好地结合了行政实践与行政学术研究，很好地实现了西方行政学基础知识与中国本土行政的适当对接，很好地弥补了大学行政学教材、人事行政教材还停留在翻译和模仿西方同类教材层面的缺陷。可以想象，如果没有这群人，民国时期行政学除了贩卖西方的已有成果之外，会了无生气，既不能有新的内容，也不会引起大家的注意，更不会切合实际的需要。

行政实践者参与行政研究，促进行政学科的发展在民国时期的行政学界是受到鼓励的。早在 1935 年就有人指出——

> 我们认为提倡学术研究，是培植行政人才的最有力的一个方案。在欧美各国，各政府机关的员吏，每能利用其业务的时间，在学术上做出惊人的成绩。……外国不少著名的书刊杂志，若干的极有价值的文字，是在职的公务人员撰著的。[1]

因此，他提出一个"政府机关学校化"的原则，具体办法：一是由学识渊博者和长官一同规定研究科目，指定研究题目和参考材料，并授以研究门径，最后再审查采用，照章奖励。二是政府和学校合作，与专家、教授一起研究。他举例北平市政府曾和清华大学及协和医学院就卫生工程进行过合作研究，效果很好。三是聘请专家演讲。

而民国时期的行政实践者对此也进行提倡呼吁，以求达成研究行政的共识。孙慕迦曾大声疾呼——

> 我们希望大家来发动和支持这样一个新的科学舆论建设运动，使它能发挥和美国行政效率运动同样的力量，达到同样的成功……
> 我们是行政人员，是全国发号的指挥部，是领导国家动员的总枢纽，是惕虑机先防患未然的制动机，然而我们只是坐着抱怨，叹息，不负责任的批评，隔岸观火的嘲笑，和毫无结论的愤激！像这样，没

---

[1] 姜旭实：《怎样培植行政人才》，《行政效率》第 2 卷第 12 期，1935 年 6 月。

有结论的结论，便是消沉，敷衍，颓废……谁能相信我们的血液还是热的？

我们平时对于工作的环境曾否加意研究，对于机构的缺陷曾否留心观察，对于改进的方案曾否想像思考，从这里就可以看出我们对于民族国家的前途是否具在关切的热忱，也就是表征着抗战的胜利究竟有多少把握？[①]

为了做到这一点，孙慕迦以身作则研究行政，还详细归纳整理出了"行政调查问题二十四则"，供大家参考使用。

不过即使这样，民国时期的研究者还是对处理行政学科与行政实践的关系提出了很多的反思与批评。早在1914年，古德诺在《中国官吏教育论》一文中就认为清末以来选派幼童出国学习现代科学的办法于培养官吏并不适当，因为幼童出国因其"童稚之年，易受感化"，在西方社会文化中熏陶成长，学成回国后，"每不悉中国之情势，彼既生长外国，久受外国之文化，于中国文化优美之点绝无所知，第见其与外国不同，遂不免有蔑视之意"。留学回国的人不明白中西文化的巨大差异，因而"往往于中国制度，急欲为根本上之变革。殊不知此种制度行之既久，根株坚固，未易动摇，即使欲为变更，亦宜加意慎重，行之以渐"，"在欧西良善之制度，如未及其时，遽行于中国，实有危险之处"。因此，古德诺明确指出"官吏之教育，则尤须设立于国中"，因为"官吏能举其职，必其能深知人民之生计，而后足以见功。诚以官吏所行之事，皆关系人民者也，彼必能知本国之历史，与本国之习惯，灼见本国制度之良窳，周知本国人民之愿欲"。

古德诺主张行政教育在学习方法上"不宜专恃脑力，讲义之余，尤须辅以实验"，即到政府机关去实习，从基本的行政事务做起，"凡检用档案、拟撰文牍及简便手作之法皆属焉"。考试时，"与所咏习之外，更宜试以实地练习之事，于关系中国民生之事，则尤宜注意"。他建议学生十六七岁入学，完成3年的学习任务后，就分配到各级机关，"予以下级之位置"，进一步获得实践锻炼，逐渐养成"行政官吏之人才"。[②]

---

① 孙慕迦：《建设科学舆论的呼吁》，《行政评论》第2卷第1期，1941年1月。
② 古德诺：《中国官吏教育论》，《东方杂志》第11卷第5号，1914年11月。

蒋廷黻 1929 年到清华大学任历史系教授，他这样描述他所观察到的清华人文、社会科学发展所遇到的问题——

> 以政府组织为例，中国留美学生往往熟读政治思想、比较政府和地方政府等书籍。他们学成归国后可以在大学开课，像美国学者在大学中一样教授英国、法国、德国或者意大利政府。但是却没有一位中国学者能够教授中国政府，因为美国人学中没有这门课。再以市政为例：当时在清华有一位教授，教伦敦、巴黎、芝加哥和纽约市政，但他对天津、北平、上海等市的施政情形却一无所知。……就以上情形论，清华所教育的学生是要他成为美国的领导人物，而不是要他们成为中国的栋梁之才。[①]

1931 年，由欧洲学者组成的国联考察团来中国考察，也批评中国大学的教学计划——

> 若不参照中国之实际生活，反参照外国大学教学之情况，则民族文化必致堕落。仅有模仿而无独创之研究与思想，则其所产生之后一代人才，亦缺少适当之准备，不能各负其责，以解决中国当前之问题。[②]

这些问题，集中地反映在学科的本土化方面。作为一门新兴的、引进的学科，民国时期的行政学研究及教育，所存在的本土化不足的问题或是由大环境限制与促成的——

---

① 蒋廷黻：《蒋廷黻回忆录》，岳麓书社，2003，第 128~129 页。为了改善这一问题，当时部分教授提议：任何担任社会科学的教授，如果他想要放弃原有西方国家的课程改授中国方面的课程，都可以减少他授课的时数，增加研究及实地考察等方面的补助。如此一来，经过三年时间，他就可以教授中国政治思想、中国政府或中国经济史课程了。经过这些关键的、有用的、持续的努力，清华的教学在课程方面几年间有了很大的改变，更加适合中国学生。
② 金以林：《近代中国大学研究》，中央文献出版社，2000，第 277 页；吴立保：《大学校长与中国近代大学本土化研究》，中国社会科学出版社，2010，第 22 页。

　　我国公共行政，现时问题很多。论制度还在转变期间，没有完全树立起来。……论机构的运用，较比制度本身可说是重要；而政府公布的法令和条例，往往受习惯，环境，种种事实上的牵制，没有得着所预期的效果。说到行政学原理，其适用于他国的，就未必在中国能够实行。[①]

或是由教育自身的原因造成的——

　　培养地方行政人员也是急迫的事业。我们的教育，在内容和程度上，都太西洋化了。大学政治系的毕业生能够知道伦敦纽约的市政，而不知道上海南京青岛各市的市政。他们知道英法美各国的政府组织和政党党纲而不知道自己政府的组织和运用。经济学系的学生能了解我国农村经验的几无其人……农学院的毕业生，作高级研究员，程度尚不够，作乡村的推广员，程度又太高。法学院的毕业生所学的外国语文及外国政治理论和制度不是县政佐治人员所须要的知识。法学院的课程尤应提早中国化及中国文字化……[②]

为了解决这些问题，在 1940 年，有学者就指出——

　　今后我国的行政研究，似应踏进另一阶段，研究的人，应负着更大的使命，不以徒然介绍外国理论或解决眼前问题为满足，而应更进一步，尽量利用本国的原始资料，彻底分析我国的行政问题，从坚忍真实的研究中，创造一套更丰富和更健全的行政学原理原则。惟有如此，才可以一般的提高我国将来行政学的科学地位，亦只有依此方向努力，然后行政的研究有更深刻的意义，研究的结果有更永久的价值。[③]

这些评述，到今天依然具有指导价值。

[①]　马奉琛：《北京大学政治学系研究行政学之经过》，《行政研究》第 1 卷第 2 期，1936 年 11 月。

[②]　蒋廷黻：《我的行政经验与感想》，《行政研究》第 1 卷第 1 期，1936 年 10 月。

[③]　吕学海：《我国行政研究之过去与将来》，《行政评论》第 1 卷第 3 期，1940 年 4 月。

结 论

行政学在西方，更确切地说是在美国，发展到 20 世纪 40 年代末，经历了"对传统的反动"阶段。在这个阶段，传统行政学研究所确立的"政治—行政二分"以及所建立的种种"行政原则"受到质疑。这些对传统的质疑和挑战主要集中在 1946 年以后赫伯特·A. 西蒙、罗伯特·达尔、德怀特·沃尔多等人陆续发表的作品中，他们对"政治—行政二分"的批判，对"行政原则"的挑战开启了行政学研究的一个新阶段。

而在当时中国的行政学中，还没有发现对西蒙等人的介绍。作为一门外来学科，行政学在引进和介绍西方行政理论或研究成果时经常亦步亦趋，但又必然存在一定的滞后差距。而且到 1946 年以后，中国的行政学发展有一个明显的趋势，即行政学的著作、刊物日渐稀少，远远没有延续抗战之前甚至是战时繁荣的景象。即使这样，民国时期的行政学者所做的已经很可观了，他们在建立一个现代政府方面做出了多种尝试和努力，在健全基本的行政制度方面进行了种种实践，在行政学的移植创立和本土化方面作出了积极的贡献。

遗憾的是，到了 20 世纪 50 年代，随着中国发生的深刻的政治变革，行政学终于趋于消失。这一过程是这样发生的——新中国成立后，有的高等院校继续开设行政学课程。不久，高校进行课程改革，行政学课程被改称为"行政组织与管理"。"因其应用性较强，在政治学领域是受重视和受欢迎的一门学科"①。1952 年，高等教育院系调整把原属各校的工、农、医、师等学院分别独立出来，另设政法、财经、外语、林、水、化工、地质、机械等独立学院，大学内部则仅保留校、系两级，所谓的综合大学也仅有

---

① 夏书章：《关于我国行政学研究的历史概述、现状简析、前景初望并兼谈几个问题》，《社会主义研究》1990 年第 3 期。

文理两科。在此过程中，政治学、社会学等学科均在被废弃之列，行政学随着政治学系之消亡而消亡。

直到 20 世纪 80 年代，一个与民国时期行政学没有关系的行政学出现。这是由这样一些事件共同促成的——在 1979 年的一次讲话中，邓小平指出："政治学、法学、社会学以及世界政治的研究，我们过去多年忽视了，现在也需要赶快补课。"1982 年 1 月 29 日，《人民日报》第五版发表了夏书章的署名文章，呼吁"把行政学的研究提上日程是时候了"。1982 年 4 月，在中国政治学会（成立于 1980 年底）委托复旦大学举办的全国政治学第一期短训班中，安排有夏书章讲授的行政学课程。1983 年，原劳动人事部和中国社会科学院承办了"联合国：文官制度改革国际研讨会"，有中国和 20 多个国家的学者与政府官员参加。1984 年 8 月，国务院办公厅和原劳动人事部在吉林市举办了全国行政管理学研讨会，有中共中央、国务院有关部门以及部分省、市政府领导和学者等 70 人参加，共同对开展行政管理学研究的有关问题进行了探讨，初步明确了行政管理学和行政改革要研究的主要课题，建议成立中国行政管理学会、筹建国家行政学院。1985 年 3 月，夏书章、刘怡昌主编的《行政管理学》由山西人民出版社出版。此书由夏书章根据在全国政治学第一期短训班中的行政学讲稿，会同黑龙江、吉林、山西、湖南四省社会科学院的部分科研人员共同完成。同年，《中国行政管理》杂志创刊，湖北大学创办了专门的行政管理系。1986 年，武汉大学与郑州大学经国家教委批准，兴办了行政管理四年制本科专业。同年，武汉大学开始在已有的政治学硕士点中招收行政管理方向硕士生。1988 年 10 月 13 日，中国行政管理学会正式成立，"这标志着行政学作为一个独立学科已经获得公认并被明确肯定下来"①。

今天，我们所研习的行政学是 20 世纪 80 年代之后的行政学，且与 20 世纪 80 年代的行政学不同的是，我们今天的行政学越来越"西化"。本书对民国时期行政学的研究，即先从了解本国的行政学历史做起，以引起大家对于建设本土行政学的充分注意。夏书章曾总结民国时期行政学的特点有"学科严重脱离实际""学会也是唱'对台戏'"以及"徒有其名形同虚

---

① 薛澜、彭宗超：《历史、现状与未来：中国行政管理教育发展分析》，《中国行政管理》2000 年第 12 期。

设"，并详细论说：

> 学科较早引进，是学术界积极性的表现。但这本是一门理论必须紧密结合实际的应用学科，不能仅停留于"纸上谈兵"，完全脱离实践。并不是说有关学者不注意作实地调查研究，主要是当时的政府当局对行政改革根本不感兴趣，或只是空谈一阵，做些表面文章。高等院校开设这门课程，无法做到学以致用。教学内容无非介绍外国如何如何，避免或很少接触中国现实。其实官场腐败有目共睹，学科严重脱离实际，便不可能有旺盛的生命力。因此，行政学在旧中国是一门无"用武之地"的学科。
>
> 与学科引进较早相比，学会成立较晚，时间在 20 世纪 40 年代初、中期。值得注意的是与上述情况相适应，学会也竟然紧接着先后出现了两个。一个是 1943 年春成立的"中国行政学会"，会员多是政府机关高级行政人员，宣称侧重行政实务的研究；另一个是 1944 年夏成立的"中国行政学学会"，会员限定为大学教授，为纯粹的学术研究团体。"研究实务"和"纯粹学术"的标榜，显然把理论和实践截然分开，可能是世界学会发展史上的一大奇观。说是"唱对台戏"，其实是有"台"无"戏"。
>
> 有"台"无"戏"就是徒有其名形同虚设，是只挂招牌、装门面不干实事。在有些新手法的旧官僚中，不乏搞这一套的能手。他们往往把这种学会变成俱乐部式的联谊会，公款开支，有烟（研）有酒（究），至于行政实务，则较多可能是打打官腔，闲聊扯淡，直到拉帮结派，成为排斥异己的小圈子。那就不是原该唱的"戏"了。教授们垄断的"纯粹学术"团体，明白表示同实践不沾边，只能是虚无飘渺的空中楼阁，或者满足于寻章摘句、钻牛角尖，还借此以自鸣清高。[①]

以上引文应该反映了部分事实，本书在一开始已经对其中一些明显的疏误进行了补正。通过对民国时期行政学发展状况的整体研究，可以认为：

---

① 夏书章：《记一个真正实在的学术团体——中国行政管理学会》，中国行政管理研究网，http://www.cpasonline.org.cn/gb/readarticle/readarticle.asp? articleid = 442，2012 年 4 月 16 日引用。

民国时期行政学的发展状况，在行政学著作方面，成果是丰富的。而且，这些著作的作者多有留学海外、专攻行政学或直接从事行政实践的经历，其著述资料直接来源于国外文献或来自于行政实际，比较珍贵。行政学著作在当时也颇受欢迎，许多著作都再版发行，甚至达到七版之多。

在研究团体和出版刊物方面，民国时期，基于朝野内外对行政效率、行政改革的热情，此种组织不论是政府机构还是民间团体，都有一批学人乐此不疲。行政效率研究会、行政评论社、中国县政学会、中国行政问题研究会、地方行政研究所、中国人事行政学会等组织从 1934 年 7 月《行政效率》创刊起，依次有《行政研究》《行政评论》《中国行政》《地方行政》《人事行政》等刊物的出版，依次接力，致力于研究行政理论，更多的是探讨实际行政问题的解决方案。这些组织的建立、刊物的发行和作者的努力，对行政学在中国的传播与发展、对于中国实际行政问题的明了与改革都有相当大的助益，有些研究直接影响了行政实践。

而 20 世纪 30 年代初，早于行政学著作出版和刊物发行，大学的行政学教育已经开始，并且发展到可以授予相关的硕士学位。此时的大学行政学课程虽然相当程度上在借鉴和模仿西方，存在本土化不足的问题，但是在引介行政学、翻译出版行政学著作以及开展国际交流之外，已经注意到从中国历代政治思想、政治制度中汲取素材，并着眼于研究当时中国的实际行政问题，从而创造有本国特点的中国行政学课程体系，开创具有本国特点的中国行政学。此外，民国时期的政府要人对于开办政治学校或行政学校有很大的兴趣，并做了一定的尝试。而行政学的内容已经被及时吸收到干部训练中，这种做法既扩大了行政学的影响，又促进了行政研究的本土化。

民国时期行政学领域成就最丰、最有价值的部分是对于行政实际问题的研究，这与国民政府对于行政效率与行政改革的重视密切相关。这些研究成果集中呈现在诸多行政研究刊物中，也散见于同时期的其他刊物和报纸中。这些研究对于文书档案改革、行政督察专员制、合署办公、裁局改科、"行政三联制"、幕僚长制、分层负责制、人事行政等行政改革和创新问题均有数量庞大、质量可观的研究。这些研究大多由直接参与改革的行政实践者研究所得，其成果既在指导和改造实践，也自然而然地解决着行政学本土化的问题，成为行政学本土化的主要力量和渠道。

　　对民国时期行政学历史的回顾，除了明了其基本的真实面貌之外，主要是获得一些带有结论性的认识，给予我们一定的启示。这些结论和启示主要有以下一些方面：

　　（一）行政学在中国首先是一门外来学科，经历了简单的模仿阶段，但其取得较大发展却是紧紧依靠研究本国实际，走学科中国化的道路。一个新引进的学科，其开始时，多半是模仿，或者说要经过一个模仿的阶段。"中国自办的新教育，也基本走的是模仿之路；清季主要模仿日本式的西方教育体系，入民国后美国影响渐增，在相当长的时间里，高等学校中大量课程甚至以英语为教学语言。简言之，中国的新教育首先是自主的，同时又是摹仿的，且其摹仿也大体是自愿的。"① 孙宏云以清华政治学系的早期发展入手研究中国现代政治学的发展后认为，"中国现代政治学的产生，最初是基于洋务派官员遣派的留学人员、驻外使节以及外国来华传教士对西方政治学的输入"②，并认为经历了 20 世纪初日本输入政治学的塑造，以及 20 年代末 30 年代初转而受美英政治学的影响两个阶段。

　　行政学作为 20 世纪 30 年代初引进的新学科也不例外。其学科模仿最突出的表现是，作者们在区分"政治"与"行政"，以及介绍"行政"二字的概念时，首先介绍的是诸如"政治之作用在决定国家政策，行政之作用在执行国家政策""政治是众人事务之管理，其范围极广。而行政仅是政治中一部分特别事务之管理，或方案之执行，其范围颇小"等威尔逊、古德诺等人的定义，而不是首先以中国"行其政令""行其政事"的古义介绍"行政"概念。这当然也表现了中国政治、行政向来不分，决策和执行一体的事实。因为政治、行政不分，所以无从以区分"政治"与"行政"二者的不同来解释"行政"的含义。例如，北京大学开设行政学课程，将"政治学"理解为"纯政治"，将"行政学"理解为"实用政治"，都是以政治涵盖二者。

　　学科模仿往往具有明显的弊端。学科模仿一旦和本国已有相关传统、习惯相结合，不是牵强附会就是矛盾顿生。例如，新学科在引入、产生之

---

① 〔美〕史黛西·比勒：《中国留美学生史》，张艳译，张猛校订，三联书店，2010，罗志田序言第 7 页。
② 孙宏云：《中国现代政治学的展开：清华政治学系的早期发展》，三联书店，2005，第 397 页。

初，概念上极易产生混乱，使得学科概念在引入前后，在不同的环境之中发生重大变化。当然，作为一门外来学科，不可避免地会有各种因为翻译、语言传统、使用习惯等造成的学科名称、研究范畴等方面的问题，这些问题一旦产生就影响深刻甚至难以解决，会变成新的语言传统和习惯，使得学科在概念、研究范围等方面长期存在分歧甚至混乱。民国时期国人对于"行政"和"行政学"的认识就反映了这一点。而且，学科模仿更为严重的情况是，如果中国的行政学发展，比如教材编写一直处在一种模仿的状态，甚至照搬照抄、组合排列，其中没有中国的问题，没有中国的实际，那么对于中国的行政学来说，不管出版了多少教材，不管发表了多少文章，仍然是原地踏步、重复工作、毫无进步。

值得欣喜的是，当民国时期的行政学教材还处在移植、模仿阶段的时候，在中国行政的实践领域，却取得了很多本土化的成果。诸如《行政效率》《行政研究》《行政评论》《中国行政》《人事行政》《地方行政》等刊物上发表的行政研究文章，基本上是在研究中国行政实践中的各种问题，紧密地和中国的行政实际结合在了一起，自觉走上了本土化道路。可以说，这些刊物上的行政研究文章，其价值远远大于那些大部头的、模仿得来的行政学教材，为民国行政学的发展作出了不可替代和磨灭的贡献。遗憾的是，当时的行政学教材和今天的行政学教材一样，没有将同时期的本土行政研究成果充分吸收进去。

（二）行政学的发展需要政府的倡导和支持，而且这种倡导和支持来源于对行政研究的需要，行政学要始终追随这种需要而发展。而且，这种倡导和需要之间、这种政府先行和学科努力之间存在着一种相互促进的关系。作为政府机构的行政效率研究会对"行政效率""行政改革"等概念在中国的流传，对于"行政学"在中国为人所注意、修习，发挥了巨大的作用。在改革行政的需要之下，在这种政府力量的开启、传播、示范之下，更多的社会力量也加入行政研究的行列中，例如《行政效率》《行政研究》等杂志停办后不久，学者们就感觉到不能没有这样一个组织，不能没有这样一种刊物，不能没有这样一个交流的园地，于是陆续成立多个研究团体，先后创办了《行政评论》《中国行政》等刊物，延续和促进了民国时期行政学的发展和本土化进程。

南京国民政府对于行政学的需要，有一个与今天需要行政学所不同的特殊原因，即民国时期从整体上看正是一个大规模的现代政府建立的初期，这一时期需要对一个职能日益增多、机构日益庞大、人员日益增加的大型组织——政府进行研究，以使其得以完整建立并运转灵活。因此，行政学、行政研究、行政效率就迫切、广泛地引起注意，研究者们从公文、组织、财务、人事、程序、方法等一些基本的行政要素开始研究，做了许多理论上和实践上的探索。而且，这些研究所得很有可能就是制度建立的依据，或者说直接就转化为制度规定。因此，这些研究是开创性的、奠基式的，极大地影响着行政实践。在这里值得指出的是，对于行政问题的研究或者说对于行政改革问题的研究，往往得益于行政领导人对于行政问题的关注。一个行政领导人、政治领导人对于行政问题的重视，对于行政改革的决心，往往能够给行政研究提供空间，并鼓励和集聚行政研究者在研究和实践方面取得突破。

一般说来，社会、政治较为安定、平稳的时期，恰好是进行行政改革和行政建设较好的时期。南京国民政府建立之初，基本实现全国形式上的统一，此时即开始需要并实际推动行政研究和改进是这一判断的最好例证。当然，南京国民政府成立之后的中国仍旧处在民族多劫、政治动荡、社会不稳的时期，所以行政表现出临时性的、频繁的调整，当时的外部条件大概也只允许进行这种短暂的、应急式的、补救式的改革。甚至像前文提到的钱端升认为的那样，非常时期不适合进行行政改革，虽然一些非常事件可能会对行政改革提供些许的契机。这也从反面提醒我们，到了一个社会承平、政治安定的时期，行政改革必须有全盘的设计和考虑，必须是全面的、完整的、持续的、根本的调整和变革，否则改革必然成效有限，且容易错失良机。

（三）行政学具有鲜明的实践特色，行政学必须有强烈的现实关怀，这种强烈的现实关怀本身即要求行政研究必须积极地影响行政实践。要做到这一点，首先要求行政研究必须更多的是实践研究，而不是理论研究。行政学之开始，不论中西方，都不是从某一理论演发出来的，也不是以形成某种理论为最终目的的。行政学的产生以及对行政问题的研究，直接着眼于实践的需要。例如，行政效率研究会明确提出，该会旨在改革政府的行政旧习，提高行政效率而非制造理论。民国时期的行政研究者，也很少只是言说理论、进行大量的概念争论，他们研究文字标点、档案管理、组织设置、人事管理、材料处置、行政程序、行政方法等问题，都是以实践问题为研究对象，以提供解决方案为旨归。

行政学需要有现实关怀，还是因为理论常常落后于实践，实践往往成为理论的来源。更为重要的是，本国的实践是一门外来学科实现本土化并获得发展的唯一道路，"行政三联制"就是一个重要例证。根据行政实践需要提出来的"行政三联制"，应该比张金鉴不断归纳、总结、推演得出的"8M""12M"或者"15M"更富价值和吸引力。

行政学的实践本性对学科发展提出了许多要求。在对行政研究主体的要求上，一方面要求专业的行政学者要广泛、深入地参与行政实践，如陈之迈参与国民政府内政部组织的地方行政研究那样；另一方面更要求行政实践者多做专业的行政研究，就如甘乃光长期坚持研究行政问题那样。政府人员进行行政研究有一些得天独厚的条件。行政实践者在行政工作中带着研究的意识去发现研究的课题，并运用更多的一手资料进行研究，这有助于取得有价值的、独特的研究成果。同时，行政实践者可以在工作中将研究所得和设想不断付诸实践，进行尝试和验证，并不断进行修正和改进。此外，政府部门往往设立了类似于行政院行政效率研究会这样的不同规模和等级的研究机构，专门从事行政研究。这些机构有自己的研究力量，有图书资料、研究渠道、学者支撑等资源，能够开展深入的、大规模的研究，研究优势非常明显。

此外，行政研究要做到紧密结合行政实际，在研究资料问题上，就要注意充分地利用政府已经公开的各种信息，这也是研究行政的方法问题。这些公开的政府信息包括政府公报、领导人讲话、工作简讯、调研报告等。从这些资料中，可以获取最新的、权威的、全面的数据、进展等信息。民国时期，政府就已经开始编印公报，对于人事调整、行政计划和进展、重大事项都有刊载，而当时的研究者也注意充分利用这些资料进行研究，并将这一方法运用在了行政教学中。

（四）行政学已经形成自己的研究视角、途径，这成为学科安身立命和不可替代的根本。认识行政学的地位既要避免妄自菲薄，又要避免妄自尊大、好高骛远。民国时期的行政学历史告诉我们，作为一门课程的行政学，一开始就依附在政治学之下，没有充分独立的学术地位。这是因为，如上文所述，行政学关注行政实践，较少学理的探讨，行政所关注的问题多为实践中操作性的"术"的问题，与"道"的追求不同。行政学若过分追求"道"，一般不是成为政治学就是不及政治学，不免因此为人所轻视，在众学科中低人一等。实际情况也表明，行政学一般表现为既无大师，也无名著。民国时期的行政学就是这样，研究著作没有成为名著，研究者也多不著名，即使有所谓的大师与名著，也多不是因为行政学的缘故，其身份和成果往往属于其他学科，如政治学或管理学，以及经济学。所以，行政学一向表现得都不太高深，不牵涉很多深奥的学理，问题、资料、方法、结论都来自于实践。比如，民国时期对于行政督察专员制、分区设署、合署办公、裁局改科、行政三联制、幕僚长制、分层负责制等的研究，不论是问题的提出，还是问题的分析以及改革的建议，都来自行政实践本身。

但是，不能否认的是，虽然行政学似乎是"二等公民"，但行政学却也在自己的发展过程中形成了独特的、不可替代的研究视角、途径，即主要从组织、人事、程序、方法等方面研究具体的行政问题，通过改善政府自身的管理和运行提高行政效率，更好地达成行政目的。这恰是行政学作为一个学科的独特价值所在，是其安身立命和不可替代的根本，也是其发挥作用和价值的主要方面。同时，值得指出的是，对于行政学独有的研究视角或途径的肯定，并不是主张行政学因此变得狭隘。行政学不应该过早设置严格的学术壁垒，而是应该在发展过程中积极地从政治学、经济学、历史学等学科中获取发展的养分。在民国时期行政学的发展中，就有许多的政治学家、经济学家、历史学家参与其中，行政学者也大量地吸收了很多政治研究、历史研究、管理研究的成果。如民国时期的行政学特别注意从有关中国历史的研究中开拓行政学研究的领域和途径，对于清代行政舞弊的研究以及对于古代名臣行政、用人的研究就是典型的例子。

（五）行政学的目的除了建设行政、改进行政之外，还应当有减少行政之目的。上面的几点认识，较多的是谈论如何建设行政和改进行政，但行政学的目的并不只是这些积极的方面，恰恰相反，行政学的目的还有消极的方面，表现在如何减少行政上。民国时期对于行政实践的研究，揭示了很多中国行政与生俱来的弊端，即在中国，一个现代政府的初建，一开始就陷入机构叠床架屋、职责分散、有法不行、推卸责任、长官意志、形式主义、浪费公帑、舞文弄墨、把文字当事实、捏造数字、文字行政、文山会海、文牍盛行、人才浪费等的泥潭中难以自拔。而且，"若兴一利、必有一弊",一个雄心勃勃想要积极作为的政府,一项新的行政举措,有可能就带来一系列新的行政问题,因为行政本身就是问题或是问题的来源,更有甚者"妄想以国家的力量来兴作一切,结果每办一事即为官僚造一搜刮人民的机会"①。因此,行政研究的目的之一就是要从根本上减少产生新的行政问题的可能,并因此减少因过度行政带来的浪费和负担,正如民国时期行政研究者主张的那样,要采取"省事主义""裁官减政""无为而治"。

行政本身就是问题还集中体现在政府自身的运行和管理上,这些问题在政府规模过于庞大、所管事务过于具体的时候表现得就会更加突出。民国时期政府规模尚不算大,但已经遇到了政府自身管理上的问题。"此种问题,若在工商事业之组织中,则较简单而易于解决。然在政府系统中,其关系极为复杂,实为一不易解决之重大问题"②。例如,国民政府在初建人事行政制度的过程中遇到了明显困难,其中最基本的难题就是随着公务员队伍的庞大,使得管理如此大规模的人员队伍异常困难,很难实现管理的目标,即使是完成诸如日常考勤这样一些基本的管理事项也成为问题。虽然民国时期遇到的这些问题还仅仅是一个初步的问题,但已经揭示当政府职能繁多、组织规模庞大和人员数量日增时,管理自身的问题就会凸显,就会越来越成为问题。这个时候,本来是完成行政事务的政府必须将很大的精力转移到管理自身方面来,这样,政府就成为一个自我运行、管理的封闭的领域,行政就成为一个浪费的、低效的、变态的行政。

另外,通过对民国时期行政学的研究,我们可以重新认识和理解行政中的一些根本性的历史难题,这些难题包括行政考绩、职位分类等。虽然民国时期的行政研究者提出了很多有关这方面的办法和建议,但要么是无法付诸实践,要么是付诸实践发现操作起来困难重重。实际上这些问题到今天仍然是难题,行政上的这些似乎是技术上的问题实际上带有一些根本性的难度,这些难度是与生俱来的,有时候看上去是为了解决问题,但实际上是在产生新的问题。例如,民国时期为了考核行政绩效以加强人事管理、提高行政效率,要求公务员个人、人事干部以及机关长官做日常的、

① 常燕生:《建国问题平议——读独立评论以后的意见》,《独立评论》第88号,1934年2月,载管效民编著《民主还是独裁:70年前一场关于现代化的论争》,广东人民出版社,2010,第84页。
② 张金鉴:《行政学之理论与实际》,商务印书馆,1935,第30页。

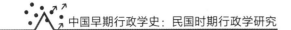

大量的记录和考评，但记录和考评又成为新的问题，在数量方面难以做到，在质量方面难以保证真实有效，还往往受到来自考核对象的排斥和阻力。不能否认职位分类、人员考绩的重要，但是这些工作可能在某一个范围内是重要的，在一个过大过广的范围中就会成为问题。而且，问题本身重要并不意味着对这些问题进行研究也很重要，因为既然问题本身没有好的办法解决，所以就不能过分强调和期望对其做研究改进。与其去做这种看似重要实际无益的努力，反而不如研究如何从根本上减少或改造产生这种问题的土壤，即政府行政本身。

参考文献

民国著作

〔美〕Leonard D. White：《美国行政动向论》，孙澄方译，商务印书馆，1935。

〔美〕怀特：《行政学概论》，刘世传译，商务印书馆，1940。

〔美〕马尔顿：《效率增进法》，张光复译，世界书局，1946。

〔美〕普菲诺（J. M. Pfiffner）：《行政学》，富伯平译，中国行政问题研究会。

〔日〕蜡山政道：《行政学总论》，罗超彦译，新生命书局，1930。

〔日〕蜡山政道：《行政学总论》，黄昌源译，中华书局，1934。

〔日〕蜡山政道：《行政学原论》，何炯译，青年书店，1940。

〔日〕美浓部达吉：《行政法撮要》，程邻芳、陈思谦译，商务印书馆，1934。

《燕京大学一览》，1936；1937。

陈果夫等：《行政经验集》，中央政治学校毕业生指导部，1940。

陈之迈：《中国政府》（第1册），商务印书馆，1945。

费培杰：《会场必携》，商务印书馆，1926。

富伯平：《行政管理》，商务印书馆，1945。

甘乃光：《中国行政新论》，商务印书馆，1943。

何伯言：《人事行政之理论与实际》，正中书局，1948。

胡昭华：《新县制概论》，商务印书馆，1942。

黄伦编著《地方行政论》，正中书局，1942。

江康黎：《行政学原理》，民智书局，1933。

江康黎：《美国之透视》，商务印书馆，1935。

江康黎：《行政管理学》，青年军出版社，1946。

289

李桐罔：《行政效率学概论》，大江出版社，出版时间无考。

李文裿：《北平学术机关指南》，北平图书馆协会，1933。

栗显运：《新县制的实施》，国民图书出版社，1941。

刘百闵：《行政学论纲》，中国文化服务社，1947。

刘中南编著《新县制地方行政事业推行方法》，北平振兴文化学社、锦州东北文化服务社，1946。

刘佐人：《行政权责划分论》，韶关民族文化出版社，1944。

陆仁寿：《总务行政管理》，中华书局，1947。

南开大学经济研究所编《十年来之南开大学经济研究所》，1937。

平心编《全国总书目》，生活书店，1935。

浦薛凤：《西洋近代政治思潮》，商务印书馆，1939。

桥川时雄编纂《中国文化界人物总鉴》，中华法令编印馆，1940。

茹管廷编著《行政学概要》，正中书局，1947。

尚传道编《非常时期之地方行政》，中华书局，1937。

沈朋主编《县实际问题研究》，正中书局，1943。

史文忠：《中国县政改造》，南京县市行政讲习所，1937。

孙本文等编著《中国战时学术》，正中书局，1946。

谭春霖：《各国行政研究概况》，岭南大学历史政治学系，1939。

吴胜己：《人事行政之原理与实施》，广西省政府编译委员会，1940。

黄绶：《地方行政史》，永华印刷局，1927。

萧文哲：《行政督察专员制度研究》，独立出版社，1941。

萧文哲：《县政制度研究》，独立出版社，1942。

萧文哲：《行政效率研究》，商务印书馆，1944。

熊卿云编纂《开会的方法》，商务印书馆，1935。

薛伯康：《中美人事行政比较》，商务印书馆，1934。

薛伯康编著《人事行政大纲》，正中书局，1947。

薛光前：《交通行政研究》，商务印书馆，1944。

余汉华、杨政宇编著《我们的政府》，正中书局，1939。

张金鉴：《行政学之理论与实际》，商务印书馆，1935。

张金鉴编著《美国之市行政》，正中书局，1937。

张金鉴编著《人事行政学》，商务印书馆，1939。

张金鉴编著《各国人事行政制度概要》，正中书局，1943。

张金鉴：《行政管理概论》，中国文化服务社，1943。

张金鉴：《行政学提要》，大东书局，1946。

张金鉴：《各国人事行政制度概要》，正中书局，1946。

张天福：《普通行政实务》，商务印书馆，1935。

郑尧枡：《增进行政效率之方法》，商务印书馆，1935。

周邦道编《第一次中国教育年鉴》，开明书店，1934。

民国刊物

《独立评论》。

《国立清华大学校刊》。

《国立清华大学一览》，1937。

《国立浙江大学校刊》。

《清华政治学报》。

《清华周刊》。

地方行政研究所：《地方行政》（福建），1941～1942。

清华大学《社会科学》。

市县行政研究月刊社：《市县行政研究》，1943～1944。

行政评论社、中国县政学会：《行政评论》，1940～1942。

行政院行政效率研究会：《行政效率》，1934～1935。

行政院行政效率研究会：《行政研究》，1936～1937。

中国人事行政学会：《人事行政》，1942～1943。

中国行政月刊社：《中国行政》，1941～1946。

中华政治学会：《中国社会与政治学报》，1916～1941。

民国时期文章

常燕生：《建国问题平议——读独立评论以后的意见》，《独立评论》第88号，1934年2月。

陈一：《在新县制实施中所感到的九大问题及其解决之道》，《行政评论》第2卷第1期，1941年1月。

陈柏心：《各级政府间事权划分问题》，《地方行政》（福建）第1期，

1941 年 7 月。

陈柏心：《新县制实施的检讨》，《建设研究》第 5 卷第 4 期，1941 年 6 月。

陈烈甫：《缩小省区问题之研究》，《行政评论》第 4 期，1940 年 6 月。

陈之迈：《论我国行政与立法的关系》，《行政研究》第 2 卷第 4 期，1937 年 4 月。

陈之迈：《研究行政督察专员制度报告》，《行政研究》第 1 卷第 1 期，1936 年 10 月。

程懋城：《重庆市政府秘书处试行职位分类制计划草案》，《行政评论》第 1 卷第 5、6 期合刊，1940 年 8 月。

邱维周：《行政管理之初探》，《政治经济学报》（北京），1943 年第 1 期。

杜亚泉：《减政主义》，《东方杂志》第 8 卷第 1 号，1911 年 3 月。

傅骅昌：《人事管理之经验与感想》，《人事行政》第 2 期，1943 年 10 月。

富伯平：《机关主管之职务及其运用》，《中国行政》第 2 卷第 3、4 期合刊，1942 年 8 月。

富伯平：《幕僚长制之研究》，《中国行政》第 2 卷第 7、8 期合刊，1943 年 2 月。

富伯平：《中国近年行政之动向及其问题》，《中国行政》第 2 卷第 1、2 期合刊，1942 年 5 月。

富伯平讲，杨祖望记《机关管理之研究》，《中国行政》第 3 卷第 4 期，1943 年 12 月。

甘乃光：《分层负责制的颁行》，载《中国行政新论》，商务印书馆，1943。

甘乃光：《分层负责制的基本精神》，载《中国行政新论》，商务印书馆，1943。

甘乃光：《工作竞赛运动》，载《中国行政新论》，商务印书馆，1943。

甘乃光：《考核工作的检讨》，载《中国行政新论》，商务印书馆，1943。

甘乃光：《论用人》，载《中国行政新论》，商务印书馆，1943。

甘乃光：《人钱事的管理机构》，载《中国行政新论》，商务印书馆，1943。

甘乃光：《人事制度建立的起点》，载《中国行政新论》，商务印书馆，1943。

甘乃光：《设计基础工作的推进》，载《中国行政新论》，商务印书馆，1943。

甘乃光：《设计网的建立与运用》，载《中国行政新论》，商务印书馆，1943。

甘乃光：《省地位最近的演变》，载《中国行政新论》，商务印书馆，1943。

甘乃光：《施政程序导论》，载《中国行政新论》，商务印书馆，1943。

甘乃光：《文书档案改革运动的回顾与展望》，载《中国行政新论》，商务印书馆，1943。

甘乃光：《文书档案连锁办法之试验——内政部初期试验之报告》，载《中国行政新论》，商务印书馆，1943。

甘乃光：《新县制与新行政技术》，载《中国行政新论》，商务印书馆，1943。

甘乃光：《行政参考资料导论》，载《中国行政新论》，商务印书馆，1943。

甘乃光：《行政效率概论》，载《中国行政新论》，商务印书馆，1943。

甘乃光：《政权运用与行政效率》，载《中国行政新论》，商务印书馆，1943。

甘乃光：《中国人事制度发展的趋势》，载《中国行政新论》，商务印书馆，1943。

甘乃光：《中国人事制度之特点》，载《中国行政新论》，商务印书馆，1943。

甘乃光：《中国四大文化系统与内务行政》，载《中国行政新论》，商务印书馆，1943。

甘乃光：《中国行政学者的使命》，《行政效率》第2卷第11期，1935年6月。

甘乃光：《新行政年的展望》，载《中国行政新论》，商务印书馆，1943。

甘乃光：《行政三联制的特点》，载《中国行政新论》，商务印书馆，1943。

高秉坊：《增进行政效率的几个问题》，《行政研究》第 2 卷第 1 期，1937 年 1 月。

高践四：《教育和新县制的分析》，《教育通讯》第 3 卷第 22 期，1940 年 6 月。

高径：《地方行政改革中之行政督察专员制度》，《东方杂志》第 33 卷 19 号，1936 年 10 月。

高柳桥：《研究地方行政的方法》，《地方行政》（福建）第 1 期，1941 年 7 月。

公建：《实施行政三联制之检讨》，《中国行政》第 3 卷第 1、2 期合刊，1943 年 2 月。

龚履端：《论幕僚长制》，《地方行政》（福建）第 3 期，1942 年 1 月。

古德诺：《中国官吏教育论》，《东方杂志》第 11 卷第 5 号，1914 年 11 月。

韩朴文：《论我国之地方财政及其整理》，《中国行政》第 2 卷第 5、6 期合刊，1942 年 10 月。

韩朴文：《职位分类制之理论与实际》，《中国行政》第 2 卷第 7、8 期合刊，1943 年 2 月 28 日。

侯绍文：《现行考试制度改进刍议》，《行政研究》第 2 卷第 8 期，1937 年 8 月。

胡次威：《半年来的川省民政》，《政教旬刊》第 4 期，1940 年 11 月。

胡次威：《四川省一年来之民政中心工作》，《中国行政》第 1 卷第 6、7、8 期合刊，1941 年 11 月。

胡次威：《重要县政问题改进意见》，《行政研究》第 1 卷第 2 期，1936 年 11 月。

胡适：《一年来关于民治与独裁的讨论》，《东方杂志》第 32 卷 1 号，1934 年 12 月。

胡适：《再论建国与专制》，《独立评论》第 82 号，1933 年 12 月。

江康黎：《官职分类之意义》，《行政效率》第 1 卷第 7 号，1943 年 10 月。

江禄煜：《我国地方行政制度改革刍议》，《东方杂志》第 34 卷 14 号，

1937 年 7 月。

姜旭实：《怎样培植行政人才》，《行政效率》第 2 卷第 12 期，1935 年 6 月。

蒋廷黻：《我的行政经验与感想》，《行政研究》第 1 卷第 1 期，1936 年 10 月。

蒋廷黻：《中国社会科学的前途》，《独立评论》第 29 号，1932 年 12 月。

赖琏：《行政效率与服务精神——在市府纪念周之报告》，《行政效率》第 1 卷第 4 号，1934 年 8 月。

雷啸吟、陈屯：《关于"科长"的讨论》，《行政效率》第 1 卷第 2 号，1934 年 7 月。

李鸿音：《对于新县制的实施之意见》，《行政评论》第 2 卷第 1 期，1941 年 1 月。

李培基：《任使的商榷》，《人事行政》创刊号，1942 年 12 月。

李朴生，《省政府合署办公的文书处理问题》，《行政研究》第 2 卷第 7 期，1937 年 7 月。

李朴生：《改革现行委员制的必要》，《行政效率》第 3 卷第 3 期，1935 年 9 月。

李朴生：《贯台决口冲出来的行政效率问题》，《行政效率》第 2 卷第 7 期，1935 年 4 月。

李朴生：《省府合署办公试验的几个问题》，《行政效率》第 1 卷第 5、6 号合刊，1934 年 9 月。

李朴生：《行政计划的编造与考核》，《行政效率》第 2 卷第 5 期，1935 年 3 月。

李朴生：《行政计划的编造与考核》（续前期），《行政效率》第 2 卷第 6 期，1935 年 3 月。

李朴生：《战时各级行政机构的调整》，《行政评论》第 1 卷第 4 期，1940 年 6 月。

李旭：《实施新县制之意见》，《行政评论》第 1 卷第 4 期，1940 年 6 月。

李宗黄：《对新县制实施之意见》，《行政评论》第 2 卷第 1 期，1941 年

1 月。

李宗义：《现代公务员应有的信念与修养》，《地方行政》（福建）第 1
期，1941 年 7 月。

梁上燕：《论三位一体制的研究与政教分长》，《建设研究》第 6 卷第 3
期，1941 年 11 月。

林炳康：《谈晏纳克氏的政制建设书以后》，《行政效率》第 2 卷第 11
期，1935 年 6 月。

林炳康：《行政效率与考铨制度》，《行政效率》第 2 卷第 6 期，1935 年
3 月。

鲁学瀛：《论党政关系》，《行政研究》第 2 卷第 6 期，1937 年 6 月。

陆东平：《人事脞谈》，《人事行政》第 2 期，1943 年 10 月。

吕学海：《我国行政研究之过去与将来》，《行政评论》第 1 卷第 3 期，
1940 年 4 月。

吕学海：《我国战时行政体制》，《行政评论》第 1 卷第 2 期，1940 年
2 月。

吕学海：《行政效率与民众利益》，《独立评论》第 224 号，1936 年
10 月。

马博厂：《文化学院工作述要》，《国立中正大学校刊》创刊号，1940
年 10 月。

马奉琛：《北京大学政治学系研究行政学之经过》，《行政研究》第 1 卷
第 2 期，1936 年 11 月。

马星野：《蒋介石先生会见记》，《国闻周报》第 12 卷第 6 期，1935 年
2 月。

闵仁：《为什么我们的政府不能做出像样的事业》，《独立评论》第 103
号，1934 年 6 月，载管效民编著《民主还是独裁：70 年前一场关于现代化
的论争》，广东人民出版社，2010。

闵天培：《调整地方行政机构之建议》，《行政评论》第 2 卷第 1 期，
1941 年 1 月。

明仲祺：《人事行政条例公布后》，《人事行政》创刊号，1942 年 12 月。

欧阳谟：《评福建县政人员管理》，《地方行政》（福建）第 2 期，1941
年 10 月。

浦薛凤：《政治学之出路领域、因素与原理》，清华大学《社会科学》第2卷第4期，1937年7月。

钱端升：《论官等官俸》，《行政研究》第2卷第2期，1937年2月。

钱端升：《论中国的战时政治体制》，朱立人译，《美国政治学评论》（*The American Political Science Review*），1942年4月。载《钱端升自选集》，首都师范大学出版社，2010。

钱端升：《中国战时地方政府》，张连仲译，沈叔平校，《太平洋季刊》（*Pacific Affairs*），1943年12月。载《钱端升自选集》，首都师范大学出版社，2010。

钱卓伦：《如何建立健全的人事制度》，《人事行政》创刊号，1942年12月。

邱祖铭：《划分中央地方权责之研究》，《行政效率》第2卷第5期，1935年3月。

任维均：《非常时期公务员俸给》，《行政评论》第1卷第2期，1940年2月。

桑毓英、高尚仁：《清中叶县行政舞弊案的研究》，《行政效率》第2卷第11期—第3卷第4期，1935年6~10月。

尚希贤：《增进县行政效率的几个先决问题》，《行政效率》第2卷第7期，1935年4月。

邵鸿基：《我的行政经验与感想》，《行政研究》第2卷第8期，1937年8月。

绍元冲：《怎样提高政治效率》（特载），《行政效率》第1卷第8号，1943年10月。

沈乘龙：《事务官的保障问题》，《行政研究》第2卷第1期，1937年1月。

沈铭训：《福建省公务员训练概况》，《地方行政》（福建）第2期，1941年10月。

沈慕伟：《改进中央行政管见》，《行政效率》第2卷第8期，1935年4月。

沈乃正：《地方自治确立前省县权限之调整》，《行政研究》第1卷第3期，1936年12月。

师连舫：《如何改进现行考试制度——吏治行政之根本问题》，《行政效率》第1卷第7号，1943年10月。

苏雷：《人事行政之检讨与今后改进意见》，《人事行政》创刊号，1942年12月。

孙澄方：《关于县政府之组织职权及其运用问题之研究》，《行政评论》第1卷第2期，1940年2月。

孙澄方：《考绩制度与方法》，《行政效率》第3卷第5期，1935年11月。

孙澄方：《缩小省区问题之研讨》，《行政评论》创刊号，1940年1月。

孙慕迦：《战时政府的行政组织》，《行政研究》第2卷第2期，1937年2月。

孙慕迦：《中国人事行政改进问题》，《行政评论》创刊号，1940年1月。

孙慕迦：《建设科学舆论的呼吁》，《行政评论》第2卷第1期，1941年1月。

孙慕迦：《论确定职责调整行政改进吏治之先决条件》，《行政评论》第1卷第2期，1940年2月。

孙慕迦：《论行政计划、考核与执行》，《行政评论》第1卷第3期，1940年4月。

孙慕迦：《人事行政建立的起点是什么——与甘乃光先生商榷》，《行政评论》第1卷第5、6期合刊，1940年8月。

孙慕迦：《行政机构合理的标准》，《行政评论》第1卷第4期，1940年6月。

孙慕迦：《中国人事行政改进问题》，《行政评论》创刊号，1940年1月。

王天择：《论提高县政效率》，《行政研究》第2卷第7期，1937年7月。

韦尹耕：《对于现行人事制度之检讨》，《人事行政》第2期，1943年。

文川：《我的行政经验》，见管效民编著《民主还是独裁：70年前一场关于现代化的论争》，广东人民出版社，2010。

伍朝枢：《缩小省区提案理由书》，《东方杂志》第28卷8号，1931年4月。

萧文哲：《乡镇制度之检讨》，《行政评论》第 1 卷第 2 期，1940 年 2 月。

萧文哲：《行政督察专员制度改革问题》，《东方杂志》第 37 卷 16 号，1940 年 8 月。

谢贯一：《合署办公后之庶务改善问题》，《行政效率》第 1 卷第 8 号，1943 年 10 月。

谢贯一：《几个行政机关购料的组织及其运用》，《行政效率》第 1 卷第 5、6 号合刊，1934 年 9 月。

谢贯一：《中央机关车辆之使用与管理》，《行政效率》第 2 卷第 1 期，1935 年 1 月。

谢廷式：《考绩之理论与实际》，《行政研究》第 1 卷第 3 期，1936 年 12 月。

谢廷式：《考绩之理论与实际》（续完），《行政研究》第 2 卷第 3 期，1937 年 3 月。

谢廷式：《论文官官等官俸的改订问题》，《行政研究》第 2 卷第 6 期，1937 年 6 月。

谢廷式：《论增进行政效率与考核行政效率》，《行政评论》创刊号，1940 年 1 月。

熊式辉：《国立中正大学创立的意义及今后的希望》，《江西民国日报》1940 年 11 月 22 日。

薛伯康：《改进职位分类之研究》，《行政效率》第 2 号，1934 年 7 月。

薛伯康：《全国考铨会议之我见》，《行政效率》第 1 卷第 11 号，1934 年 12 月。

薛伯康：《研究人事行政之目的范围及方法》，《行政效率》第 3 号，1934 年 8 月。

薛伯康：《再论关于职位分类》，《行政效率》第 3 卷第 2 期，1935 年 8 月。

薛伯康：《中央人事机关组织概况》，《行政效率》第 2 卷第 8 期，1935 年 4 月。

薛伯康：《中央行政机关之人事行政组织及其问题》，《行政效率》第 1 卷第 7 号，1934 年 10 月。

严家显：《行政之经济合理化》，《地方行政》（福建）第 2 期，1941 年 10 月。

晏纳克：《公务员退休养老办法——团体保险》，《行政效率》第 7 号，1934 年 10 月。

晏纳克：《政制建议书》，《行政效率》第 2 卷第 8 期，1935 年 4 月。

杨君励：《推行中之考试制度》，《行政效率》第 1 卷第 7 号，1934 年 10 月。

杨适生：《专员制度之研究》，《行政研究》第 1 卷第 1 期，1936 年 10 月。

杨思慈：《三十一年度施政计划整编之管见》，《中国行政》第 2 卷第 3、4 期合刊，1942 年 8 月。

杨佑之：《省预算与省制》，《中国行政》第 2 卷第 1、2 期，1942 年 5 月。

杨裕芬：《训练人才之管见》，《人事行政》创刊号，1942 年 12 月。

姚定尘、石冲白：《第六届世界地方行政会议报告书撮要》，《行政研究》第 1 卷第 1 期，1936 年 10 月。

姚肖廉：《行政管理引论》，《地方行政》（福建）第 3 期，1942 年 1 月。

曾仲成：《论省制》，《中国行政》第 2 卷第 1、2 期合刊，1942 年 5 月。

张东荪：《中国之将来与近世文明国立国之原则》，《正谊》第 1 卷第 7 期，1915 年 2 月。

张国键、郑庭椿：《人事机关的功能与性质》，《地方行政》（上海）第 2 期，1941 年 10 月。

张鸿钧：《对新县制实施意之见》，《行政评论》第 1 卷第 4 期，1940 年 6 月。

张汇文：《强化领袖制刍议——确立治权总揽中心与成立行政总枢机关》，《行政评论》第 1 卷第 4 期，1940 年 6 月。

张金鉴：《中央现行人事制度述评》，《行政评论》第 1 卷第 5、6 期合刊，1940 年 8 月。

张锐：《促进市行政效率之研究》，《行政效率》第 1 号，1934 年 7 月。

张锐：《地方政制改善的途径》（续前期），《行政效率》第 2 卷第 6 期，1935 年 3 月。

张锐：《现行考铨制度的检讨》，《行政效率》第 3 卷第 4 期，1935 年10 月。

张锐：《行政效率是否高调》，《行政效率》第 2 卷第 7 期，1935 年4 月。

张英：《本省目前实施国民教育应有之认识及努力》，《国民教育指导月刊》（贵州）第 2 卷第 1 期，1943 年 1 月。

张悦：《新政的透视与展望》，《行政研究》第 1 卷第 1 期，1936 年。

张忠绂：《论行政效率》，《行政效率》第 5、6 期合刊，1934 年 9 月。

张忠绂：《政治理论与行政效率》，《行政效率》第 2 卷第 3 期，1935 年2 月。

赵学铭：《现行考试制度述评》，《行政效率》第 3 卷第 4 期，1935 年10 月。

钟竞成：《我对于行政督察专员制度的意见》，《行政研究》第 2 卷第 7期，1937 年 7 月。

周连宽：《行政三联制的检讨》，《中国行政》第 3 卷第 3、4 期合刊，1943 年 12 月。

朱华：《教育系统上的一个新学科：行政管理科》，《地方行政》（福建）第 3 期，1942 年 1 月。

朱华：《研究地方行政的使命》，《地方行政》（福建）第 1 期，1941 年7 月。

朱盛荃：《关于人事管理条例之商榷》，《人事行政》创刊号，1942 年12 月。

邹文海：《员吏制度与吏治》，《地方行政》（福建）第 1 期，1941 年7 月。

当代出版著作

〔美〕O. C. 麦克斯怀特：《公共行政的合法性——一种话语分析》，吴琼译，中国人民大学出版社，2002。

〔美〕艾恺采访，梁漱溟口述，一耽学堂整理《这个世界会好吗——梁漱溟晚年口述》，东方出版社，2006。

〔美〕丹尼尔·A. 雷恩：《管理思想的演变》，李柱流等译，中国社会科学出版社，2002。

〔美〕菲利克斯·A.尼格罗、劳埃德·G.尼格罗：《公共行政学简明教程》，郭晓来等译，中共中央党校出版社，1997。

〔美〕费正清、费维凯：《剑桥中华民国史（1912～1949）》（下卷），中国社会科学出版社，1994。

〔美〕杰伊.M.沙夫里茨、艾伯特·C.海德编《公共行政学经典》（英文版第四版），中国人民大学出版社，2004。

〔美〕杰伊·D.怀特、盖·B.亚当斯：《公共行政研究——对理论与实践的反思》，刘亚平、高洁译，清华大学出版社，2005。

〔美〕蓝志勇：《行政官僚与现代社会》，中山大学出版社，2003。

〔美〕理查德·J.斯蒂尔曼二世编著《公共行政学：概念与案例》，竺乾威，扶松茂等译，中国人民大学出版社，2004。

〔美〕尼古拉斯·亨利：《公共行政与公共事务》（第8版），项龙译，华夏出版社，2002。

〔美〕史黛西·比勒：《中国留美学生史》，张艳译，张猛校订，三联书店，2010。

〔美〕易劳逸：《流产的革命》，陈红民等译，中国青年出版社，1992。

〔美〕约翰·S.布鲁贝克：《高等教育哲学》，王承绪等译，浙江教育出版社，2002。

〔美〕詹姆斯·W.费斯勒、唐纳德·F.凯特尔：《行政过程中的政治——公共行政学新论》（第2版），陈振明、朱芳芳等译校，中国人民大学出版社，2002。

〔日〕实藤惠秀：《中国日留学日本史》，谭汝谦、林启彦译，三联书店，1983。

《复旦大学志》，复旦大学出版社，1985。

《杭立武先生访问纪录》，中研院近代史研究所，1990。

《交通大学校史资料选编（1927～1949）》，西安交通大学出版社，1986。

《金陵大学史》，南京大学出版社，2002。

《南京大学校史资料选辑》，1982。

《南开大学校史》，南开大学出版社，1989。

《张金鉴先生八秩荣庆论文集》，联经出版事业公司，1982。

《中国大百科全书》（政治学），中国大百科全书出版社，1992。

北京大学校史研究室编《北京大学史料》（第一卷），北京大学出版社，1993。

北京图书馆编《民国时期总书目》（政治），书目文献出版社，1996。

北京图书馆编《全国中文期刊联合目录》（1833～1949），书目文献出版社，1996。

丁煌：《西方行政学说史》，武汉大学出版社，2004。

方惠坚、张思敬主编《清华大学志》（下），清华大学出版社，2001。

方贻岩主编《西方行政思想史》，厦门大学出版社，1993。

何家伟：《国民政府俸给福利制度研究》，福建人民出版社，2010。

何廉：《何廉回忆录》，朱佑慈、杨大宁等译，中国文史出版社，1988。

黄福庆：《近代中国高等教育研究——国立中山大学（1924～1937）》，中研院近代史研究所，1988。

黄珍德：《官办自治：1929～1934年中山模范县的训政》，文物出版社，2009。

蒋廷黻：《蒋廷黻回忆录》，岳麓书社，2003。

李俊清：《政治与行政史论集》，人民出版社，2008。

李连贵等编《百年法学：北京大学法学院院史（1904～2004）》，北京大学出版社，2004。

李琪：《"行政三联制"研究》，上海人民出版社，1995。

李伟中：《20世纪30年代县政建设试验研究》，人民出版社，2009。

李新总编《中华民国史》第3编第2卷（下册），中华书局，2002。

刘怡昌、许文惠、徐理明主编《行政科学发展》，中国人事出版社，1996。

彭和平、竹立家：《国外公共行政理论精选》，中共中央党校出版社，1997。

钱端升：《钱端升学术论著自选集》，北京师范大学出版社，1991。

钱端升：《民国政制史》，上海人民出版社，2008。

钱端升：《钱端升自选集》，首都师范大学出版社，2010。

钱穆：《文化与教育》，广西师范大学出版社，2004。

清华大学校史编写组：《清华大学校史稿》，中华书局，1981。

清华大学校史研究室编《清华大学九十年》，清华大学出版社，2001。

清华大学校史研究室编《清华大学史料选编》（第一卷），清华大学出版社，1991。

清华大学校史研究室编《清华大学史料选编》（第二卷），清华大学出版社，1991。

苏云峰：《从清华学堂到清华大学，1911～1929》，三联书店，2001。

苏云峰：《从清华学堂到清华大学，1928～1937》，三联书店，2001。

孙宏云：《中国现代政治学的展开：清华政治学系的早期发展》，三联书店，2005。

唐建光主编《解封民国》，金城出版社，2011。

唐兴霖：《公共行政学：历史与思想》，中山大学出版社，2000。

汪向荣：《日本教习》，中国青年出版社，2000。

王邦佐、潘世伟主编《二十世纪中国社会科学·政治学卷》，上海人民出版社，2005。

王德滋：《南京大学百年史》，南京大学出版社，2002。

王奇生：《革命与反革命：社会文化视野下的民国政治》，社会科学文献出版社，2010。

王文俊、梁吉生等：《南开大学校史资料选》，南开大学出版社，1989。

王向民：《民国政治与民国政治学：以1930年代为中心》，上海世纪出版集团，2008。

王云五主编《云五社会科学大辞典》（行政学），台湾商务印书馆，1971。

文闻编《国民党中央训练团与军事干部训练团》，中央文史出版社，2010。

翁文灏：《翁文灏日记》，中华书局，2010。

吴立保：《大学校长与中国近代大学本土化研究》，中国社会科学出版社，2010。

西南联合大学北京校友会编《国立西南联合大学校史：一九三七至一九四六年的北大、清华、南开》，北京大学出版社，2006。

萧超然等：《北京大学校史》，上海教育出版社，1981。

萧超然主编《北京大学政治学与行政管理系系史（1898～1998）》，北大文库，1998。

萧公权：《问学谏往录》，黄山书社，2008。

徐矛：《中华民国政治制度史》，上海人民出版社，1992。

许康、劳汉生：《中国管理科学化的历程》，湖南科学技术出版社，2001。

许康、劳汉生：《中国管理科学历程》，河北科学技术出版社，2000。

许康编著《中国近代行政学教育史稿：1897～1952》，中国社会科学出版社，2007。

晏阳初：《晏阳初全集》第1卷，湖南教育出版社，1989。

燕大文史资料编委会编《燕大文史资料》（第5辑），北京大学出版社，1991。

燕京大学校友校史编写委员会：《燕京大学史稿》，人民中国出版社，1999。

杨培新：《旧中国通货膨胀》，三联书店，1963。

袁继成、李进修、吴德华主编《中华民国政治制度史》，湖北人民出版社，1991。

张帆：《"行政"史话》，商务印书馆，2007。

张国庆主编《行政管理学概论》，北京大学出版社，1990、2000。

张国庆主编《公共行政学》，北京大学出版社，2007。

《张金鉴先生八秩荣庆论文集》编辑委员会：《张金鉴先生八秩荣庆论文集》，联经出版事业公司，1982。

《张金鉴先生纪念集》编委会编辑《张金鉴先生纪念集》，1990。

张金鉴：《行政学典范》，三民书局，1979。

张金鉴：《行政学新论》，三民书局，1984。

张金鉴：《行政学研究》，台湾商务印书馆，1966。

张申府：《所思》，三联书店，2008。

张思敬主编《国立西南联合大学史料（三）》，云南教育出版社，1998。

张雁：《西方大学理念在近代中国的传入与影响》，浙江大学出版社，2009。

赵宝煦、夏吉生、周中海编《钱端升先生纪念文集》，中国政法大学出版社，2000。

中国社会科学院近代史研究所民国史研究室、四川师范大学历史文化学院编《一九四○年代的中国》，社会科学文献出版社，2009。

周文斌主编《南昌大学校史》，江西人民出版社，2011。

今人文章

〔美〕约翰赫尔塞：《晏阳初——向愚昧贫穷开火的斗士》，谭健华译，载四川省政协、巴中县政协文史资料委员会合编《平民教育家晏阳初》，四川大学出版社，1990。

〔日〕水口宪人：《日本行政学研究的历史与现状》，毛桂荣译，《中国行政管理》2006年第4期。

曹成建：《1930年代中前期南京国民政府推行县政改革的原因及主要内容》，载中国社会科学院近代史研究所民国研究室、四川师范大学历史文化学院《一九三零年代的中国》（上卷），社会科学文献出版社，2006。

曹天忠：《新县制"政教合一"的演进和背景》，《近代史研究》2008年第4期。

陈榕亮：《李汉魂主粤之地方行政干部训练工作》，《广州文史资料存稿选编（三）》，中国文史出版社，2008。

傅荣校：《三十年代国民政府行政效率运动与行政效率研究会》，《浙江档案》2005年第1期。

龚祥瑞：《我的专业的回忆》，《中国当代社会科学家》（第6辑），书目文献出版社，1984。

何友良：《熊式辉与中正大学的创办》，《江西社会科学》2008年第4期。

何子建：《北大百年与政治学的发展》，《读书》1999年第5期。

恒祥：《国民党中训团杂忆》，载文闻编《国民党中央训练团与军事干部训练团》，中国文史出版社，2010年版。

洪永书：《中训团党政班和党政高级班受训纪实》，载文闻编《国民党中央训练团与军事干部训练团》，中国文史出版社，2010。

孔青：《"行政管理"的基本界定》，《中州大学学报》2002年第7期。

李俊清：《古德诺关于创办中国第一所行政学校的构想》，《云南民族大学学报》（社会科学版）第24卷第5期，2007年9月。

李俊清：《中国第一个行政学会及其相关问题的研究》，《中国行政管理》2007年第1期。

李远江：《山东：新儒家的乡村"复辟"》，载唐建光主编《解封民国》，金城出版社，2011。

梁漱溟：《回忆我从事的乡村建设运动》，《乡村建设理论》，上海世纪出版集团，2006。

刘瀚、洋龙：《50年来的中国政治学》，《政治学研究》1999年第4期。

马继周、魏锡熙、梁子青、董赞尧：《中训团内幕》，载文闻编《国民党中央训练团与军事干部训练团》，中国文史出版社，2010。

毛桂荣：《"行政"及"行政学"概念的形成：中国与日本》，东亚公共行政改革国际研讨会，2012。

毛桂荣：《日本行政学的研究与教育：百年回顾》，第二届"21世纪的公共管理：机遇与挑战"国际学术研讨会，澳门，2006。

毛桂荣：《石泰因（Lorenz von Stein）在日本》，《山西大学学报》（哲学社会科学版）第35卷第3期，2012年9月。

毛桂荣：《关于"行政""行政学"概念的形成——兼答余兴安先生》，《中国行政管理》2011年第10期。

秦筝：《我所知道的中训团》，载文闻编《国民党中央训练团与军事干部训练团》，中国文史出版社，2010。

任剑涛：《夏书章与中国行政管理学的重建》，《中国行政管理》2008年第4期。

粟时勇：《延安时代的行政学院》，《文史哲》1991年第3期。

孙宏云：《抗战前行政学输入与行政研究的兴起》，《学术研究》2006年第12期。

孙宏云：《行政效率研究会与抗战前的行政效率运动》，《史学月刊》2005年第1期。

孙展：《江西：蒋经国"赤化新赣南"》，载唐建光主编《解封民国》，金城出版社，2011。

陶英惠：《抗战前十年的学术研究》，载《抗战前十年国家建设史讨论会》（上），台北中研院近代史所，1985，转引自李新总编《中华民国史》第三编第二卷下册，中华书局，2000。

王梅：《翁文灏的六十年》，《读书》1998年第8期。

王奇生：《战前中国的区乡行政：以江苏省为中心》，载中国社会科学院近代史研究所民国研究室、四川师范大学历史文化学院：《一九三零年代的中国》（上卷），社会科学文献出版社，2006。

魏镛：《中国政治学会之成立及其初期学术活动》，《政治学报》（台北）1981 年第 20 期。

翁有为：《抗日根据地政权建设中的重要地方制度：行政督察专员制度》，《中共党史研究》2004 年第 2 期。

翁有为：《民国时期的行政督察专员制度及其知识背景》，《史学月刊》2006 年第 6 期。

翁有为：《民主革命时期中共"地委"组织考论》，《史学月刊》2003 年第 12 期。

翁有为：《南京国民政府行政督察专员制度探析》，《史学月刊》1997 年第 6 期。

翁有为：《南京政府行政督察专员群体构成之考察——以河南为中心》，《史学月刊》2009 年第 12 期。

翁有为：《南京政府行政督察专员制度的法制考察》，《史学月刊》2004 年第 12 期。

翁有为：《行政督察专员制度的创设、演变及其知识背景》，载中国社会科学院近代史研究所民国研究室、四川师范大学历史文化学院：《一九三零年代的中国》（上卷），社会科学文献出版社，2006。

吴恒祥：《国民党中训团杂忆》，载文闻编《国民党中央训练团与军事干部训练团》，中国文史出版社，2010。

武汉大学政治学与国际关系学系：《政治科学与武汉大学——献给武汉大学建校 110 周年》，《武汉大学学报》（哲学社会科学版）第 56 卷第 6 期，2003 年 11 月。

夏书章：《百年回顾》，《中国行政管理》2005 年第 1 期。

夏书章：《关于我国行政学研究的历史概述、现状简析、前景初望并兼谈几个问题》，《社会主义研究》1990 年第 3 期。

夏书章：《记一个真正实在的学术团体——中国行政管理学会》，中国行政管理研究网。

夏书章：《中山大学法政学科百年回顾——纪念校庆 80 周年暨法政学科 100 周年》，《中山大学学报》（社会科学版）2004 年第 6 期。

许康、匡媛媛：《〈行海要术〉不是行政学书籍——兼评"网络学术"的不求甚解、以讹传讹之风〉》，《湖南大学学报》（社会科学版）2010年第2期。

薛澜、彭宗超：《历史、现状与未来：中国行政管理教育发展分析》，《中国行政管理》2000年第12期。

杨焕鹏：《南京国民政府时期县级以下行政区划的变动——以浙江省为例》，《东方论坛》2008年第3期。

杨沛龙：《中国行政学史研究序说——民国时期行政学之发展概况、定义及研究范围》，硕士学位论文，北京大学政府管理学院，2006。

姚子和：《关于国民党中央训练团》，载文闻编《国民党中央训练团与军事干部训练团》，中国文史出版社，2010。

应松年：《我的行政学情节》，《中国行政管理》2010年第7期。

游海华：《重评南京国民政府时期县政府的"裁局改科"——以江西、福建为中心》，《江西师范大学学报》（哲学社会科学版）第42卷第4期，2009年8月。

俞可平：《中国政治学百年回眸》，《人民日报》2000年12月28日。

余兴安：《梁启超真的讲过"我辈公卿要学习行政学"吗?》，《中国行政管理》2011年第2期。

张帆：《"行政"一词流变考》，硕士学位论文，北京大学政府管理学院，2005年。

张梦中：《论公共行政（学）的起源与范式转变（上）》，《中国行政管理》2001年第6期。

张梦中：《论公共行政（学）的起源与范式转变》（下），《中国行政管理》2001年第7期。

张梦中：《美国公共行政（管理）历史渊源与重要价值取向——麦克斯韦尔学院副院长梅戈特博士访谈录》，《中国行政管理》2000年第11期。

张梦中：《美国公共行政学百年回顾》（上），《中国行政管理》2000年第5期。

张梦中：《美国公共行政学百年回顾》（下），《中国行政管理》2000年第6期。

张铭：《美国行政学研究发轫的特点》（上），《中国行政管理》1999年第 12 期。

张铭：《美国行政学研究发轫的特点》（下），《中国行政管理》2000 年第 2 期。

张生：《穆藕初：科学管理先行者》，《中欧商业评论》2010 年第 10 期。

赵宝煦：《中国政治学百年历程》，《东南学术》2000 年第 2 期。

赵宏宇：《浅谈"公共管理"、"行政管理"与"公共行政"》，《云南行政学院学报》2003 年第 5 期。

周联合：《南京国民政府县政府裁局改科研究》，《晋阳学刊》2004 年第 6 期。

后　记

本书是在我的博士学位论文《行政实践与学科发展——民国时期行政学研究》的基础上修改而成的。

对民国时期的行政学进行研究一直是我的愿望。记得 2003 年刚刚入学就读硕士研究生的时候，导师白智立先生问我的研究计划，在我所提到的两个研究设想中就有民国时期行政学研究这个题目。白老师尊重我的意见并给予我支持，在 2006 年硕士毕业的时候，我完成了在北京大学的硕士学位论文《中国行政学史研究序说——民国时期行政学之研究概况、定义及研究范围》，算是对这一问题进行研究的最初成果。硕士毕业后参加工作，工作之余我实际上仍然在关注这个问题，并持续做了一定的资料积累。于是 2009 年，工作 3 年之后，我又回到我的本科母校北京师范大学在职攻读博士学位，其初衷就是要将硕士研究的题目继续进行下去，直到较好地实现我的愿望。导师孙津先生同样给予支持，任我在自己所选择的领域自由开拓。又一个 3 年后，我完成了学位博士论文的写作。

虽然博士学位论文的完成意味着我似乎已经实现了自己的愿望，但是实话讲，我对博士学位论文还是不很满意的。记得准备写硕士学位论文期间，在我最初于国家图书馆查阅资料时，每天中午饭后站在图书馆南门外的河畔稍作休息，看着垂柳丽水，心情愉快而充实，并曾满怀希望和自信地决心一定要将这个研究做好。但由于个人水平和精力的缘故，博士学位论文远远没有达到做好这一研究的目的。唯一值得欣慰的是，我终于将民国时期行政学发展的全貌大致勾勒了出来，并从中得到了一些粗浅的认识。尤其是，我可以将那些被我们完全遗忘的许多民国时期的行政学人介绍给大家，哪怕只是仅仅提到了他们的名字。我对他们充满敬意，对这段历史充满敬意。我想这些中国行政学的先驱们若是知道在七八十年后还有人翻着故纸认真地看他们的名字，读他们的文章，应该可以为自己当年作文时的抱负和热情而感到宽慰。为了能将对民国时期行政学的研究做到至少自己认为还算满意的程度，博士毕业后，借着考虑出版的机会，工作之余我又对论文进行了修改完善，主要是在精简文献资料的基础上，对一些观点进行提炼和补正。在书稿最后编辑期间，因工作原因我有机会到香港大学参加一个短期培训，我将书稿带到香港，每天参加完所有的集体活动后，在维多利亚港旁边的酒店里，常常坚持修改校对书稿到深夜一两点钟。经过这样持续的努力，终于形成了《中国早期行政学史：民国时期行政学研究》这样一本书。

做研究是个苦差事，做历史研究更是苦差事。好在，做关于民国时期行政学的研究是我的兴趣所在，还好在，我得到了许多人的指导、帮助和鼓励。白智立老师一直关心我做这方面的研究，坚持帮我留意、搜集相关研究资料并提供给我。孙津老师总是在我博士学位论文写作的关键时刻，给我指导和警示，并提出具体建议，要我严格要求自己。远在日本的毛桂荣教授还多次给我寄来他的研究成果供我参考。在博士学位论文开题、预答辩、答辩的过程中，朱光明、施雪华、张汝立、谢庆奎、张康之、高小平、王奋宇、陈玉忠、郭玉锦、周少来诸位老师提出了不少很好的意见建议，对我启发很大。在硕士、博士求学期间，黄琪轩、杨腾原、钱勇、章彦、郑融、李永龙、宋晓伟、张国玉、刘小青、刘耀东、陈书洁、曹丽缓、余永龙、谭相东、李琪、姜磊、张骎、沈德昌、王峰等同学，对我做民国时期行政学的研究常有关心和鼓励，大家一起度过了许多难忘的时光，成为美好的记忆。在本书出版的过程中，我的博士后合作导师俞可平教授经常关心出版的进展情况，给我支持。社科文献出版社政法分社的曹义恒总编辑多次与我探讨出版相关事宜，使我放心地将书稿交由社科文献出版社出版。李兰生先生作为本书的责编，以其敬业精神和专业水准为本书成书出版付出了大量心血。在老师、朋友、同学、同事中，还有很多应该感谢的人，遗憾未能一一道出。谢谢你们。

最后，要感谢我的家人。是长辈们养育了我，潜移默化地影响了我；是同辈们激励着我，他们的关注始终鞭策着我。我的爱人于娜和岳父母，对我非常宽容，帮我做了许多本应该由我做的事情，使我能够把大量照顾家务、带女儿杨浩希的时间、精力节省出来，去完成学业、出版著作。因此，如果这本书还有些价值的话，应该献给亲人们。

杨沛龙

2014 年 10 月 10 日

图书在版编目（CIP）数据

中国早期行政学史：民国时期行政学研究/杨沛龙著.—北京：
社会科学文献出版社,2014.12
ISBN 978 - 7 - 5097 - 6701 - 6

Ⅰ.①中…　Ⅱ.①杨…　Ⅲ.①行政学 - 研究 - 中国 - 民国
Ⅳ.①D693

中国版本图书馆 CIP 数据核字（2014）第 262301 号

中国早期行政学史：民国时期行政学研究

著　　　者／杨沛龙

出 版 人／谢寿光
项目统筹／曹义恒
责任编辑／李兰生

出　　　版／社会科学文献出版社·社会政法分社(010)59367156
　　　　　　地址：北京市北三环中路甲 29 号院华龙大厦　邮编：100029
　　　　　　网址：www. ssap. com. cn
发　　　行／市场营销中心（010）59367081　59367090
　　　　　　读者服务中心（010）59367028
印　　　装／三河市尚艺印装有限公司

规　　　格／开　本：787mm × 1092mm　1/16
　　　　　　印　张：20.5　字　数：322 千字
版　　　次／2014 年 12 月第 1 版　2014 年 12 月第 1 次印刷
书　　　号／ISBN 978 - 7 - 5097 - 6701 - 6
定　　　价／48.00 元